तुम्हारा नामवर

पत्र

तुम्हारा नामवर

नामवर सिंह

भूमिका एवं सम्पादन
आशीष त्रिपाठी

राजकमल प्रकाशन

ISBN : 978-93-88753-96-8

मूल्य : ₹595

पहला संस्करण : 2019

प्रकाशक : राजकमल प्रकाशन प्रा. लि.
1-बी, नेताजी सुभाष मार्ग, दरियागंज
नई दिल्ली-110 002

शाखाएँ : अशोक राजपथ, साइंस कॉलेज के सामने, पटना-800 006
पहली मंजिल, दरबारी बिल्डिंग, महात्मा गांधी मार्ग, इलाहाबाद-211 001
36 ए, शेक्सपियर सरणी, कोलकाता-700 017

वेबसाइट : www.rajkamalprakashan.com
ई-मेल : info@rajkamalprakashan.com

मुद्रक : बी.के. ऑफसेट
नवीन शाहदरा, दिल्ली-110 032

TUMHARA NAMWAR
Letters by Namwar Singh
Edited by Ashish Tripathi

अगलिअ-नेह निवट्टाहं जोअण लक्खुवि जाउ
वरिस-सएणवि जा मिलइ सहि सोक्खहं सो ठाउ

लाख योजन दूर जाने और सौ साल
बाद मिलने पर भी अगलित स्नेह से
पगे हुए लोगों में सखा-भाव के लिए
वही स्थान बना रहता है।

क्रम

आत्मकथा की परछाइयाँ

> कहना न होगा कि साहित्य की प्रत्येक विधा तत्त्वतः संवाद ही है, उसका लिखित रूप जो भी हो। संवाद अर्थात् बातचीत। यह संवाद स्वयं भाषा की प्रकृति में है। भाषा का तो स्वधर्म ही संवाद है। जब हम किसी और से बातचीत कर रहे होते हैं तो अपने अन्दर भी कहीं-न-कहीं बातचीत का एक सिलसिला चलता रहता है।
>
> **—नामवर सिंह**

नामवर सिंह एक संवादी आलोचक हैं। अपनी आलोचना में उन्होंने अपने संवादी को अनेक आयामों और रूपों में विकसित और अभिव्यक्त किया है। उनके 'संवादी' की बुनियादें एक ओर भारतीय समाज और लोकतंत्र में हैं तो दूसरी ओर उनके निज व्यक्तित्व में। भारतीय समाज मूलतः एक संवादी समाज है—विभिन्नताओं के अति-छोरों की उपस्थिति के बावजूद। वह अति-बिन्दुओं के एक दूसरे से संवाद के लिए परिस्थिति निर्मित करता है, उन्हें उकसाता है और संवाद से निकलने वाले परिणामों और परिवर्तनों को उत्सुकता से जाँचता और अपनाता है। इस प्रक्रिया में एक ओर विरोधी-युग्म अपने मूल रूप बनाये रखते हैं तो संवाद से निकले नये समूह भी अपनी उपस्थिति से समाज में नये परिवर्तन उपस्थित करते हैं। जहाँ संवाद सम्भव नहीं होता, वहाँ भी विरोधी-युग्म के अति-छोर एक साथ उपस्थित होते हैं—'श्वेत-श्याम' अर्थात् 'श्वेत' और 'श्याम' की तरह। 'और' के साथ। द्वन्द्व समास की तरह। बौद्ध आन्दोलन, भक्ति आन्दोलन, नवजागरण और स्वतंत्रता आन्दोलन में भारतीय समाज की संवादी परम्पराओं के विविध रूप और उदाहरण देखे जा सकते हैं। 'संवाद' के लिए वाद-विवाद अनिवार्य है। सो भारतीय समाज और ज्ञान-परम्परा में इसकी परम्पराएँ बहुत ताकतवर हैं। 'संवाद' 'असहमति के साहस' और 'सहमति के विवेक' के बगैर सम्भव नहीं होता। भारतीय समाज की विविधता और बहुलता, औपचारिक समंजन और तकनीकी तटस्थता से नहीं, वाद-विवाद-संवाद तथा घात-प्रतिघात-संघात की ऊष्मा से जीवनी-शक्ति प्राप्त करती है। इसीलिए वह निरन्तर परिवर्तनशील बनी रहती है।

ब्राह्मणवाद और सामंतवाद के व्यापक प्रभाव के कारण अनेक बार ऐसा लगता है कि लोकतंत्र भारतीय समाज का मूल स्वभाव नहीं है। राजतंत्रात्मक व्यवस्था की दीर्घ परम्परा और भेद पर आधारित ब्राह्मणवादी वर्णवाद के कारण राज-सत्ता, धर्म-सत्ता और समाज-सत्ता में एकाधिकारवादी और तानाशाही प्रवृत्तियाँ ताकतवर रही हैं। इसके बावजूद समाज में एक तरह की मुक्तता भी रही है। भारतीय समाज कभी भी राज-सत्ता, धर्म-सत्ता और समाज-सत्ता से उस तरह बँधा नहीं रहा है, जैसाकि अक्सर औपनिवेशिक ज्ञान-मीमांसा के प्रभाव में मान लिया जाता है।

भारतीय स्वतंत्रता संग्राम के दौरान भारतीय समाज ने सबसे ज्यादा आग्रह सामाजिक और राजनीतिक लोकतंत्र का किया। भक्ति आन्दोलन की विद्रोही धाराएँ भौतिकवादियों और बौद्ध आन्दोलन की परम्परा में पहले ही धार्मिक और सामाजिक लोकतंत्र के लिए संघर्ष चलाये हुए थीं। यह संघर्ष नवजागरण युग तक जारी चला आता था। स्वतंत्रता आन्दोलन ने वास्तविक अर्थों में भारतीय समाज के संवादी स्वभाव को बंधनहीन बनाने का प्रयास किया। इसके कारण भारतीय समाज एक 'अखिल भारतीय समाज' बन सका। 'लोकतांत्रिकता' इस संवाद की बुनियादी शर्त थी।

आजादी के बाद भारतीय लोकतंत्र को ज्यादा जीवंत, वास्तविक और गहरा बनाने के लिए इस संवाद को समाज की आन्तरिक परतों तक ले जाना जरूरी था। इसीलिए लोकतंत्र को ऐसे नायकों की जरूरत थी, जो संवाद की प्रक्रिया को आगे बढ़ाएँ। जवाहरलाल नेहरू, भीमराव अम्बेडकर, पी.सी. जोशी, ई.एम.एम. नंबूदरीपाद, राम मनोहर लोहिया और नरेन्द्रदेव जैसे राजनीतिज्ञों से लेकर राहुल सांकृत्यायन, अलाउद्दीन खान, सत्यजित राय, हबीब तनवीर, कुमार गंधर्व, उदयशंकर, आर. के लक्ष्मण, एम.एफ. हुसैन, मुक्तिबोध, नागार्जुन, फणीश्वरनाथ रेणु, रामविलास शर्मा और हरिशंकर परसाई जैसे कलावंतों के काम को इस सन्दर्भ में देखा जा सकता है। नामवर सिंह इसी शृंखला की प्रभावी कड़ी हैं।

नामवर सिंह के व्यक्तित्व में संवादी-भाव की जड़ें गँवई भारतीय समाज में हैं। नेहरूयुगीन लोकतंत्र ने इसे सँवारा और विकसित किया है। बचपन, किशोरवय और युवावस्था में कामता प्रसाद विद्यार्थी, नतीउल्लाह खान, त्रिलोचन, मार्कंडेय सिंह और हजारी प्रसाद द्विवेदी के प्रभावों ने उन्हें ज्यादा संवादी और ज्यादा लोकतांत्रिक बनाया। प्रगतिशील लेखक संघ और अध्यापन के पेशे ने उनके संवादी-स्वरूप को नई जरूरतों के अनुकूल ढाला। नामवर सिंह के व्याख्यान और साक्षात्कार उनके संवादी-व्यक्ति को सटीक अभिव्यक्त करते हैं।

नामवर सिंह आधुनिक हिन्दी के सबसे बड़े संवादी हैं। जिस अर्थ में महात्मा गांधी आधुनिक भारत के। वाद-विवाद-संवाद को अनिवार्य मानते हुए संवाद के प्रत्येक रूप के लिए प्रस्तुत। संवादी आलोचक। आलोचना में 'सहयोगी प्रयास' के

पक्षधर। साहित्य-समाज में छिड़ी चर्चाओं में अपनी मान्यताओं और तर्कों के साथ उपस्थित होकर उसमें अपने ढंग से हस्तक्षेप करना उन्हें जरूरी लगता है। रुचिकर भी। इसमें वे रमते हैं।

आठवें दशक में विकेंद्रीकरण एक प्रमुख प्रवृत्ति बनकर उभरा। राजनीति से लेकर पत्रकारिता और साहित्य—सभी क्षेत्रों में आधुनिक विकास और लोकतंत्रीकरण की प्रक्रिया में उभरे पूर्ववर्ती केन्द्रों के समानान्तर नये केन्द्रों का उभार हुआ। नक्सलबाड़ी से लेकर सम्पूर्ण क्रान्ति—सभी आन्दोलनों में ताकतवर केन्द्रों को चुनौती देने और उनकी शक्ति-सम्पन्नता को प्रश्नांकित करने की भावना मौजूद थी। लोकतंत्र के लोकव्यापीकरण का यह अनिवार्य परिणाम था। प्रगतिशील आन्दोलन के पुन:उभार ने साहित्य की दुनिया में इसे विकसित करने में अपनी महत्त्वपूर्ण भूमिका निभायी। हिन्दी क्षेत्र में कस्बों और छोटे शहरों तक गतिविधियों का विस्तार हुआ। महाविद्यालयों और विश्वविद्यालयों में अकादमिक हलचलें आकार लेने लगीं। राज्य सरकारों की साहित्यिक अकादमियाँ साहित्य के क्षेत्र में सहभागिता के लिए प्रस्तुत हुईं। ऐसे में विभिन्न केन्द्रों की गतिविधियों में भाग लेनेवाले लेखकों के लिए सामाजिक और राजनीतिक प्रश्नों पर राय प्रकट करना अनिवार्य हो गया। 'हिन्दी के आलोचक' नामवर सिंह इस प्रक्रिया में 'हिन्दी के शीर्ष बुद्धिजीवी-कार्यकर्ता' होकर उभरे।

वे अपनी संवाद-प्रवीणता के कारण हिन्दी के केन्द्रीय सार्वजनिक व्यक्तित्व बन गए।

नामवर सिंह न सीमित अर्थों में साहित्यकार हैं, न आलोचक। नामवर जी का आलोचक समाज में बातचीत करते हुए, वाद-विवाद-संवाद करते, प्रश्न-प्रतिप्रश्न करते सक्रिय रहता है और विचार, तर्क और संवाद की उस प्रक्रिया से गुजरता है जो आलोचना की बुनियादी भूमि है। आलोचना लिखित हो या वाचिक, उसके पीछे बुनियादी प्रक्रिया है—पढ़ना, विवेचना, विचारना। तर्क और संवाद। नामवर जी के व्याख्यानों और साक्षात्कारों में इसका व्यापक समावेश है। इनसे गुजरते हुए हम महसूस करते हैं कि वह किसी रचना को हमेशा नई और अपनी तरह से पढ़ने की कोशिश करते हैं और इस तरह 'पढ़ते' हुए वे लगातार नई तरह से 'सोचते' और 'विचारते' हुए सामने आते हैं। उनकी वाचिक आलोचना मूल्यांकन की ऊपरी सीढ़ी तक पहुँचती है। निकष बनाती है। प्रतिमानों पर बहस करती है। उसमें 'लिखित' की तरह की 'कौंध' मौजूद होती है। नहीं होता तो बस, पूरापन।

नामवर सिंह के इस पुस्तक में संकलित पत्र उनके संवादी-भाव को समझने की एक नई दृष्टि देते हैं।

नामवर सिंह के व्यक्तित्व का एक ताकतवर पहलू है—पारिवारिकता। उनकी पारिवारिकता संयुक्त परिवार में विकसित हुई है। उनके जीवन में इसकी बड़ी

भूमिका रही है। ठहरे हुए गाँव-समाज और जड़ सामन्ती परिवेश से निकलकर 'नामवर' बनने में उनका व्यक्तिगत संघर्ष महत्त्वपूर्ण है, परन्तु उनके परिवार की भी भूमिका कम नहीं है। इस संयुक्त संघर्ष का साझापन उनके भाव-जगत में हमेशा ताकतवर ढंग से उपस्थित रहा है। जीवन के अन्तिम समय तक। भाइयों से उनके सम्बन्ध संयुक्त परिवार के बड़े भाई-छोटे भाई की ही तरह रहे हैं। एक अर्थ में 'गोदान' के होरी-शोभा-हीरा की तरह। पारिवारिकता में द्वन्द्व, तनाव और अन्तर्विरोध भी कम नहीं थे, परन्तु नामवर सिंह सहनशीलता, धीरज, जवाबदेही और परस्परता से उसे सँभालना जानते थे। इसमें सबसे बड़ी भूमिका संयत भावुकता की थी। नामवर सिंह के व्यक्तित्व के दूसरे पक्षों की चर्चा तो बहुत हुई है, परन्तु उनकी भावुकता की ओर ध्यान कम गया है। इस भावुकता के पुख्ता प्रमाण उनके पारिवारिक पत्रों—विशेष रूप से भाइयों रामजी सिंह और काशीनाथ सिंह को लिखे पत्रों में मिलते हैं। उनके अपने दोनों भाइयों से गहरे भावनात्मक सम्बन्ध रहे हैं।

मझले भाई रामजी सिंह जी को लिखे पत्र अनेक दृष्टियों से विशिष्ट हैं। इन पत्रों में आधुनिक एवं पारम्परिक जीवन के द्वन्द्वों के दबावों की अनेक झलकें संकेत रूप में मौजूद हैं। इनके बीच रास्ता निकालने की युक्तियाँ प्राय: पारम्परिक भाव के भाईपन के साथ ही निकाली गई हैं। शुरू के पत्रों में लगभग किशोरवय के छोटे भाई को भावुक ढाढ़स से बाँधे रखने से लेकर अन्तिम पत्रों तक नामवर जी पुरातन गँवई समाज की पारिवारिकता के तुलसी-प्रेमचन्द समर्थित प्रारूप से काम लेते हैं। इनमें भावुक सीखें और कठोर समझाइसें एक साथ मौजूद हैं :

- तुम्हारी चिट्ठी मिली। जी घबड़ा उठा। तुम्हारा कष्ट मुझे बेचैन कर देता है। मेरे रहते तुम या काशी दुखी हो, यह मैं नहीं देख सकता।
- पिताजी इन बातों को नहीं समझ सकते।...पहले भी लिख चुका हूँ, खुद मुझे ही वे कितना आवारा समझते थे और अभी कल तक तुम्हारे सामने मुझे गालियाँ देते थे। क्या इन सबके लिए वे तुम्हारे असम्मान या क्रोध के पात्र हैं?
- दुख रोने से कम नहीं होता, कम होता है उसका कारण समझने से। रात अँधेरे में हाथ पीटने से नहीं कटती, रात कटती है दीया जलाने से। यह तय है कि दीया जलाने से सुबह के दर्शन नहीं हो जाते, लेकिन एक ढाढ़स अवश्य बँधता है।
- मैं एक बात कह दूँ कि तुम पर मुझे पूरा विश्वास है। भरत-से भाई पर भी सन्देह? असम्भव है।

कभी-कभी सामने मौजूद छोटे भाई का दुख छोटी सांत्वना से दूर हो जाता है। अनेक दफा यह दुख तनाव और उलझनों के साथ आता है। ऐसे में गहरे प्यार, सांत्वना और अपनेपन से एक भरोसा बनाना जरूरी होता है। ऐसी जरूरत में नामवर जी साथ का हाथ गहराई से रखते हैं। सम्पूर्णता के साथ। भावुक होकर। एक पत्र में वे लिखते हैं :

> तुम्हारे लिए मेरे प्यार में कभी कोई कमी नहीं आ सकती। विजय तुम्हें मुझसे और काशी से भी ज्यादा मानता रहा है। तुमने अपने और पराये में कभी भेद नहीं किया। हम तीनों भाइयों में तुम्हीं सबसे व्यवहारकुशल और कर्मठ हो। गाँव की सारी जिम्मेदारी तुम पर सौंपकर हम लोग निश्चिन्त रहते हैं और हमेशा रह सकते हैं। हमें तुम्हारा बड़ा सहारा है। मेरे जीते-जी तुम्हारा रोआँ दुखे तो मेरे प्राण निकल जाएँगे। माँ ने मुझ पर तुम दोनों की—विशेष रूप से तुम्हारी जिम्मेदारी सौंपी है। इसे मैं कभी नहीं भूल सकता।

वे विश्वास दिलाते हैं कि छोटे भाई रामजी सिंह गुणी, धैर्यवान और जिम्मेदार व्यक्ति हैं। बस, जरूरत है कि वे परिस्थितियों के अनुरूप व्यवहार करें :

> तुम पिताजी को भी जानते हो। तुम्हें वे हम दोनों से किसी तरह कम प्यार नहीं करते। बात यह है कि तुम उनके पास रहते हो, तुमसे उनका रोज काम पड़ता है, इसलिए सारा गुस्सा भी वे तुम्हीं पर उतारते हैं। तुम्हारा अभिशाप यही है। मैं जानता हूँ कि सहने की भी एक सीमा होती है लेकिन परीक्षा की घड़ी भी तो यही है। सँभालने की समझदारी भी तो ऐसे ही समय जाँची जाती है। मैं तुमसे यही उम्मीद करता हूँ कि तुम इस चलचलाव की घड़ी में भी उन्हें निबाहोगे।

नामवर जी के इस व्यवहार को धीरज भरा अपनापा और गँवई समाज की ठोस वास्तविक समझ का गहरा आधार नियंत्रित-निर्देशित करता है। एक अर्थ में नामवर सिंह 'गोदान' की तरह हैं जिसमें एक ओर जगमगाता गतिशील शहर है, दूसरी ओर अँधेरों भरा स्थिर गाँव।

सबसे छोटे भाई काशीनाथ सिंह से नामवर जी की एक गम्भीर पारिवारिक, साहित्यिक और वैचारिक साझेदारी रही है। काशीनाथ जी ने उनकी पत्नी और विशेष रूप से पुत्री गीता उर्फ समीक्षा की जवाबदेही आगे बढ़कर तब उठाई, जब नामवर सिंह जी अपने व्यक्तिगत और साहित्यिक जीवन में अनेक प्रकार के संघर्षों से गुजर रहे थे और अनेक सांसारिक पराजयें उन्हें भीतर से तोड़ रही थीं। काशीनाथ जी में उनके प्रति एक मौन भावुक समर्पण और सहभाव रहा है। काशीनाथ जी नामवर जी को पिता, बड़े भाई और साथी की तरह मानते हैं। काशीनाथ सिंह को लिखे पत्रों में नामवर जी के जीवन के अनकहे प्रसंग प्रमुखता से जगह पाते हैं। ये पत्र उन स्थितियों और जीवन-प्रसंगों पर रोशनी डालते हैं जिनमें नामवर सिंह का निर्माण हुआ है। इन पत्रों से नामवर सिंह जी की उस पारिवारिक जिन्दगी का भी खुलासा होता है, जिसे बहुत गहराई और विस्तार से काशीनाथ सिंह ने 'घर का जोगी जोगड़ा' में अभिव्यक्त किया है। 'काशी के नाम' के अनेक पत्र 'घर का जोगी जोगड़ा' की साखी देते हैं। नामवर जी अपने अकेलेपन को प्राय: कम ही अभिव्यक्त करते हैं, परन्तु इन पत्रों में कहीं-कहीं इसकी झलक मिल जाती है। 31.12.1965 को लिखे

एक पत्र में वे लिखते हैं : ''आखिरी रात' तुम्हारी कहानी थी—एरणाकुलम में मेरी 'आखिरी रात' है और इस साल की भी आखिरी रात। कभी-कभी सोचता हूँ कि शायद मेरी जिन्दगी की भी आखिरी रात इसी तरह एक दिन अपने घर से, गाँव से—तुम लोगों से दूर कहीं परदेस में ही बीतेगी।' इसी तरह की अनेक भावुक अभिव्यक्तियाँ इन पत्रों में मौजूद हैं।

16.05.1982 के एक पत्र में नामवर जी माँ को याद करते हैं। माँ की याद का बहाना बनता है—सत्तू : 'प्रिय काशी, तुम्हें सत्तू खाए कितने दिन हुए? मैंने अभी-अभी सत्तू खाया है—युगों बाद। माई की याद आती रही। गर्मियों में हर साल मेरे लिए वह गाँव से सत्तू लाती थी। मेरी पसन्द का उसे पता था। सिर्फ उसे। मरी भी थी वह इन्हीं गर्मियों में। दस साल पहले। आज वह बहुत याद आ रही है। उसकी याद में आँसू भी आज ही आए। दस साल बाद।'

और जब ये आँसू आए तो इन्हें देखनेवाला कोई न था।

अकेला होना—नामवर सिंह की विवशता भी थी और चुनाव भी। इसीलिए इसको लेकर कोई भावुक बात वे प्राय: नहीं कहते—बस, कभी-कभी इसके दंश की ओर एक इशारा करते हैं।

काशीनाथ सिंह को पत्र लिखते समय नामवर जी एक ऐसा शिल्प अपनाते हैं, जिसे बातचीत का शिल्प कहा जा सकता है। ऐसा लगता है, जैसे ये पत्र दूर बैठे किसी व्यक्ति को लिखे नहीं गए, बल्कि सामने बैठे किसी अपने से बातचीत में बोले गए हैं। अक्सर वे लिखते हैं : 'आओ, पास बैठो।' या 'अब आओ, पास बैठो तो बात करने में सुभीता हो।' इन पत्रों में बतरस की सहजता और अपनापन है। आत्मीयता का ताप इन पत्रों को विशिष्ट बनाता है। इन पत्रों में जीवन-अनुभव से निकला जीवन-दर्शन भी यदा-कदा प्रकट होता है। नौकरी के किसी प्रकरण में काशीनाथ जी पर एक मुकदमा दर्ज हुआ। सम्भवत: उन्होंने अपने मानसिक रूप से कुछ परेशान होने की बात पत्र में लिखी हो। इसके जवाब में नामवर जी लिखते हैं :

> क्षुद्र विरोधियों का विरोध अच्छे-खासे लोगों को विचलित कर देता है। निराला की एक कविता की वह पंक्ति तुम्हें याद है न—
>
> जो उत्पात-घात आए हैं
> और निम्न मुझको लाए हैं?
>
> क्षुद्र विरोधी तुम्हें भी अपने स्तर पर लाने की कोशिश करेंगे, लेकिन मुझे विश्वास है कि तुम अपने ही स्तर पर कायम रहोगे—नीचे न उतरोगे। साहित्य में तुम्हारा एक स्थान है—वह किसी भी रीडर तो क्या, प्रोफेसर से भी ऊँचा है। यदि तुम लेक्चर रहकर भी रिटायर होगे, तो भी तुम्हारे उस गौरव को कोई छीन न सकेगा। नौकरी की यह छीना-झपटी तो चलती रहेगी। संयोग है कि इस नाटक में तुम भी एक पात्र बनने के लिए विवश

हो गए। औरों के लिए भले ही ट्रेजडी साबित हो, तुम्हारे लिए यह एक दिलचस्प कॉमेडी है। इसे कॉमेडी समझकर ही खेलते चलो।

इन पत्रों में नामवर सिंह के आलोचक-रूप की भी झलक मिलती है। एक विकसित होते प्रतिभाशाली कहानीकार को नामवर जी जैसा सतर्क आलोचक कभी सहारा देता है तो कभी कठोर चोट भी करता है : 'अन्तर हाथ सहार दै, बाहर मारै चोट।' अनेक जगहों पर नामवर जी का विवेचन-मूल्यांकन सिर्फ काशीनाथ सिंह के रचना-कर्म को समझने के लिए ही नहीं, उनके युग को और उनकी कथा-पीढ़ी को समझने के लिए सहायक सिद्ध होता है। 01.05.1966 को 'अपने लोग' कहानी पर प्रतिक्रिया देते हुए नामवर सिंह लिखते हैं :

> तुम्हारी इस कहानी में मुझे दो-एक चीजें खटकीं। पहली बात यह कि कहानी प्रतीकवादी हो गई है और मैं तुमसे पहले भी कह चुका हूँ कि मुझे प्रतीकवादी कहानियों से बेहद चिढ़ है। तुम्हारे दोनों पात्रों में जिन्दगी का कोई चिह्न नहीं है। तुम्हारे दोनों पात्र केवल पात्र हैं—मात्र प्रतीक। वे इस तरह बात करते हैं, जैसे टेपरेकॉर्ड की हुई दो अदृश्य अगोचर मुर्दा आदमियों की बातचीत! शायद इस मशीनीपन को कभी-कभी गुण भी माना जाता है—कलात्मक सफलता भी। लेकिन इस सन्दर्भ में मैं इसे कलात्मक मानने में अपने को असमर्थ पा रहा हूँ।

लेकिन इससे भी ज़्यादा महत्त्वपूर्ण यह टिप्पणी है, जो काशीनाथ सिंह के समूचे कथा-संसार को समझने की एक नई दृष्टि देती है :

> तुम्हारी रचना-प्रक्रिया से सम्बन्धित एक बात सूझ आई है जिसे मैं तुमसे बहुत दिनों से कहना चाह रहा हूँ। तुममें धीरे-धीरे Violence का Perverted रूप उभरता जा रहा है जो बलात् तुम्हें Phantasy की दिशा में ले जा रहा है। काशी, यह रास्ता कलात्मक दृष्टि से बड़ा खतरनाक है—घातक भी। ...मुझे लगता है कि तुम्हारे अन्दर भी बहुत दिनों से दबाया हुआ कोई Violence है जो आर-पार, गाली-गलौज, सेक्स-मुखरता में फूट रहा है। अपने-आपमें यह बुरा नहीं, बुरी हैं इनको अभिव्यक्त करने में अपनाई गई फैंटास्टिक स्थितियाँ।

इसी तरह धूमिल पर लिखे एक लेख की पांडुलिपि पढ़कर तुरन्त लिखा गया पत्र नामवर सिंह जी की आलोचकीय मुग्धता को अभिव्यक्त करता है, जो नामवर जी में प्रायः कम ही दिखाई देती है। वे लिखते हैं :

> धूमिल पर तुम्हारा लेख आज दोपहर मिला। घर आकर पढ़ा। अभी शाम सात बजे खत्म किया और तुरन्त तुम्हें पत्र लिख रहा हूँ। अगर तुम सामने

> होते तो उठकर तुम्हें गले लगा लेता। जी करता है, अभी-अभी उड़कर बनारस चला जाऊँ तुमसे मिलने—सिर्फ तुमसे मिलने। लेख ऐसा है कि उसके लिए अच्छा या ऐसा ही और कोई भी विशेषण नाकाफी है। बस, यही कह सकता हूँ कि लेख तुम्हीं लिख सकते थे। धूमिल जी पर आज तक न तो ऐसा कोई लेख लिखा गया है और न आगे भी लिखा जाएगा। यह है सर्जनात्मक आलोचना! इसे कहानीकार काशीनाथ ने ही नहीं, आलोचक काशीनाथ ने भी लिखा है। क्या भाषा, क्या साहित्यिक समझ और क्या राजनीतिक अन्तर्दृष्टि!

काशीनाथ सिंह को लिखे गए पत्र नामवर सिंह के व्यक्तिगत इतिहास का एक आईना हैं, जिनमें उनके व्यक्तित्व के प्राय: सभी पहलू ताकतवर तरीके से मौजूद हैं। 07.03.1985 को लिखा गया पत्र इस दृष्टि से प्रतिनिधि हो सकता है। पत्र की शुरुआत में ही हम नामवर जी के भावुक मन को देख सकते हैं :

> यह होली की शाम है और मैं एकदम अकेला हूँ। कमरा बन्द करके चुप बैठा हूँ। सिर्फ तुमसे बात करने को मन कर रहा है। आओ, पास बैठो।

प्रसंग पिता की मृत्यु का है। नामवर जी उन्हें अन्तिम पलों में देख भी न सके थे। ऐसे में पत्र स्वाभाविक रूप से आगे और अधिक भावुक होता जाता है :

> अभी तक मेरी आँखों में आँसू न आए थे। तुम्हारा दूसरा तार मिलने पर भी नहीं। सिर्फ गला भर आया था और वह भी केदारनाथ जी को सूचना देते समय—जब मैं यह वाक्य पूरा न कर पाया कि माँ गई तो भी यह अभागा मौजूद न था! शायद भीतर ही भीतर कहीं कुछ सुन्न हो गया था। आज पहली बार आँखों में आँसू आए—तुम्हारे पत्र को पढ़ते समय।

नामवर सिंह का गँवई मन तुलसीदास की शरण में जाकर अपनी बात कहता है, जिसे वे स्वयं 'हिन्दू आत्मा' कहते हैं :

> तुलसीदास ने ठीक ही लिखा है :
>
> पितु हित भरत कीन्ह जसि करनी।
> सो मुख लाख जाइ नहिं बरनी॥
>
> भरत राम से अधिक भाग्यशाली थे और महान भी क्योंकि पिता के दाह-संस्कार का गौरव उन्हीं को प्राप्त हुआ। राम उम्र में बड़े हुआ करें, लेकिन रहे वंचित ही। रामअधार ने भी यही लिखा है कि 'काशी बड़भागी हैं; उन्होंने बड़ी जतन से सेवा की और अन्त में भी सब कुछ किया।' निश्चय ही तुमने यह सब अहेतुक भाव से किया लेकिन मेरी हिन्दू आत्मा कहती है कि तुमने इस प्रकार जो पुण्य कमाया है, वह अकारथ न जाएगा।

रामअधार सिंह के पत्र के सन्दर्भ से, नामवर जी, पिता को याद करते-करते उनके गुणों का भावुक विवेचन करने लगते हैं :

> पिताजी के बारे में रामअधार ने लिखा है कि वे सन्त पुरुष थे—स्वभाव से, कर्म से, वचन से। मैं अपनी ओर से 'सद्गृहस्थ' शब्द जोड़कर 'सद्गृहस्थ सन्त' कहना चाहता हूँ। मेरे लिए उनका यह रूप इसलिए महत्त्वपूर्ण है कि मैं न सद्गृहस्थ हूँ, न सन्त। इसीलिए मुझे सदैव उनसे ईर्ष्या होती रही है और उन पर गर्व भी। यह चारित्रिक दृढ़ता ही उनके स्वाभिमान का मूलाधार रही है।

और अन्त में एक भावुक कृतज्ञता :

> कहते हैं, 'बाढ़ैं पूत पिता के धर्मे'। आज हम तीनों भाई जो भी हैं, जैसे भी हैं और जहाँ तक पहुँचे हैं—उन्हीं के धर्म से। एक पिता अपनी सन्तान को इससे अधिक और क्या दे सकता है? तर्पण के रूप में हम कम-से-कम यह संकल्प तो ले ही सकते हैं कि हम ऐसा कुछ भी न करें जिससे उनका नाम लजाए।

ऐसी ही भावुक अभिव्यक्तियाँ इन पत्रों को विशिष्ट बनाती हैं। नामवर जी सार्वजनिक जीवन में ऊपर से प्राय: कठोर नजर आते हैं। व्यक्तिगत जीवन से जुड़ी अनेक दन्तकथाओं में उनकी असंवेदनशीलता का भी बखान मिलता है। एक तरह से यह लोक-व्याप्त छवि है, जिसे उनके समय की अनेक प्रभावशाली शक्तियों ने गढ़ा है। ये पत्र उन छवियों से इतर एक भिन्न छवि प्रस्तुत करते हैं।

व्यक्तिगत पत्रों में बेटी समीक्षा को दार्जिलिंग से लिखे गए दस पत्रों का विशिष्ट महत्त्व है। अठहत्तर वर्ष की अवस्था में लिखे गए ये पत्र 'चिट्ठी भी हैं और डायरी भी'। ये प्रवास की दैनंदिन सूचनाओं और गहन भावनाओं से भरे हुए हैं। इन्हें हिन्दी की हँसमुख और दिलखुश गद्य परम्परा में सम्मान के साथ रखा जा सकता है। इनका गद्य आत्मीय और सुकून भरा है। कहीं डायरी, कहीं वार्तालाप, कहीं संवाद—नामवर जी का बंधनहीन मन कहीं एक अबोध बच्चा हो जाता है तो कहीं एक उत्सुक युवा। कहीं एक उत्साही पर्यटक और कहीं औपचारिकताओं से त्रस्त एक बुजुर्ग। नामवर सिंह के व्यक्तित्व के ये रूप अन्यत्र शायद ही कहीं उनके लेखन में इस तरह देखने को मिलते हैं। नामवर जी का चुटकी लेनेवाला अन्दाज उनके व्याख्यानों में अक्सर देखने को मिलता है पर लिखित गद्य में इसके उदाहरण कम ही हैं। एक पत्र में वे लिखते हैं :

> बेटू, मेरी वह पुरानी जन्मकुंडली कहीं पड़ी हो तो इस बार लौटने पर मुझे दे देना। मैं उसे किसी ज्योतिषी को दिखाना चाहता हूँ। मुझे शक है, उसमें कहीं-न-कहीं 'पांड़े-पीड़ा' का उल्लेख अवश्य होगा। काशी तो 'पांड़े-

पीड़ित' हैं ही, कहीं-न-कहीं मुझे भी वह छूत लग गई है। भदैनी पर रहने के लिए किराये का जो मकान लिया था, वह रामनाथ पांड़े का ही दिया हुआ था और बाद में बगल का जो मकान खरीदा, वह भी उन्हीं पांड़े जी ने दिलवाया था। इस क्रम में मैनेजर पांडे भी याद आ रहे हैं जो जोधपुर में मिले तो मिले ही, मेरी शामत आई कि उन्हें जे.एन.यू. में भी ले आया और अन्त में अवकाश ग्रहण करने के बाद तीन साल के लिए सेंटर पर थोप दिया, जिसके लिए सभी लोग आज भी कोस रहे हैं।

श्रीनारायण पांडेय के नाम लिखे गए पत्रों को व्यक्तिगत-पारिवारिक पत्रों की शृंखला में ही रखा जा सकता है। पांडेय जी 1952-1954 में काशी हिन्दू विश्वविद्यालय में नामवर जी के छात्र रहे हैं। 'साहित्य-रुचि और विचार-साम्य के जरिये' वे उनके निकट आए। यह निकटता जीवन-भर बनी रही। इसकी बानगी नामवर जी के एक पत्र में मिलती है। 02.04.1968 को वे लिखते हैं : 'सम्बोधन बदलने से, सम्बन्ध नहीं बदल जाते। आप बराबर मेरे छोटे भाई रहेंगे—जैसे काशी, वैसे आप।' ये पत्र काशीनाथ सिंह के नाम पत्रों की ही तरह विशिष्ट हैं। इनमें नामवर जी के व्यक्तिगत जीवन, विशेष रूप से उनके संघर्ष के दिनों का इतिहास गाहे-बगाहे प्रकट होता है। नामवर जी के व्यक्तित्व के छिपे हुए रूपों के साथ ही उनके राजनीतिक, सामाजिक और साहित्यिक विचारों की गम्भीर झलक इन पत्रों में मौजूद है। श्रीनारायण पांडेय स्वयं इन पत्रों के बारे में लिखते हैं :

> उनके जीवन के उतार-चढ़ाव के बहुतेरे क्षणों की अनुगूँज इन पत्रों में मिलेगी। साहित्यिक घटनाओं पर प्रतिक्रिया, उनका राजनीतिक प्रत्यय, 'मैं भी जुबान रखता हूँ' का तेवर, और इन पत्रों में मिलेगा आशा-निराशा के बीच उनका वह आत्मविश्वास जिसे उन्होंने कबीर की शब्दावली में अपने गुरु हजारी प्रसाद द्विवेदी से पाया था और आज भी ज्ञान के हाथी पर चढ़कर बेपरवाह चले जा रहे हैं। मार्क्सीय मानस का मौलिक चिन्तन तो है ही। पढ़ाकू नामवर सिंह मिलेंगे और मिलेगा उनके सम्पादक का संयमित स्वरूप। यही नहीं, और भी...।
>
> इन पत्रों में यह भी मिलेगा कि पारिवारिकता और रिश्ते नामवर जी के लिए कितने गहरे मूल्य हैं। साहित्यिक संसार के बीच सोने-जागने वाले नामवर सिंह को माता-पिता, भाई, पुत्र एवं मित्रों की तनहाई कितनी सालती है! वे महसूस करते रहे हैं कि '...दरो-दीवार हो जिसमें, वही जिन्दा नहीं होता'। नामवर जी सन्तुलन के साक्षात् विग्रह हैं : चाय की चुस्की से लेकर कलम और जबान की चुस्ती तक।
>
> निश्चय ही उनकी आलोचना, साक्षात्कारों एवं व्याख्यानों से परिचित लोगों को इन पत्रों में उनके व्यक्तित्व का एक और पहलू देखने को मिलेगा। 'बकलमखुद' के निबन्धकार की याद ताजा होगी।

श्रीनारायण पांडेय को सम्बोधित इन पत्रों में अनेक विद्यार्थियोचित प्रश्नों के गम्भीर उत्तर हैं। नामवर जी के शिक्षक-रूप को इन पत्रों में मुखरित होते देखा जा सकता है :

- 'हिन्दी जाति' शब्द का प्रयोग मैं 'हिन्दी नेशन' अथवा 'हिन्दी नेशनैलिटी' के अर्थ में करता हूँ। इस अर्थ में 'जाति' शब्द का प्रयोग द्विवेदी-युग में बहुत हुआ है। प्रसाद ने भी राष्ट्र की जगह 'जाति' और 'राष्ट्रीयता' की जगह 'जातीयता' शब्द का प्रयोग किया है। 'स्कन्दगुप्त' के 'हिमालय के आँगन में उसे प्रथम किरणों का दे उपहार' वाले गीत में 'हमारी जातीयता-विकास' प्रयोग आता है।
- शुक्ल जी ने 157वें पृष्ठ पर जो Dowden का उद्धरण दिया है, वह बड़े काम का है। उससे स्पष्ट है कि जायसी के 'सर्ववाद' का सम्बन्ध किसी पारलौकिक सत्ता से नहीं बल्कि इसी लोक से था और उनका प्रेम वस्तुत: 'लोकसत्तात्मक भावों' का द्योतक था।
- जायसी ने प्रेम को जो इतनी प्रधानता दी, उसका बहुत बड़ा सामाजिक महत्त्व है। उस समय जबकि इस्लाम में वास्तविक बन्धुत्व और पारस्परिक प्रेम का भाव लुप्त हो गया था तथा काबा, मस्जिद, शेख, मुल्ला वगैरह का जोर बढ़ गया था, सूफी सन्तों ने प्रेम की धारा बहाकर समाज को बाह्याडम्बरों से उबार लिया। इससे जीवन में रस का संचार हुआ। यही उनके प्रेम का लोकसत्तात्मक (Democratic) रूप है। लेकिन यह लोकसत्तात्मक प्रेम जायसी के यहाँ Inverted रूप में—आध्यात्मिक रूप—व्यक्त हुआ। इसीलिए वह रहस्यवादी हो गया।

इन पत्रों में 'कफन', 'पुरस्कार', 'करुणा' आदि कहानियों-निबन्धों पर गम्भीर टिप्पणियाँ हैं।

1950 के दशक में, नामवर जी अपनी आलोचना का बुनियादी स्वरूप निर्मित कर रहे थे। उन दिनों के पत्रों में 'छायावाद', 'इतिहास और आलोचना' तथा 'कहानी : नई कहानी' के लेखक की गहन वैचारिकता, व्यापकता, मूल्यांकन-क्षमता, प्रगतिशील दृष्टि और तेजस्विता एक साथ मौजूद हैं। शुरुआती पत्रों में नामवर जी ने विस्तार से अनेक ऐसे प्रश्नों पर गम्भीरता से विचार किया है, जिस पर अन्यत्र शायद ही उन्होंने कहीं लिखा हो। वाचिक के जितने साक्ष्य मिलते हैं, उनमें अवश्य कहीं-कहीं इसके संकेत जरूर मिलते हैं। उन्नीसवीं सदी के उर्दू-हिन्दी विवाद के परिप्रेक्ष्य में वे अनेक महत्त्वपूर्ण बातें कहते हैं। 15.12.1959 के इस पत्र को ध्यान से पढ़ा जाना चाहिए। नामवर जी के ये रिस्पांस बहुत महत्त्वपूर्ण हैं :

- हिन्दी के विकास में बाधक तत्त्व उस समय मुख्यत: प्राच्यवादी थे जो संस्कृत, फ़ारसी, अरबी के समर्थक थे। इन्हीं दकियानूसी सामन्ती शक्तियों के कारण भाषा के सवाल को धार्मिक रंग प्राप्त हुआ। फलस्वरूप आगे चलकर खड़ी बोली की नागर शैली को हिन्दी-मुस्लिम भेद-भावना के साथ जोड़कर उर्दू

बनाम हिन्दी विवाद का रूप दे दिया गया। सम्भवतः तत्कालीन भारत सरकार की भाषा-नीति को इन सामन्ती शक्तियों ने प्रभावित किया, जैसाकि अन्य क्षेत्रों में भी किया।

- अंग्रेजी शासक स्वभावतः अपनी सुविधा के लिए अंग्रेजी को माध्यम बनाना चाहते थे। किन्तु सामान्य जनता की आवश्यकताओं के सामने वे झुकने के लिए विवश थे...। यदि प्राच्यवादियों ने अड़ंगा न लगाया होता तो अंग्रेजी के समानान्तर खड़ी बोली हिन्दी उस समय माध्यम के रूप में स्वीकृत हो गई होती। अंग्रेज देशी भाषा को माध्यम बनाने के लिए लाचार थे, जैसेकि ईसाई धर्म-प्रचारक लाचार थे। (यद्यपि दोनों की लाचारियों में शक्ति-भेद से अन्तर था।)
- वस्तुतः बुनियादी सवाल है : भाषा-सम्बन्धी राजनीतिक चेतना के उदय का। अपनी भाषा के प्रति साहित्यिक चेतना तो लोगों में मध्ययुग में भी थी परन्तु भाषा राजनीतिक संगठनों का माध्यम है और इसे उपयुक्त माध्यम बनाया जाए, यह चेतना आधुनिक Communications के माध्यमों की जटिलता के साथ जुड़ी है—अर्थात् Language as Communication और Communication in General के आपसी सम्बन्धों के उदय पर प्रकाश डालनेवाले तथ्यों की खोज ज्यादा जरूरी है।

इन विचारों से उठे प्रति-प्रश्नों के जवाब नामवर जी ने 20.04.1960 के पत्र में विस्तार से दिये हैं। नामवर जी के विचारों को जानने के नज़रिये से यह पत्र अत्यन्त महत्त्वपूर्ण है। इसे पूरा पढ़ा जाना चाहिए। कुछ संकेत-उद्धरण यहाँ देना उचित होगा :

- इंग्लैंड में बुर्जुआ और सामन्ती तत्त्वों के मिश्रण को देखने के लिए ज्यादा महीन दिमाग की जरूरत नहीं है। वहाँ House of Commons ही नहीं, House of Lords भी हैं। वहाँ पार्लियामेंट ही नहीं, रानी भी हैं, उद्योगपति हैं तो ड्यूक और लॉर्ड भी हैं और है चर्च। अपने शासनकाल में अंग्रेजों ने भारत में भी यह दुहरा रूप सुरक्षित रखा—हिन्दुस्तान का कुछ भाग उन्होंने देशी राजाओं के हाथ में भी रहने दिया और जो भाग अपने पास रखा, उसमें भी ताल्लुकेदारों तथा जमींदारों की रक्षा की। धार्मिक स्वतंत्रता के नाम पर तमाम धार्मिक कोढ़ों को बनाये रखा।
- इसके अलावा यह भी मत भूलिए कि प्राच्यविद्या विशारद अंग्रेजों में अधिकांश मिशनरी थे और ये भारत में पूँजीवाद तथा नये उद्योगों की पताका फहराने नहीं आए थे।
- जिस प्रकार अंग्रेजी साम्राज्यवाद का अपना स्वरूप बुर्जुआ-सामन्ती था, उसी प्रकार उपनिवेशों में उनके आर्थिक, राजनीतिक, सांस्कृतिक शोषण का रूप भी बुर्जुआ-सामन्ती था। चूँकि पूर्वी देशों के उपनिवेशों में सामन्ती संस्कारों की

जड़ें काफी पुरानी थीं इसलिए उन्होंने इनके शोषण के लिए एक ओर तो हानिकारक सामन्ती तत्त्वों का उपयोग किया और दूसरी ओर उन्हें तोड़ा भी। उस समय के प्राच्यविद्यावादी चाहे भारतीय हों, चाहे यूरोपीय, उनका मूल्यांकन करते समय उनके 'दुहरे रूप' को नहीं भूलना चाहिए। एक ओर वे अतीत की खोज से जातीय गौरव का बोध जगा रहे थे तो दूसरी ओर अनेक रूढ़ियों को भी पुनर्जीवित कर रहे थे। इनके दुहरे चरित्र के कारण उन्नीसवीं सदी के तथाकथित भारतीय 'रेनेसाँ' का भी दुहरा रूप था—एक ओर उसने विदेशी हुकूमत के विरोध में राष्ट्रीयता की भावना जगाई तो दूसरी ओर आधुनिक विचारों के विरुद्ध प्राचीन आदर्शों की दीवार भी खड़ी की।

- संस्कृतवादी भारतीय होते हुए भी हिन्दी के प्रश्न पर अंग्रेजी का समर्थन करते हैं। आज भी उन्होंने हिन्दी का विरोध करने के लिए दो मोर्चे खोल दिये—एक तो भारत में अंग्रेजी की रक्षा और दूसरा, संस्कृत पुनरुत्थान का।

ये बातें 1960 से कही जा रही हैं, यह ध्यान रखना जरूरी है। हिन्दी में रामविलास शर्मा के अतिरिक्त शायद ही कोई विचारक-आलोचक-भाषाविद् उस जमाने में इन प्रश्नों पर इतनी गहराई से विचार कर रहा था। नामवर जी के विचारों की जमीन पर आगे अनेक युवा अध्येताओं ने इन विषयों पर काम किया। वर्ष 2017-18 में प्रकाशित युवा शोध-अध्येता और शिक्षक शीतांशु की पुस्तक 'कम्पनी राज और हिन्दी' को इसी सिलसिले में देखा जा सकता है।

इन पत्रों में एक लेखक के रूप में नामवर जी की तीन इच्छाओं का जिक्र बार-बार आता है। '50 और '60 के दशक के पत्रों में 'हिन्दी साहित्य का इतिहास' लिखने की योजना का बार-बार उल्लेख हुआ है। 12.11.1960 के पत्र में वे लिखते हैं : 'मैं अपने 'इतिहास' में लगा हूँ। राजकमल को सितम्बर के अन्त तक दे देने का तय हुआ है।' स्पष्ट है कि साहित्य के इतिहास का कुछ-न-कुछ हिस्सा नामवर जी ने जरूर लिखा होगा, जो समय और परिस्थितियों के दबाव से पूरा न हो पाया होगा। इसी तरह 25.08.1980 के पत्र में वे प्रेमचन्द पर पुस्तक लिखने की बात कहते हैं : 'मैं प्रेमचन्द पर एक छोटी-सी पुस्तक लिखना चाहता हूँ।' 'रामचन्द्र शुक्ल ग्रन्थावली' की तैयारियों के सिलसिले में बिखरे अनुपलब्ध लेखों और पुस्तकों का जिक्र बार-बार इन पत्रों में है। आचार्य हजारी प्रसाद द्विवेदी के शिष्य और उन पर 'दूसरी परम्परा की खोज' जैसी पुस्तक लिखनेवाले नामवर सिंह के मन में रामचन्द्र शुक्ल के प्रति एक गम्भीर आकर्षण हमेशा मौजूद रहा है। 'रामचन्द्र शुक्ल ग्रन्थावली' की उनकी इच्छा को इसी रूप में देखा जाना चाहिए।

श्रीनारायण पांडेय जीवन-भर नामवर जी के छात्र बने रहे हैं। इसमें भाई का भाव भी अन्त:स्यूत रहा है। कभी-कभी नामवर जी अपने निकटजनों से बनारसी

भंगिमा में भी मजाक करते हैं। 10.12.1995 के पत्र में वे पांडेय जी को 'प्रिय श्री टेलीफोन एक्सचेंज पांडेय' सम्बोधित करते हैं। सम्बोधन की अर्थ-भंगिमाएँ स्पष्ट ही हैं परन्तु आगे पत्र की शुरुआती पंक्तियाँ और भी खुशमिजाज वातावरण बनाती हैं—आत्मीय और उत्फुल्ल :

> यह नया तखल्लुस मुबारक हो। माँ-बदौलत जिससे खुश हों, हम वही कहेंगे। हमारा क्या—न हम बैंगन के गुलाम और न बेगम के! बल्कि हम तो खुश हुए कि डलहौजी स्क्वायर की उस नई बिल्डिंग के बराबर अपरिचितपुर में खुद-ब-खुद एक इनसान खड़ा हो गया!

आत्मीयता और पुरसुकून परस्परता से भरे इन पत्रों में दोनों के व्यक्तिगत जीवन के अनेक उतार-चढ़ाव दर्ज हैं। व्यक्तिगत संघर्ष और संघर्षों में पराजित कर सकनेवाले क्षणों का ब्यौरा भी है और हताशाओं से बाहर निकलकर गरिमा से जीवन जीने का माद्दा देनेवाला 'गर्वीली गरीबी वह' का आत्मविश्वास भी। चन्दौली से भारतीय कम्यूनिस्ट पार्टी से लोक सभा का चुनाव लड़ने के बाद काशी हिन्दू विश्वविद्यालय की अस्थायी सेवा से निकाल दिये जाने पर नामवर जी लिखते हैं :

> आशा है, मेरी मुक्ति से आप उतने ही प्रसन्न होंगे जितने किसी समय मेरी नियुक्ति से हुए थे! चलिए, विश्वविद्यालय के दायरे से निकलकर सीधे विश्व में प्रवेश करने का अवसर तो मिला! टीचरी ने सचमुच निकम्मा कर दिया था! आज इससे अधिक नहीं। भावुकता के लिए यह अवसर है ही नहीं! एक बार फिर संघर्षों के लिए शक्ति संचित करें!
>
> ब्राह्मण का आशीर्वाद चाहिए।

अन्तिम पंक्ति का अर्थ यह नहीं है कि प्रगतिशील नामवर सिंह वर्ण-व्यवस्था को मानते थे। यह तो बस, समाज की प्रचलित भाषा का रणनीतिक उपयोग है, जैसे सिर्फ अपने को याद दिलाने के लिए कि इससे मुक्त होना अनिवार्य है।

बेरोजगारी की स्थिति में विश्वविद्यालयों में फार्म भरने का अनुरोध बार-बार किये जाने पर वे खीज उठते हैं :

> कलकत्ता में आवेदन-पत्र नहीं भेज रहा हूँ। संकेत मैंने आपको दे दिया था शायद। नदी के कूड़े की तरह घाट-घाट घूमना मुझे अब मंजूर नहीं है। बनारस के बाद सागर आया, यही बहुत है। दो इंटरव्यू सीमा है। अब इसके बाद किसी इंटरव्यू का सामना करने का माद्दा मुझमें नहीं है।

नामवर सिंह ने लम्बी बेरोजगारी झेली है, फिर भी एक गरिमामय जीवन जिया है। इसकी बानगी विश्वनाथ त्रिपाठी के संस्मरण 'हक अदा न हुआ' और काशीनाथ सिंह के संस्मरण 'गर्वीली गरीबी वह' से मिल जाती है। संघर्ष की इन परिस्थितियों

से बाहर आने में उस जीवन-दर्शन की भूमिका है, जिसके संकेत 23.02.1957 के पत्र में नामवर जी करते हैं :

> जिन्दगी वहाँ से शुरू होती है, जहाँ से विरोध शुरू होते हैं। यह मैं नहीं कह रहा हूँ—मेरे सीने की वे तमाम चोटें कह रही हैं जो पिछले सात-आठ साल के सधे प्रहारों में लगी हैं और जिनका घाव अब भी ताजा है। आरोप करनेवालों को करने दें क्योंकि जिसके पास करने के लिए कुछ नहीं होता, वही दूसरों पर आरोप करता है। अपनी ओर से आप अधिक-से-अधिक यही कर सकते हैं कि उन आरोप को ओढ़ें नहीं। आरोप ओढ़ने की चीज नहीं, बिछाने की चीज है—वह चादर नहीं, दरी हैं। ठाठ से उस पर बैठिए, और अचल रहिए।

स्पष्ट है कि कठिन संघर्ष में उतरने से पहले ही यह जीवन-दर्शन अपना बुनियादी रूप न ले चुका होता तो नामवर जी बिना डिगे, बिना डरे, बिना झुके, बिना समझौता किये कठिन जीवन-स्थितियों का सामना शायद ही कर पाते।

सामान्यत: नामवर जी के इन पत्रों में राजनीतिक घटनाओं पर टिप्पणियाँ नहीं हैं। पारिवारिक—निजी, शैक्षिक—वैचारिक बातें ही यहाँ मुख्य हैं, परन्तु कभी-कभी वे इस ओर उन्मुख होते हैं। दो उदाहरण महत्त्वपूर्ण हैं। 18.03.1965 के पत्र में केरल के राजनीतिक घटनाक्रम के बहाने एक जरूरी बात कहते हैं :

> अपनों की तरह न तो मैं केरल-असफलता पर पस्त हूँ और न 'उनकी' तरह केरल-सफलता पर मदमस्त। ईश्वर न करे कि कांग्रेस कभी सारे भारत को केरल बना दे! उस समय राष्ट्रपति शासन की जगह फासिस्ट तानाशाही होगी और चुनाव में जीतने के बावजूद सारे कम्यूनिस्ट जेल में होंगे, तब नम्बूदरीपाद वक्तव्य देने के लिए और दिल्ली तक दौड़ लगाने के लिए स्वतंत्र न होंगे।

इस पत्र में वे भारतीय कम्यूनिस्ट पार्टी की भाषा-नीति की कठोर आलोचना करते हैं :

> रहा भाषा का सवाल, सिर्फ इतना ही कह सकता हूँ कम्यूनिस्टों को—चाहे वे दायें के हों या बायें के—इस विषय पर किसी को दोष देने का हक नहीं है। मेरे सामने तो कम्यूनिस्ट पार्टी के भाषा-सम्बन्धी तमाम दस्तावेजों का पूरा इतिहास है। आज भी इस पार्टी के लीडर केन्द्रीय भाषा के रूप में हिन्दी को लाने के लिए हिचकते दिखाई पड़ रहे हैं। नतीजा सामने है—पहल करने का अवसर इस पार्टी ने खो दिया है और जनसंघी तथा कांग्रेस आगे बढ़कर इस स्थिति से फायदा उठा रहे हैं। भाषा का सवाल केवल भाषा का सवाल नहीं रह गया है—इसके माध्यम से आज भारत में वर्ग-संघर्ष हो रहा है।

नामवर जी सार्वजनिक जीवन में अपने राजनीतिक विचारों को मुखरता से अभिव्यक्त करते रहे हैं। विशेष रूप से बाबरी मस्जिद ध्वंस के बाद उन्होंने लगातार सामाजिक-राजनीतिक स्थितियों पर लिखना-बोलना जरूरी समझा है। 'जमाने से दो दो हाथ' के अनेक व्याख्यानों-आलेखों तथा 'सम्मुख' के अनेक साक्षात्कारों में हम उनके संघर्षशील आन्दोलनकारी आलोचक रूप को देख सकते हैं। 16.07.1991 के एक पत्र में अभिव्यक्त उनकी तात्कालिक प्रतिक्रिया आज भी प्रासंगिक है। उनके प्रत्येक वाक्य को आज भी ध्यान से पढ़ना ज़रूरी है :

> मई-जून के चुनावों के परिणाम से हिन्दी प्रदेश को लेकर आपका चिन्तित होना स्वाभाविक है। उत्तर प्रदेश में भाजपा की सरकार का बनना निश्चय ही खतरे की घंटी है। इस प्रदेश के पिछड़ेपन की शिकायत करनेवाले वामपंथी बुद्धिजीवी अपनी मान्यता की पुष्टि देखकर निश्चय ही आत्मपुष्ट होंगे। लेकिन बात उत्तर प्रदेश तक ही सीमित नहीं है। राजनीतिक और सांस्कृतिक दृष्टि से प्रबुद्ध और प्रगतिशील पश्चिम बंगाल में भाजपा का जो असर इस बीच बढ़ा है—उसकी क्या व्याख्या है ? जरूरत हिन्दू राष्ट्रवाद के अखिल भारतीय आधार और प्रसार पर गम्भीरता से विचार करने की है। कुछ लोग इसे 'क्षणिक' या 'तात्कालिक' घटना मानकर अपने-आपको और शायद दूसरों को भी धोखे में रखना चाहते हैं। यह उभार न तो केवल अयोध्या तक सीमित है और न नितान्त तात्कालिक है। मैं इस खतरे को कम करके आँकने के पक्ष में नहीं हूँ।

1990 के दशक में सोवियत संघ के पतन के बाद भारतीय समाज में ताकतवर हुए दो शत्रुओं—उदारीकरण-निजीकरण-भूमंडलीकरण-युगीन पूँजीवाद और साम्प्रदायिक फासीवाद—में से किसे ऊपर रखा जाए, इस बात पर बहस हो रही थी। नामवर जी ने साम्प्रदायिक हिन्दुत्ववादी राष्ट्रवाद पर ज्यादा ताकत से हमला किया। 2019 के जून माह में आज उसी वैचारिक संघर्ष को आगे बढ़ाना हमारे लिए सबसे जरूरी है। विश्वव्यापी दक्षिणपंथी-फासीवाद उभार में भूमंडलीकरण का सवाल तो जैसे पूरी दुनिया में ठंडे बस्ते में डाल दिया गया है। नामवर जी की वैचारिकता दोनों शत्रुओं पर आक्रमण करती है और हमें भी दोनों को प्रमुख शत्रु मानने के लिए उकसाती है।

नामवर जी इन पत्रों में पुस्तक-उत्सुक नजर आते हैं। प्रायः प्रत्येक पत्र में किसी-न-किसी विदेशी पुस्तक को प्राप्त करने की उनकी इच्छा अभिव्यक्त हुई है। राष्ट्रीय पुस्तकालय और कलकत्ते की अनेक दुकानों का इस सम्बन्ध में उल्लेख है। इन पत्रों में अनेक जगहों पर उर्दू के अर्थपूर्ण शेर उद्धृत हैं, जो पत्रों में व्याप्त बतरस को गहरा और प्रभावी बना देते हैं। यह भी स्पष्ट है कि '50 और '60 के दशक के पत्रों में जो विस्तार है, वह बाद में क्रमशः घटता जाता है। पत्र धीरे-धीरे ज्यादा औपचारिक होते गए हैं।

पुस्तक में अनेक जगहों पर नामवर जी की वैसी ही सूक्तियाँ देखने को मिलती हैं जिनका एक संग्रह 'वाद विवाद संवाद' पुस्तक के अन्त में स्वयं नामवर सिंह ने दिया था। तब हम क्यों पीछे रहें? कुछ सूक्तियाँ उदाहरण के रूप में रखी जा रही हैं :

- स्मृतिहीन लोग जितने दयनीय होते हैं, स्मृतिजीवी उनसे कुछ ही कम दयनीय होते हैं।
- लगातार घर बदलते रहने से घर का एहसास जाता रहता है।
- केवल हिन्दी पढ़कर ही हिन्दी में कुछ नहीं किया जाता है, दूसरे विषय को भी पढ़ना पड़ता है।
- लोग गलत कहते हैं, जीवन 'परीक्षा' नहीं है और न व्यक्ति एकदम परीक्षार्थी है। जीवन इन सबसे कहीं बड़ी चीज है।

प्रस्तुत पुस्तक 'तुम्हारा नामवर' नामवर जी के पत्रों का संकलन है। पहले खंड में परिजनों को लिखे पत्र हैं, तो तीसरे खंड में श्रीनारायण पांडेय को लिखे 91 पत्र। दूसरे खंड में साहित्य-सहचरों—केदारनाथ अग्रवाल, मुक्तिबोध, राजेन्द्र यादव, विश्वनाथ त्रिपाठी, रवीन्द्र कालिया, कमला प्रसाद, नंदकिशोर नवल और महेन्द्रनाथ राय—को लिखे गए पत्र संकलित हैं। ये पत्र पहले भी कहीं न कहीं छप चुके हैं। पत्र प्राप्त करने और संकलित करने के लिए कोई अतिरिक्त शोध नहीं किया गया है। इस पुस्तक से बाहर भी अभी हजारों पत्र लोगों के निजी संग्रह में मौजूद होंगे। ऐसे पत्रों की खोज में हम आगे लगेंगे। उम्मीद है, इस पुस्तक के अगले संस्करण में उनका समावेश किया जा सकेगा।

श्रीनारायण पांडेय के 91 पत्र 2000 में एक सम्पूर्ण पुस्तक के रूप में प्रकाशित हो चुके हैं। पुस्तक अनेक वर्षों से अनुपलब्ध है। जब हमने पांडेय जी से इस पुस्तक में इन पत्रों को प्रकाशित करने की अनुमति माँगी तो उन्होंने सहर्ष अनुमति प्रदान की। इसके लिए हम श्रीनारायण पांडेय जी के प्रति कृतज्ञता ज्ञापित करते हैं।

हम 2010 से नामवर जी की पुस्तकों के प्रकाशन में संलग्न हैं। 4-4 पुस्तकें 2010 और 2012 में तथा दो पुस्तकें 2018 में प्रकाशित हुई हैं। दस पुस्तकें प्रकाशन की प्रक्रिया में हैं। इन पुस्तकों में प्रकाशित हो रही सामग्री पिछले 70 वर्षों की दीर्घ अवधि में प्रकाशित परन्तु असंकलित रही है। खोज का यह काम 2005 में प्रारम्भ हुआ। निरन्तर पत्र-पत्रिकाओं-पुस्तकों, पुस्तकालयों, इंटरनेट एवं खास तौर पर निजी संग्रहों को खंगालने पर यह सामग्री प्राप्त हुई—लगभग 2000 पृष्ठ। उसमें नामवर जी के आलेखों, व्याख्यानों और साक्षात्कारों के लिप्यन्तरित पाठ, वाचिक टिप्पणियाँ, व्यक्तिगत साक्षात्कार एवं सामूहिक परिसंवाद शामिल हैं। इसके बावजूद अभी अनेक आलेख और व्याख्यानों और साक्षात्कारों के मुद्रित पाठ खोजे जाने

बाकी हैं। नामवर जी ने जब स्वयं यह संग्रह देखा तो उन्हें आश्चर्य हुआ। अनेक आलेख , व्याख्यान और साक्षात्कार उनकी स्मृति में नहीं थे। इस सामग्री को पुस्तकों में बाँटने की प्रमुखत: दो योजनाएँ विकल्प के रूप में सामने थीं—विषयवार पुस्तकें और लिखित-वाचिक की अलग-अलग पुस्तकें। हमने बीच का रास्ता अपनाया : सामयिक विषयों पर केन्द्रित पुस्तक 'जमाने से दो दो हाथ' और प्रेमचन्द पर केन्द्रित पुस्तक 'प्रेमचन्द और भारतीय समाज' में—आलेख, भाषण एवं वाचिक टिप्पणियाँ एक साथ मौजूद हैं। इसके अतिरिक्त वाचिक की दो पुस्तकें 'आलोचना और विचारधारा' तथा 'साहित्य की पहचान', लिखित की चार पुस्तकें 'कविता की जमीन और जमीन की कविता', 'हिन्दी का गद्य पर्व', 'पूर्वरंग' तथा 'आलोचना और संवाद' और साक्षात्कार-संवाद की दो पुस्तकें 'साथ साथ' तथा 'सम्मुख'। इसी क्रम में यह नई पुस्तक आपके सामने है। इन पुस्तकों से गुजरते हुए आप नामवर जी की प्रतिभा के विविध आयामों से संवाद कर सकते हैं।

सम्पूर्ण खोज-यात्रा में प्रो. कमला प्रसाद जी के साथ ही हिन्दी के वरिष्ठ कथाकार प्रो. काशीनाथ सिंह का प्रोत्साहन मेरी शक्ति रहा है। अनेक आदरणीय वरिष्ठों एवं मित्रों ने इस कार्य में निरन्तर दिलचस्पी ली है और बहुविध सहयोग किया है।

इस सम्पूर्ण यात्रा के प्रारम्भिक पाँच-छह वर्षों में एक बात मैं निरन्तर महसूस करता रहा कि इसके संग्रहण एवं प्रकाशन के प्रति नामवर जी में गहरी असम्पृक्ति रही है। सम्भवत: यही कारण है कि इतनी ढेर सारी सामग्री अब तक पुस्तक रूप में संकलित-प्रकाशित नहीं हो सकी है। अनेक व्याख्यान व साक्षात्कार तो उन्होंने प्रकाशित रूप में देखे भीं न थे। आज के समय में, जबकि लोग आत्म-प्रदर्शन की प्रवृत्ति के शिकार हैं, नामवर जी में एक किसान का-सा संकोच था। अपने लिखे और बोले हुए के प्रति नामवर जी की यह असम्पृक्ति और उसके व्यवस्थित प्रस्तुतीकरण के प्रति उनका यह संकोच, मुझे अनेक तरह से अपरिग्रह के पुराने मूल्य का ही एक नया रूपान्तर लगता रहा है। उनके समकालीनों, हमउम्रों और उन्हें ज्यादा जानने का दावा करनेवाले लोगों के विचारों के समानान्तर मुझे नामवर जी में एक 'सूफियाना विराग' मिलता है। एक बार मेरे पूछने पर उन्होंने स्पष्ट रूप से कहा था कि 'चाहे निबन्ध हों या पुस्तक, मुझे उसका प्रकाशन तभी जरूरी लगता रहा है, जबकि वह मौजूदा परिदृश्य में हस्तक्षेप करे, उसके ठहराव को तोड़े और वाद-विवाद-संवाद की प्रक्रिया को आगे बढ़ाए। मेरी ज्यादातर पुस्तकें अपने समय की बहसों में भागीदार होकर लिखी गई हैं। इसीलिए संग्रह के लिए संग्रह निकालना मेरी प्राथमिकता नहीं रहा है।' इसी विचार के कारण पर्याप्त सामग्री के बावजूद उनके संग्रह सामने नहीं आ सके। मैंने देखा था कि 'वाद विवाद संवाद' के साथ ही आलोचना में उनकी एक अन्य पुस्तक का विज्ञापन छपा था : 'जब

हिन्दी नई चाल में ढली'। वह पुस्तक नहीं आ सकी। शुरुआती दिनों में मैंने भी उनके आलोचनात्मक निबन्धों के पुस्तक रूप में प्रकाशन की जब भी बात की, उन्होंने ज्यादा रुचि नहीं ली।

इसके बावजूद यदि इन पुस्तकों का प्रकाशन हो रहा है, तो इसका आशय यह नहीं है कि नामवर जी का विचार बाद में बदला था। वस्तुतः अनेक मित्रों के निरन्तर दबाव और निरन्तर आग्रह के कारण उन्होंने इनके प्रकाशन की अनुमति दी थी। संकोच के साथ। मैं इसके लिए उनका आभारी हूँ। उम्मीद है कि इनके प्रकाशन से गत सत्तर वर्षों से अधिक में फैली उनकी यह रचनात्मकता अपने ज्यादा आयामों में उभर सकेगी। सात दशकों में प्रगतिशील आलोचना की प्रभावशाली एवं निर्णायक भूमिका का खुलासा भी उनसे हो सकेगा तथा नामवर जी की अपनी वैचारिक स्थिति अधिक स्पष्ट हो सकेगी।

इन पुस्तकों के संकलन-सम्पादन के पीछे प्रो. कमला प्रसाद की प्रेरणा रही है। इस शृंखला की पहली चार पुस्तकें देखकर वे खुश हुए थे। दूसरी चार पुस्तकों का सेट आने के पूर्व ही वे हमें छोड़कर चले गए। उनकी अनुपस्थिति में उनकी उपस्थिति का महत्त्व ज़्यादा खुलकर प्रकट हुआ है। उनके साथ सक्रिय गतिशीलता का जो समय मैंने गुजारा है, वह मेरे भीतर सदैव जीवित रहेगा। इस अवसर पर उन्हें याद करना, ऐसा ही है, जैसे अपने भीतर झाँकना। बाहर वे नहीं हैं। भीतर एक स्मृति-फिल्म में वे मौजूद हैं—बोलते, चलते और कुछ करने के लिए उकसाते, आलस करने पर नाराजगी जताते। इस अवसर पर वे बार-बार याद आ रहे हैं।

इन पुस्तकों के प्रकाशन के पहले ही नामवर जी भी हमें छोड़कर चले गए। पुस्तकों की पांडुलिपियाँ देखकर वे खुश हुए थे। अगली किताबों के बारे में भी उन्होंने उत्साहपूर्ण प्रतिक्रिया दी थी। 1957-58 में उन्होंने हिन्दी कविता का एक प्रतिनिधि संचयन तैयार किया था। हमने उसकी पांडुलिपि उन्हें दिखाई तो वे खुश हुए। बोले—इसे अप-टू-डेट करना चाहिए। हमने इस सम्बन्ध में बातें कीं। सकुचाते हुए जब मैंने उनसे उनकी रचनावली की अनुमति माँगी, तो न सिर्फ उन्होंने उसकी अनुमति दी बल्कि उसके खंडों की योजना पर भी पूछताछ की। पहली दस किताबों और 'रामचन्द्र शुक्ल रचनावली' के प्रकाशन के बाद उनमें अपनी पुस्तकों के प्रकाशन को लेकर एक उत्सुकता जागी थी। अस्वस्थता के बावजूद वे अगली पुस्तकों के बारे में लगातार पूछते, बात करते रहते थे। योजनाएँ बनने के बाद उनके क्रियान्वयन में होनेवाली देरी से वे नाराज और दुखी हो जाते थे। आज वे नहीं हैं। मेरे लिए यह निजी क्षति है जिसकी भरपाई सम्भव नहीं है। एक खालीपन जो हमेशा एक शून्य की तरह जीवित रहेगा। अनिवार्यतः। उनके न रहने पर उनके साथ बनी योजनाएँ जल्दी से जल्दी पूरा करने के लिए हम प्रतिबद्ध हैं।

नामवर जी की अनुपस्थिति में नामवर जी की वैचारिकता का महत्त्व बढ़ेगा, ऐसा मेरा विश्वास है। उनकी वैचारिकता, बेहतर भविष्य के लिए उनकी प्रतिबद्धता, उनका आलोचना संघर्ष—हमें निरन्तर प्रेरित करेगा। उनके विचारों का समग्र जल्द से जल्द प्रकाशित हो ताकि नामवर जी को सम्पूर्णता में देखा-पढ़ा-समझा जा सके, ऐसी हमारी कामना है। उम्मीद है कि वर्ष 2019-20 में हम उनका सम्पूर्ण शेष साहित्य आपके समक्ष रख सकेंगे। इस विश्वास के पीछे उनके सुपुत्र श्री विजय सिंह और राजकमल प्रकाशन के निदेशक श्री अशोक महेश्वरी का संबल है और विख्यात कथाकार काशीनाथ सिंह का संवेदनापूर्ण मार्गदर्शन। इन सबके रहते काम में कोई बाधा आने का प्रश्न ही नहीं उठता।

नामवर जी को सादर नमन के साथ यह पुस्तक उनकी स्मृति को समर्पित है।

आशीष त्रिपाठी

तुम्हारा
नामवर

कभी पाबन्दियों से छूट के भी दम घुटने लगता है
दरो-दीवार हो जिसमें वही ज़िन्दा नहीं होता

रामजी सिंह

[1]

लोलार्क कुंड, भदैनी
बनारस
26.8...

प्रिय रामजी,

तुम्हारी चिट्ठी पढ़ी। जी घबड़ा उठा। तुम्हारा कष्ट मुझे बेचैन कर देता है। मेरे रहते हुए तुम या काशी कभी दुखी हो, यह मैं नहीं देख सकता। पिताजी से तुम्हारी अस्वस्थता की खबर मिली थी। तुम्हारे गिरते हुए स्वास्थ्य को देखकर मैं पहले से ही चिन्तित हूँ। इस पर तुम्हारी यह मानसिक व्यथा।

तुम बेकार परेशान हो। पिताजी नाराज हैं तो खुश भी हो जाएँगे। वहाँ आने पर उन्होंने मुझसे भी तुम्हारे बारे में बहुत-सी बातें कही थीं। उन बातों को तुम खुद जानते हो। मतलब, उन्हें पसन्द नहीं है कि तुम विश्वनाथ आदि के द्वार पर बैठो। उन्हें यह भी पसन्द नहीं कि तुम अपने-आपसे दवा-दारू करो।

पिताजी को मैंने भरसक समझाने की कोशिश की है। अब वे तुम्हें न डाँटेंगे। इसके बाद तुम्हारा कर्तव्य आरम्भ होता है। उन्हें अपनी सेवाओं से प्रसन्न कर सकते हो। पुत्र से पिता को बड़ी आशाएँ होती हैं। सोचो तो, हम लोगों ने अभी तक उनमें से कुछ भी पूरा किया है ? तुम उनके पास हो, यह तुम्हारा सौभाग्य है। यह तुम्हारा गहन उत्तरदायित्व है।

मैं नहीं कहता कि तुम विश्वनाथ आदि का द्वार छोड़कर ही पिताजी को खुश कर सकते हो। मैं नहीं कहता कि पिताजी के कहे डॉक्टर या वैद्य की दवा करके ही उन्हें प्रसन्न कर सकते हो। मैं यह भी नहीं कहता कि घरघुसनी आदत छोड़कर ही उनकी नाराजगी कम कर सकते हो। ये भी बातें हैं तथा ऐसी और अनेक बातें हैं जिनसे तुम्हारी सेवा का पता चल सकता है।

बराबर ध्यान रखो कि वे पुराने खयाल के आदमी हैं। घरघुसनी आदत से उन्हें सन्देह पैदा होता है। इसी कारण वे मुझसे भी नाराज रहते थे। लेकिन साँच

को आँच क्या? तुम भी अपना भला-बुरा खुद सोच सकते हो। पिताजी को तुम पर चाहे जितना सन्देह हो, मुझे तुम पर पूरा विश्वास है। काश, कि तुम अपने आचार-व्यवहार से पिताजी का भी विश्वास प्राप्त कर सकते! अगर वे किसी के घर तुम्हारे उठने-बैठने से नाराज होते हैं तो उन घरों में जाना कम कर दो। खेतवाले मामले में पिताजी का साथ दो और लोगों से कहो कि उन्होंने ठीक किया है।

मैं पिताजी को भी पत्र लिखकर समझा रहा हूँ। अपनी तन्दुरुस्ती का हाल साफ-साफ लिखो। अगर हालत ठीक नहीं है तो छुट्टी लेकर चले आओ। यहाँ डॉक्टरी इलाज हो जाने से अच्छा रहेगा।

बी.ए. की किताबों की चिन्ता मत करो। उनका इन्तजाम कर रहा हूँ। जल्द ही भेजूँगा।

सस्नेह

तुम्हारा भैया

[सम्भावित वर्ष : 1955]

[2]

लोलार्क कुंड, काशी

3.8. ...

प्रिय रामजी,

आज शाम अलगू के हाथ तुम्हारी चिट्ठी मिली। हमेशा की तरह मैंने वह चिट्ठी काशी को दे दी और फिर उसका सारांश माँ को सुना दिया गया। इसके बाद हम सबने बैठकर उस पर विचार किया। खा-पी चुकने के बाद भी घंटों तुम्हारी चर्चा होती रही। वैसे तो शायद ही कोई दिन ऐसा बीतता हो जब तुम हम लोगों की बातचीत के बीच न आ जाओ लेकिन आज तुम्हारे पत्र ने हमारे मन को आन्दोलित कर दिया।

जो चिट्ठी मैंने तुम्हें भेजी थी, उसे काशी को भी दिखा दिया था। इसलिए अब जब तुमने उस चिट्ठी की प्रतिक्रिया व्यक्त की है तो एक बार फिर मैंने काशी से अपने पत्र की कमियों के बारे में पूछा। लेकिन मेरी ही तरह उसे भी आश्चर्य है कि तुम्हें उस पत्र से ठेस क्योंकर लगी? उसमें न तो तुम्हें चरित्रहीन कहा है, न आवारा। रामजी, एक बार उस पत्र को फिर पढ़ो। मुझे ठीक से याद तो नहीं लेकिन कहीं-न-कहीं यह जरूर लिखा है कि मुझे तुम पर पूरा विश्वास है। समझ में नहीं आता, उसमें ऐसा क्या था जिससे तुम्हें मूर्च्छा आती?

बहुत सोचने पर ऐसा मालूम होता है कि इस वक्त तुम अकेले हो। गाँव के उस समाज में ऐसा कोई नहीं जिससे तुम्हारा मन मिले और तुम कोई बात कर सको। काशी साथ था तो और बात थी। यहाँ बार-बार मैं सोचता हूँ कि गाँव में अकेले-अकेले तुम्हें कैसा लगता होगा! पिताजी इन बातों को नहीं समझ सकते। अब तुम उदास-उदास से गाँव के बाहर किसी सिवान में खोए रहते होगे या फिर घर के कोने में कुछ किताबों में डूबे रहते होगे तो पिताजी उसे आवारापन समझते होंगे। पुराने खयाल के आदमी के लिए यह सोचना अस्वाभाविक नहीं है। उनके लिए अब यह सम्भव भी नहीं है कि इन बातों पर सहानुभूतिपूर्ण ढंग से सोच सकें। पहले भी लिख चुका हूँ कि खुद मुझे ही वे कितना आवारा समझते थे और अभी कल तक तुम्हारे सामने मुझे गालियाँ देते थे!

क्या इन सबके लिए वे तुम्हारे असम्मान या क्रोध के पात्र हैं? यदि वे नई पीढ़ी के युवक-हृदय की आशाओं और आकांक्षाओं को नहीं समझते तो हम भी पिछली पीढ़ी के वृद्ध हृदय की भावनाओं को समझने से इनकार कर दें? तुम अपने ही दुख को क्यों देखते हो? उस वृद्ध हृदय को भी देखो। उस हृदय में एकाकीपन की कितनी उदास और स्याह छाया घर किये बैठी है, इसको भी तो समझो। जिस व्यक्ति ने समूचे परिवार से उठकर अपने सुख-सुविधा को छोड़कर हम लोगों को ज्ञान का प्रकाश दिया, उसके मन में इस समय हम लोगों से कितनी उम्मीदें होंगी! लेकिन कितनी उम्मीदें उनकी पूरी हुई हैं? आज भी हम उनकी सेवा करने की अपेक्षा उनसे ही अपनी सेवा लेते जा रहे हैं।

माना कि तुम्हें अभी यह सब नहीं सोचना है क्योंकि तुमसे पहले यह सब मुझे सोचना है, मुझे करना है। लेकिन इन सब बातों का उल्लेख इसलिए जरूरी है कि इनके परिवेश में पिताजी की डाँट-डपट या उपेक्षा आदि को समझने की कोशिश की जाए।

जब तुम इस तरह सोचोगे तो तुम्हारा अपना दुख भी कम होगा। दुख रोने से कम नहीं होता, कम होता है उसका कारण समझने से। रात अँधेरे में हाथ पीटने से नहीं कटती, रात कटती है दीया जलाने से। यह तय है कि दीया जलाने से सुबह के दर्शन नहीं हो जाते, लेकिन ढाढ़स अवश्य बँधता है।

रामजी, तुम्हारे पास भी ऐसा ही एक दीया है—यह दीया है ज्ञान का, शिक्षा का। आखिर किस दिन वह काम आएगा? स्नेह की आवश्यकता उसके लिए जरूर है, तो वह मुझसे लो, काशी से लो, माँ से लो और जरूरत समझो तो विजय से लो।

मैं एक बात कह दूँ कि तुम पर मुझे पूरा विश्वास है। भरत-से भाई पर भी सन्देह? असम्भव है। लेकिन भाई, इस दुनिया में केवल हमीं दोनों तो नहीं हैं, और लोग भी हैं। मैं तुम्हें अच्छा समझूँ, यही काफी नहीं है। जरूरत यह है कि और लोग

तुम्हें अच्छा समझें। सभी लोग तुम्हें अच्छा समझें, यह मैं नहीं कहता। यह तो असम्भव है और यदि सम्भव हो भी तो मैं नहीं चाहता कि तुम ऐसे माटी के माधो बनो कि तुम्हें सब भला-भला-सा कहें। आखिर वह भी कोई आदमी है—विशेष कर युवक, जिसे बुरा कहनेवाले चार-छह आदमी न हों!

इसलिए तुम अपने व्यक्तित्व का स्वतंत्र विकास करो। सबको खुश करने की चिन्ता में अपनी रुचियों का दमन मत करो। शुरू में विरोध होगा, पीछे सब ठीक हो जाएगा। मीरा के दुश्मन उसके घर भर के सभी लोग थे लेकिन किया उसने अपने मन का। वह तो एक विवश स्त्री थी। तुम तो पुरुष हो और तुम्हारा साथ देनेवाले तुम्हारे भाई तो कम-से-कम हैं ही। फिर चिन्ता कैसी? खुश रहो। मस्त रहो। खेलो, कूदो, पढ़ो-लिखो। इन्हीं सबके दिन हैं। तुम भी क्या चिन्ताएँ ले बैठे! अभी सारी उम्र पड़ी है। जिसके माँ-बाप और बड़े भाई जीवित हों, वह अपने जीवन से इस तरह विवश हो, यह अच्छा नहीं लगता।

जी न लगता हो, दो-एक दिन के लिए यहाँ चले आओ। मार्गव्यय के लिए 2 रुपये भेज रहा हूँ। आते समय पिताजी से अवश्य पूछ लेना। कह देना, भैया ने बुलाया है। यहाँ तुम्हें डॉक्टर को दिखाना है। आने पर किताबों तथा अमरदेव सिंह का प्रास्पेक्टस वगैरह सब ले जाना क्योंकि अलगू यहाँ से एकदम तड़के चले जाएँगे और तब तक कोई चीज खरीदकर ही नहीं लाई जा सकती।

एक लिफाफा पिताजी के लिए भी भेज रहा हूँ। यही सब बातें हैं। अलगू वह लिफाफा भी तुम्हें ही देंगे। तुम खुद पिताजी को दे देना।

यहाँ सब चंगे हैं। काशी का प्रणाम, माँ का स्नेह—

प्यार के साथ
तुम्हारा भैया

[अनुमानित वर्ष : 1955]

[3]

राजकमल प्रकाशन
8, फैज बाजार
दिल्ली-6
15.7.65

प्रिय रामजी,

तुम्हारी चिट्ठी आज मिली। इसके पहले वाली चिट्ठी भी मिली थी। मैं कल शाम को यहाँ से इलाहाबाद, वाराणसी, पटना, लखनऊ की यात्रा के लिए रवाना हो

रहा हूँ। 29 और 22 जुलाई को वाराणसी रहूँगा। अगर तुम्हें किसी तरह छुट्टी मिल सके तो एक दिन के लिए आ जाना। मिलने की बड़ी इच्छा है। तुम्हें देखे हुए ऐसा लगता है कि बरसों हो गए।

अगर इस बार न आ सको तो भी कोई बात नहीं। अगस्त के अन्त में भी मैं किसी तरह बनारस आने की कोशिश करूँगा। तब मुलाकात हो जाएगी। काफी पहले खबर दूँगा।

ईश्वर की कृपा से पैसे के लिहाज से अब हमारी हालत ठीक है। ज्यादा नहीं तो कम-से-कम पाँच सौ रुपये हर महीने सारे खर्च-वर्च के बाद बचते रहेंगे। शुरू के दिनों में गिरस्ती जमाने के सिलसिले में ज्यादा खर्च हो गया। मुझे उम्मीद है कि अगस्त और सितम्बर में शारदा की माँ का सारा कर्ज अदा हो जाएगा। अब तुम उसकी चिन्ता मत करो। यह जिम्मेदारी अब मेरे ऊपर है।

घर तो मैं जा ही रहा हूँ इसलिए वहाँ का हालचाल अपनी आँखों देख लूँगा। लेकिन तुम्हारा हालचाल कैसे मालूम होगा? आजमगढ़ में तुम्हें कोई तकलीफ तो नहीं है? नई जगह है, रहने-खाने-पीने में जरूर असुविधा होगी। तुम सारी दुनिया की चिन्ता करते हो, सबके बारे में लिखते हो लेकिन अपने बारे में कभी कुछ लिखते ही नहीं! मैं कई बार तुमसे कह चुका हूँ कि अपनी तन्दुरुस्ती का खयाल करो। लेकिन तुम परवाह नहीं करते। यह ठीक नहीं।

मैं यहाँ 25 तारीख यानी रविवार तक लौट आऊँगा। किसी छुट्टी में तुम्हें यहाँ ले आऊँगा। दो-चार दिन घूम-फिरकर फिर अपने काम पर जाना। मेरे यहाँ रहते तुमने दिल्ली नहीं देखा तो मेरा आना व्यर्थ है।

चिट्ठी राजकमल प्रकाशन के ही पते लिखा करो। तुम्हारे लिए यही ठीक होगा क्योंकि तुम सरकारी आदमी हो। पता मैंने ऊपर लिख दिया है। अन्तर्देशीय के ऊपर 'व्यक्तिगत' लिख दिया करना।

कभी कुछ जरूरत हो तो लिखना।

मैं 23-24 तारीख को लखनऊ रहूँगा। उदय प्रताप भैया के साथ ठहरूँगा। यदि तुम्हारा कोई काम वहाँ हो तो बनारस के पते पर 22 तारीख तक चिट्ठी भेज देना। बनारस मैं 22 की शाम तक हूँ।

और सब ठीक है।

आशा है, मजे में होगे।

सस्नेह
तुम्हारा भैया
नामवर

[4]

डी 1/6, मॉडल टाउन
दिल्ली-9
14.1.66

प्रिय रामजी,

तुमसे मिलने के लिए मेरा मन भी बहुत व्याकुल था—एक तो तुम्हें देखे बहुत दिन हो गए; दूसरे, तुम्हारा कोई पत्र भी नहीं आ रहा था। अब चिट्ठी मिली तो मन को थोड़ी तसल्ली हुई। इस बार जब बनारस आने का प्रोग्राम बनेगा तो तुम्हें पहले ही लिख दूँगा। लेकिन अभी तो ऐसा ही लगता है कि फरवरी से पहले उधर आने का मौका न लगेगा। इधर काफी काम सिर पर आ गया है। इसलिए इसको निपटाए बिना दिल्ली से हटना मुश्किल है।

मकान के बारे में पिताजी का भी पत्र मिला था। मुझे भी इसका ध्यान है। लेकिन दिल्ली का खर्चा ऐसा है कि इसके बारे में तुम लोगों को ठीक-ठीक समझाना मुश्किल होगा। पैसे जरूर मिलते हैं लेकिन उसी तरह खर्च भी हो जाते हैं। फिर भी मैंने पिताजी को लिख दिया है कि जैसे भी होगा, फरवरी की पहली तारीख को एक हजार रुपये रवाना कर दूँगा। बाकी एक हजार का इन्तजाम मार्च के पहले हफ्ते में करने की कोशिश करूँगा। लेकिन इसकी वजह से मकान का काम रुकना न चाहिए।

विजय के लिए तुम लोग स्वयं इतने चिन्तित रहते हो कि मुझे उसके बारे में कुछ सोचने की जरूरत ही नहीं। मुश्किल यही है कि तुम उसको अपने लाड़-प्यार से खराब कर डालोगे। कभी-कभी मन में इस बात के लिए तुम्हारे ऊपर गुस्सा भी आता है। खैर, तुम्हारा अपना मामला है, इसके बारे में मुझे बोलने का कोई हक नहीं है।

जहाँ तक तुम्हारे छुट्टी लेने का सवाल है, उसके बारे में मुझसे ज्यादा तुम्हीं अच्छी तरह जानते हो। जब बहुत जरूरत मालूम हो तो छुट्टी ले लेना लेकिन अपनी नौकरी का ध्यान रखना। मेरा खयाल है, मकान पर जब जोरों से काम शुरू हो जाए तभी छुट्टी लेना यानी होली के आसपास।

मुझे अफसोस है कि तुम्हारे लिए मैं दिल्ली से कुछ भी न ला सका। मेरी समझ में तो कुछ आता ही नहीं। कभी दिल्ली आओ तो अपनी पसन्द से यहीं जो तबीयत हो, ले लो। या किसी चीज की जरूरत मालूम हो तो लिख दो, मैं भेज दूँ।

तुम्हारा स्वास्थ्य आजमगढ़ में कैसा रहता है? खाने-पीने, पहनने-ओढ़ने का जरूर ध्यान रखना। जान है तो जहान है। तुम अपने बारे में बड़े लापरवाह हो। इससे

मुझे कभी-कभी बड़ी चिन्ता होती है। अगर मुझे खुश देखना चाहते हो तो सबसे पहले अपने स्वास्थ्य का ध्यान रखो।

मैं यहाँ स्वस्थ हूँ। शिवमूरत भी मजे में है। वह मेरा बहुत खयाल रखता है। हर तरह से आराम देता है।

अपने समाचार देना। मेरा स्नेह और आशीर्वाद लेना।

सस्नेह
तुम्हारा भैया
नामवर

[5]

416, लांसर्स रोड
तीमारपुर
दिल्ली-7
5.9.69

प्रिय रामजी,

आज जन्माष्टमी की सुबह तुम्हारी चिट्ठी मिली। बड़ी खुशी हुई। ऐसा लगा, जैसे तुमसे मुलाकात हुई!

विजय की चिट्ठी 3 सितम्बर को आई। वह मास्को अच्छी तरह पहुँच गया। वहाँ पहुँचने पर उसका मेडिकल टेस्ट हुआ, फिर एक छोटा-सा इम्तहान भी हुआ। पहली सितम्बर से उसकी पढ़ाई शुरू हो गई होगी।

मास्को में मेरे दो-एक रूसी मित्रों से उसने सम्पर्क भी स्थापित कर लिया। भारतीय छात्रों में से कुछ एक से उसका परिचय भी हो गया है। मैं उसे भारतीय डाक टिकट भेज रहा हूँ। इसके बाद वह तुम लोगों को भी चिट्ठी लिख सकेगा। यदि तुम उसे चिट्ठी लिखना चाहो तो उसका पता अलग से लिख रहा हूँ। उसने अपने पत्र में तुम्हें भी प्रणाम लिखा है।

मेरी रूस-यात्रा के बारे में तुम चिन्ता मत करो। वह कोई बहुत जरूरी नहीं है। उसका मौका फिर आ सकता है। मेरे लिए तुमने और काशी ने बहुत किया। अब मैं तुम लोगों पर बेवजह और भार नहीं डालना चाहता। उम्मीद है, मैं यहीं से कुछ-न-कुछ इन्तजाम कर लूँगा।

बस, तुम परिवार और घर का ध्यान रखो। परिवार बढ़ रहा है और उसके साथ ही मेरी चिन्ता भी। मुझे खेद है कि मैं परिवार के लिए कुछ भी नहीं कर पा रहा हूँ।

तुमसे मिलने की मेरी भी इच्छा है। दशहरे की छुट्टी में जरूर मुलाकात होगी। तुम अपने स्वास्थ्य का ध्यान रखा करो। वह बहुत जरूरी है। मैं यहाँ अच्छी तरह हूँ।

सस्नेह तुम्हारा
नामवर

विजय का पता :

U.S.S.R.
MOSCOW-B, 198
Leninsky Prospect-113
Block-2, Room No. 217
VIJAY PRAKASH SINGH

पत्र पर पता इसी क्रम से लिखना। पत्र सावधानी से लिखना। सिर्फ कुशल-मंगल, अपना और घर का हालचाल, बस।

[6]

जोधपुर
6.4.73

प्रिय रामजी,

तुम्हारा 3 अप्रैल का पत्र मुझे आज ही मिला। मनीऑर्डर से सौ रुपये तुरन्त भेज रहा हूँ। कुछ और रुपयों की जरूरत हो तो बिना हिचक के मुझे तुरन्त लिखना। मैं फौरन रुपये भेज दूँगा। ट्रेनिंग में तुम्हें पैसे के कारण किसी तरह की तकलीफ नहीं होनी चाहिए।

मैं 14 अप्रैल को बनारस जा रहा हूँ। काशी को मैंने लिखा था कि वे तुम्हें भी बुला लें। मुझे तब तक यह मालूम न था कि तुम हरदोई में ट्रेनिंग ले रहे हो। अब तुम्हें 14 अप्रैल को बनारस आने की जरूरत नहीं है। जून में जब तुम छुट्टी पर बनारस आओगे तो मैं फिर आ जाऊँगा और तुमसे मिल लूँगा।

मालती की शादी की चिन्ता मुझे भी है। पिताजी से पिछली बार बात हुई थी। लेकिन मैं इतनी दूर हूँ कि यहाँ से लड़का देखने का काम नहीं कर सकता। काशी को भी कोई अनुभव नहीं है। इस मामले में काशी को दोष देना ठीक नहीं है। यह काम तो सचमुच तुम्हीं अच्छी तरह कर सकते हो। मेरा खयाल है कि जून की छुट्टी में लौटने पर भी तुम भाग-दौड़ करके यह काम कर सकोगे। रुपये का इन्तजाम

किसी-न-किसी तरह मैं कर दूँगा। आशा है, तुम अब अपनी परेशानी कम करके ट्रेनिंग पूरी करने में लग जाओगे।

मैं यहाँ ठीक-ठाक हूँ। आशा है, तुम मजे में हो।

सस्नेह

नामवर

[7]

Centre of Indian Languages
Jawaharlal Nehru University
New Delhi-110057
26.9.75

प्रिय रामजी,

तुम्हारा पत्र पाकर मेरी बहुत-सी चिन्ताएँ दूर हो गईं। दरअसल पिताजी के पत्र से मैं बहुत विचलित हो गया था। उनके स्वभाव से हम सभी लोग परिचित हैं। लेकिन इस उम्र में अगर वे कुछ खरी-खोटी कह भी दें तो चुपचाप उसे सुन और सह लेना ही समझदारी है। हमारी यही कोशिश होनी चाहिए कि उन्हें किसी तरह की तकलीफ न हो। माँ जब जीवित थी, तब बात और थी। अब वे बहुत अकेले हैं। फिर भी हम लोगों के लिए वे बहुत बड़ा सहारा हैं। मालती की माँ को भी यही बात समझाने की जरूरत है।

यह अच्छा हुआ कि गाँव की खेती-बारी की सारी जिम्मेदारी तुमने अपने ऊपर ले ली। करना तो यह सब तुम्हीं को है। न इसमें काशी कुछ कर सकते हैं, न मैं ही किसी काम आ सकता हूँ। बस, पिताजी से सलाह ले लिया करो—उनके सन्तोष के लिए।

जहाँ तक मालती की माँ का सवाल है, इसके बारे में मेरा कुछ कहना ठीक नहीं लगता। तुम स्वयं समझदार हो। तुमसे कोई बात छिपी न होगी। तुम्हें पता है कि घर की औरतें ही भाइयों को आपस में लड़वाती हैं और अन्त में बँटवारे करवाती हैं। मैं अपने जीते-जी और पिताजी के जीते-जी यह काम नहीं होने देना चाहता। वैसे हम तीनों भाई तीन जगह अपने-अपने काम के कारण रहने के लिए लाचार हैं लेकिन अभी तक हम लोगों ने आपसी सम्बन्ध के बारे में गाँव में एक आदर्श रखा है। जब तक हो सके, इस आदर्श की रक्षा करनी है। छोटी-छोटी बातों को लेकर यदि कोई गलतफहमी हो तो उसे तुरन्त दूर कर लेनी चाहिए—सीधे बात

करके। इस बार जब मैं आऊँगा तो तुम्हें पहले खबर कर दूँगा। फिर पिताजी को भी बुलाकर सारी बातें कर लेंगे।

एक बात काशी के बारे में। तुम्हें उसकी आर्थिक हालत मालूम है। उसे कुछ पढ़ना-लिखना भी है। इसी उम्र में उसके बाल सफेद हो गए। उसके दिमाग पर बड़ा वजन रहता है। वह हम दोनों से छोटा है। हम दोनों का यह फर्ज होना चाहिए कि उसका भार हलका करें। होता यह है कि हम तीनों के परिवार की सारी जिम्मेदारी अकेले उसी पर आ जाती है। उसकी गलती यह है कि वह बनारस रहता है। अगर यही हाल रहा तो वह बनारस छोड़ देगा। सोचो तो उस हालत में यदि तुम होते या मैं होता तो हम क्या सोचते? इस बात पर गम्भीरता से सोचना, फिर मुझे लिखना।

मालती का पत्र आया था। मैंने तभी जवाब दे दिया। आशा है, तीज ढंग से गई होगी। और किसी चीज की जरूरत हो तो लिखना।

आशा है, सब कुशल होगा।

सस्नेह
नामवर

[8]

Centre of Indian Languages
Jawaharlal Nehru University
New Delhi-110057
26.9.75

प्रिय रामजी,

तुम्हारा पत्र कल मिला। मुझे यह जानकर प्रसन्नता हुई कि पिताजी तुमसे फिर प्रसन्न हो गए। तुम्हें उनकी कमजोरी का भी पता है और जरूरत का भी। भविष्य में भी इसका ध्यान रखना।

मुझे यह जानकर भी खुशी हुई कि इस बार फसल अच्छी हुई। तुम्हारी सूझबूझ, लगन और मेहनत पर मुझे पूरा भरोसा है। बस, जरूरत है तो खेती पर ध्यान देने की। यह तो तुम जानते ही हो कि अन्ततः खेती-बारी की जिम्मेदारी तुम्हीं सँभाल सकते हो। सैदपुर से जितना समय बच जाए, उसमें से कुछ भी घर की खेती-बारी के लिए दोगे तो काम बन जाएगा।

विजय कुछ दिन पहले यानी नवम्बर महीने में यहाँ आया था। लगभग दो हफ्ते यहाँ रहकर गया। संयोग से काशी भी उन दिनों यहीं थे। अभी वह नासिक में ही है। नजदीक ले आने की कोशिश में हूँ। लेकिन कुछ समय लगेगा। नौकरी मुस्तकिल

होने पर ही उसकी शादी होगी। शादी के प्रस्ताव तो कई आए हैं, लेकिन अभी तक मैंने किसी को वचन नहीं दिया है। तुम लोगों से सलाह करके ही मैं कोई फैसला करूँगा। हो सके तो नासिक के पते पर तुम भी विजय को पत्र लिख देना।

और सब यहाँ ठीक ही है। इस महीने बनारस जाने का इरादा था लेकिन एक कॉन्फ्रेंस के सिलसिले में केरल जाना है। इसलिए अब किसी और समय उधर आने का कार्यक्रम बनाऊँगा।

आशा है, तुम स्वस्थ हो। घर पर सबकी देखभाल करते रहना और सुख-शान्ति बनाए रखना।

सस्नेह
नामवर

[9]

जवाहरलाल नेहरू विश्वविद्यालय
नई दिल्ली-110057
10.4.78

प्रिय रामजी,

तुम्हारा पत्र मिला। अपनी पत्नी को साथ रखने का फैसला करके तुमने अच्छा ही किया। शुरू में कुछ असुविधा तो तुम्हें होगी लेकिन इसका नतीजा अच्छा होगा। बच्चों की पढ़ाई में विघ्न नहीं पड़ना चाहिए। इसलिए अभी उन्हें गाँव ही रहने दो। बाद में जैसी सुविधा हो, वैसा करना। जैसाकि मैंने तुमसे पिछली बार कहा था, पिताजी के सन्तोष के लिए हम लोगों को थोड़ी तकलीफ उठानी ही चाहिए। लेकिन गुस्से में आकर कोई काम मत करना। यह प्रबन्ध थोड़े दिनों के लिए ही है। पिताजी भी जल्द ही समझ जाएँगे और मुझे उम्मीद है कि सब कुछ जल्द ही ठीक हो जाएगा।

विजय के विवाह में तुमने जो मेहनत और मदद की, उसके लिए धन्यवाद देकर मैं तुम्हारे स्नेह का अपमान न करूँगा। हम सभी जानते हैं कि विजय शुरू से तुम्हारे साथ ज्यादा अपनापन मानता रहा है। उस पर तुम्हारा अधिकार मुझसे ज्यादा है।

चम्पा की शादी के लिए क्या कर रहे हो? इस साल उसकी शादी होनी ही चाहिए। जैसी सूचना हो, देना। किसी बात की चिन्ता न करना। मैं हर तरह से तुम्हारे साथ हूँ।

आशा है, प्रसन्न हो, स्वस्थ हो।

सस्नेह
नामवर

[10]

भारतीय भाषा केन्द्र
जवाहरलाल नेहरू विश्वविद्यालय
नई दिल्ली-110057
22.5.78

प्रिय रामजी,

आज पिताजी के पत्र से मालूम हुआ कि तुम अपना पूरा परिवार सैदपुर ले गए। पिताजी ने यह भी लिखा है कि तुमने लगान वगैरह का कोई प्रबन्ध नहीं किया। पिताजी खेतों को अधिया पर दे देना चाहते हैं क्योंकि उनसे इस उम्र में खेती-बारी न होगी। मुझे उन्होंने इन समस्याओं पर बात करने के लिए बुलाया है। मैं 17-18 जून के आसपास बनारस आऊँगा। उससे पहले आना सम्भव न होगा। निश्चित तारीख की खबर तुम्हें बाद में दूँगा। उस समय तुम भी आ जाना। विस्तार से बातें तभी होंगी।

फिलहाल मुझे सिर्फ दो बातें कहनी हैं :

1. ऐसा कुछ भी न करो जिससे पिताजी को इस बुढ़ापे में किसी प्रकार की तकलीफ हो। गाँव-घर के लोग तुम पर—हम लोगों पर हँसेंगे और उनका रोआँ दुखेगा तो हम लोग भी सुख न पा सकेंगे।
2. खेती-बारी की जिम्मेदारी से पल्ला न झाड़ो। तुम्हें पता है कि अन्ततः खेतीबारी की जिम्मेदारी तुम्हें ही सँभालनी है। अगर इस समय तुम कुछ दिनों के लिए खेतीबारी से मुँह मोड़ लोगे तो बाद में उसे सँभालना मुश्किल होगा। तुम्हें पिताजी का नहीं बल्कि अपना हित सोचकर इस विषय में फैसला करना चाहिए।

पिताजी के पत्र से मुझे पता चला कि तुम मुझसे भी कुछ नाराज हो। लेकिन मैं तुमसे कभी नाराज नहीं हो सकता। मेरा खयाल है, पिताजी का यह भ्रम है। सैदपुर में अपने परिवार का अच्छी तरह ध्यान रखना। बच्चों की पढ़ाई का ठीक से प्रबन्ध करना। चम्पा की शादी के बारे में कोई प्रगति हुई हो तो लिखना। अपने स्वास्थ्य का ध्यान रखना। किसी चीज की जरूरत हो तो मुझे तुरन्त लिखना।

आशा है, स्वस्थ और प्रसन्न हो।

सस्नेह
नामवर

[11]

भारतीय भाषा केन्द्र
जवाहरलाल नेहरू विश्वविद्यालय
नई दिल्ली-110057
1.6.78

प्रिय रामजी,

1. तुम्हारा पत्र आज ही मिला। श्री भरत सिंह को भी मैं आज ही अलग से पत्र लिख रहा हूँ। मैं नहीं जानता कि इस पत्र का कितना असर होगा क्योंकि न तो मैं उन्हें व्यक्तिगत रूप से जानता हूँ और न वे ही मुझे जानते होंगे। यों भी शादी-ब्याह की बातें तो मिलकर ही की जाती हैं। चिट्ठी-पत्री के कनकव्वे उड़ाने से बात नहीं बनती। फिर भी चूँकि तुम कह रहे हो इसलिए पत्र लिखे देता हूँ। मुझे भी लगता है, यह शादी तय हो जाए तो चम्पा सुखी रहेगी। लेन-देन की बात करेंगे तो देखा जाएगा।
2. अब पिताजी और गाँव की खेतीबारी का प्रसंग। तुम्हारे पत्र से बहुत-सी बातें मालूम हुईं—साफ भी हुईं। मेरा खयाल था कि गाँव की खेती में घाटा हो रहा है। अगर उपज अच्छी हो रही है तो खेतों को इस तरह लावारिस छोड़ना ठीक नहीं है।

बात यह है कि पिताजी जैसा लिख देते हैं, मैं उसे मान लेता हूँ। तुम्हीं बताओ, इतनी दूर से मैं आखिर कर ही क्या सकता हूँ? मैं बराबर यही सोचता हूँ कि माँ के न रहने पर बुढ़ापे में पिताजी को कोई तकलीफ न हो। अगर उनका दिमाग भी खराब हो जाए और वे चार गलत बात भी कहें तो हम लोगों को सह लेना चाहिए। इसी में हमारी शोभा है, हमारा गौरव है।

मैं तुम्हें जानता हूँ—बचपन से जानता हूँ। तुम्हारे बारे में मुझे कभी कोई गलतफहमी नहीं हो सकती। तुम्हारे लिए मेरे प्यार में कभी कोई कमी नहीं आ सकती। विजय तुम्हें मुझसे और काशी से भी ज्यादा मानता रहा है। तुमने अपने और पराये में कभी भेद नहीं किया। हम तीनों भाइयों में तुम्हीं सबसे व्यवहारकुशल और कर्मठ हो। गाँव की सारी जिम्मेदारी तुम पर सौंपकर हम लोग निश्चिन्त रहते हैं और हमेशा रह सकते हैं। हमें तुम्हारा बड़ा सहारा है। मेरे जीते-जी तुम्हारा रोआँ दुखे तो मेरे प्राण निकल जाएँगे। माँ ने मुझ पर तुम दोनों की—विशेष रूप से तुम्हारी जिम्मेदारी सौंपी है। इसे मैं कभी नहीं भूल सकता।

लेकिन तुम पिताजी को भी जानते हो। तुम्हें वे हम दोनों से किसी तरह कम प्यार नहीं करते। बात यह है कि तुम उनके पास रहते हो, तुमसे उनका रोज काम पड़ता है, इसलिए सारा गुस्सा भी वे तुम्हीं पर उतारते हैं। तुम्हारा अभिशाप यही

है। मैं जानता हूँ कि सहने की भी एक सीमा होती है लेकिन परीक्षा की घड़ी भी तो यही है। सँभालने की समझदारी भी तो ऐसे ही समय जाँची जाती है। मैं तुमसे यही उम्मीद करता हूँ कि तुम इस चलचलाव की घड़ी में भी उन्हें निबाहोगे। उन्हें समझाकर, बुझाकर, दबकर, झुककर, पैर पकड़कर चाहो तो मनवा सकते हो जिसे तुम सही समझते हो। जैसे भी हो, खेती को बरबाद न होने दो। अन्त में इसका मुआवजा भी तुम्हें ही देना होगा।

तुम्हारा परिवार देर-सबेर जीयनपुर ही आएगा। सैदपुर उसे सिर्फ चन्द दिन रहना है। पिताजी को महसूस कराने के लिए ही मैं इस बात पर राजी हुआ था, वैसे मुझे इस बात का बेहद दुख था। दुख अब भी है।

इन बातों से तुम अपने मन में कोई दुख न माना करो। इसे पापग्रह का क्षणिक प्रभाव समझकर धीरज धरो। कुछ ही दिनों में सब ठीक हो जाएगा।

आशा है, घर पर सभी मजे में हैं। बच्चों को प्यार और मालती की माँ को आशीर्वाद। अपने स्वास्थ्य का ध्यान रखा करो।

सस्नेह

तुम्हारा भैया

[12]

109, न्यू कैम्पस

जवाहरलाल नेहरू विश्वविद्यालय

नई दिल्ली-110057

15.6.82

प्रिय रामजी,

तुम्हारा पत्र मिला। श्रीकृष्ण सिंह के प्रवेश के लिए जितना बन पड़ेगा, करूँगा। वैसे, हमारे यहाँ प्रवेश के लिए बड़े कड़े कानून बने हुए हैं। अध्यापकों के हाथ में बहुत कम होता है। एक कमेटी होती है, जिसमें छात्र भी होते हैं और छात्र हर प्रवेश पर नजर रखते हैं। लिखित और मौखिक परीक्षा भी होती है। कम्पटीशन सख्त होता है। फिर भी श्रीकृष्ण से कहना कि विश्वविद्यालय से सूचना मिलते ही निश्चित तिथि से दो दिन पहले ही आ जाए।

इस काम के लिए तुम्हें आने की जरूरत नहीं है। तुम्हारे आए बिना भी मैं अपनी ओर से वह सब करूँगा जो कि तुम्हारे आने पर।

लोलार्क वाले मकान को आबाद करके तुमने अच्छा ही किया। नाहक खाली पड़ा हुआ था। अब उसकी देखभाल भी होती रहेगी। हाँ, बच्चों से कह देना कि किताबों से छेड़छाड़ न करें।

उम्मीद है, पिताजी को तुमने इस मामले में राजी कर लिया होगा। इस उम्र में उनको हम लोगों की ओर से कोई तकलीफ नहीं पहुँचनी चाहिए। कोई बात हो तो विनम्रता से उन्हें समझा दिया करो।

गाँव की खेती का जो भी इन्तजाम तुमने किया होगा, ठीक ही होगा। ये बातें तुमसे ज्यादा कौन समझता है ?

देहरादून से वीरेन्द्र का पत्र आया था। आखिर उसका भाग्योदय हुआ ही। बड़ा ही योग्य लड़का है। मुझे बहुत खुशी हुई।

अपने समाचार समय-समय पर देते रहना। किसी का काम आ पड़ने पर ही चिट्ठी लिखना ठीक नहीं है। कभी-कभी अपनी ओर से भी कुशल-क्षेम की बात लिख दिया करो तो कोई हर्ज नहीं।

मैं मजे में हूँ।

घर पर सबको—बच्चों सहित बहू को मेरा आशीर्वाद कहना।

अपने स्वास्थ्य का ध्यान रखना।

सस्नेह
नामवर

[13]

109, न्यू कैम्पस
जवाहरलाल नेहरू विश्वविद्यालय
नई दिल्ली-110057
10.12.82

प्रिय रामजी,

तुम्हारी चिट्ठी आज मिली। अब मेरी तबीयत एकदम ठीक है। थोड़ी-सी कमजोरी है, वह भी एकाध हफ्ते में ठीक हो जाएगी। चिन्ता की कोई बात नहीं है। बीमारी के दिनों में तुम्हें इसलिए खबर नहीं दी कि कोई गम्भीर बात नहीं थी। इसके अलावा तुम नाहक ही घबड़ा जाते। दो-तीन महीने में बनारस आने का प्रोग्राम बनेगा तो तुमको पहले से ही लिख दूँगा। तुम्हें देखे बहुत दिन हो गए। तुमसे मिलने की इच्छा मुझे भी है।

काशी भी बता रहे थे कि अजीता की शादी तुमने कहीं तय कर रखी है। इस साल मई में शादी कर ही दो। अच्छी-सी लगन देखकर तय कर लेना। तुम्हारे इस विचार से मैं पूरी तरह सहमत हूँ कि शादी बनारस से ही होनी चाहिए। गाँव से शादी करने में खर्च भी ज्यादा बैठेगा और परेशानी भी होगी। मेरा खयाल है कि बनारस से शादी करने में कुछ किफायत ही होगी।

वीरेन्द्र के पत्र मेरे पास कभी-कभी आते हैं। बड़ा अच्छा लड़का है। अपने रिश्तेदारों में सबसे होनहार और योग्य। उसको तुम भी पत्र लिखा करो।

घर पर सभी बच्चों को मेरा आशीर्वाद कहना।

अपने स्वास्थ्य का ध्यान रखना।

आशा है, प्रसन्न हो।

सस्नेह
तुम्हारा भैया

[14]

109, न्यू कैम्पस
जवाहरलाल नेहरू विश्वविद्यालय
नई दिल्ली-110057
9.9.83

प्रिय रामजी,

आज कलकत्ता से लौटा तो तुम्हारा पत्र मिला। पहली बात तो यह कि तुमने न कोई गलती की है और न मैं तुमसे नाराज हूँ। चिट्ठी के जवाब में देरी का कारण यह नहीं है।

लोलार्क कुंडवाले मकान की खबर से चिन्ता हुई। बनवाना तो उसे है ही। लेकिन अफसोस की बात यह है कि इस समय मैं कोई भी आर्थिक मदद देने की स्थिति में नहीं हूँ।

पिछली बार शायद तुम्हें मैंने बताया था कि दिल्ली में मुझे तीन कमरे का फ्लैट अलाट हो गया है जिसके लिए डेढ़ लाख रुपया किस्तों में देना पड़ा था। पिछले तीन साल से यह रुपया अदा करता रहा हूँ। इस बार बनारस जाने के पहले उस पर कब्जा लिया। फिर उसमें लकड़ी वगैरह के काम में पचास हजार रुपये लगे। अभी भी काम पूरा नहीं हुआ। बढ़ई और कारीगरों को अभी भी पाँच--छह हजार रुपये देने हैं। बैंक में जो कुछ जमा था, वह तो निकल ही गया। विश्वविद्यालय से साठ हजार कर्ज भी लेना पड़ा। अभी भी कर्ज लेने की नौबत है। विश्वविद्यालय ने जो कर्ज दिया था, उसे अब भी किस्तों में काट रहा है। इसलिए कट-कटाकर तनख्वाह इतनी कम मिल रही है कि महीने का खर्च चलना मुश्किल है। मतलब यह कि इस समय हाथ एकदम खाली है।

शादी में तुम्हारा भी खर्च काफी हुआ। इसलिए तुम भी परेशानी में ही होगे। काशी की हालत तो हमेशा ही खराब रहती है। इसलिए समझ में नहीं आता कि

मकान की मरम्मत कैसे होगी। कहना यही है कि यह काम तो इस स्थिति में तुम्हें ही करना होगा।

और सब कुशल है। आशा है, तुम स्वस्थ और प्रसन्न हो।

सस्नेह
नामवर

[15]

109, न्यू कैम्पस
जवाहरलाल नेहरू विश्वविद्यालय
नई दिल्ली-110057
5.1.85

प्रिय रामजी,

तुम्हारा पत्र मिला। मेरा मन तभी से दुखी है जब तुम रोते हुए अचानक चले गए। काशी को भी बहुत दुख हुआ। यह तुमने अच्छा किया कि अपने हृदय की बात साफ-साफ खोलकर लिख दी।

जहाँ तक पिताजी की बात है, उनकी बात चुपचाप सुन लेने में ही हम सबका कल्याण है। आज भी मैं उनकी किसी बात का जवाब नहीं देता। मैं इतना जानता हूँ कि क्षणिक आवेश या क्रोध में वे चाहे कुछ भी कहें, अन्त में वे अपने तीनों पुत्रों में से किसी के साथ अन्याय न करेंगे और न तो किसी का अहित होने देंगे। तुम्हें भी मेरी यही सलाह है कि जीवन की अन्तिम घड़ियों में उन्हें हम लोगों की ओर से किसी प्रकार का मानसिक क्लेश नहीं मिलना चाहिए।

तुम्हारी परेशानियों की जानकारी मुझे कम है। इस पत्र से कुछ बातें मालूम हुईं। तुम्हारी ईमानदारी में मुझे कभी सन्देह नहीं रहा। रोजमर्रा की जरूरतें तो तुम्हें स्वयं ही पूरी करनी पड़ेंगी। लेकिन खुदा न खास्ता कोई संकट आ ही पड़ा तो तुम मुझे नि:संकोच लिख सकते हो। मैं भरसक तुम्हारी मदद के लिए तैयार रहूँगा। अपने जीते-जी मैं तुम्हें या काशी को किसी तरह दुखी नहीं देखना चाहता।

लोलार्क कुंडवाले मकान की हालत जरूर खस्ता है लेकिन उसमें कामचलाऊ छोटी-मोटी मरम्मत तो तुम्हीं करवा सकते हो। जहाँ तक उस मकान को तुम्हारे नाम लिख देने का सवाल है—उसके लिए तुम्हें आखिर इतनी जल्दी क्यों पड़ी है? तुम उसमें रह ही रहे हो। इतना निश्चित है कि उसमें रहने के लिए काशी अब दुबारा न जाएँगे। वहाँ मेरे जाने या विजय के जाने का भी सवाल नहीं उठता।

तुम यह भी जानते हो कि गाँव की जमीन पर खेती करने के लिए न काशी जाएँगे, न मैं और विजय ही। अन्ततः वह सारी जमीन भी एक तरह से तुम्हें ही सँभालनी पड़ेगी। लेकिन तुम तो लोगों का मनोविज्ञान जानते हो। जैसे ही तुम कहोगे या मैं कहूँगा कि आओ, हम सभी लोग इस्तीफा दे दें और सारी जमीन रामजी के नाम लिख दें तो काशी के और मेरे परिवार के लोग ही विद्रोह कर देंगे—यहाँ तक कि स्वयं पिताजी भी भड़क जाएँगे।

अगर तुम्हें मेरी नीयत में शक नहीं है और मेरी न्यायबुद्धि में तुम्हें कुछ भी विश्वास है तो सब्र से काम लो। धीरे-धीरे सब कुछ वही होगा जिससे तुम्हें लाभ हो। फिलहाल मैं इतना ही कह सकता हूँ। थोड़ा लिखा, बहुत समझना।

इस दिशा में पहला महत्त्वपूर्ण कदम होगा—साकेत कॉलोनी वाली जमीन काशी को मकान बनाने के लिए खुशी-खुशी दे दी जाए। तुम जानते हो कि वह जमीन एकदम मेरे पैसे से खरीदी गई है। यह तो काशी की भलमनसाहत है कि उन्होंने उस पर हम तीनों भाइयों का नाम चढ़वा दिया। हममें से किसी के पास इतने पैसे नहीं हैं कि उस पर मकान बनवा सकें। काशी विश्वविद्यालय से ऋण लेकर बनवा सकते हैं। इसलिए मेरी राय में उन्हें यह मौका देना चाहिए। इस काम में जितनी ही देर होगी, उतना ही घाटा होगा। वैसे भी व्यर्थ ही कई वर्ष बीत गए।

जैसा मैंने उस दिन कहा था, मैं तुम्हें भी बिना मकान के सड़क पर न रहने दूँगा। वैसे भी खस्ताहाल ही सही लेकिन तुम्हारे सिर पर छत तो है ही। क्या कभी किसी ने इस बात पर एतराज किया है ? इसलिए मन से व्यर्थ की शंकाओं को निकाल बाहर करो। प्रसन्न रहा करो—अपने स्वास्थ्य के लिए, अपने प्यारे-प्यारे बच्चों के लिए और हम लोगों के लिए भी।

अगली बार जब मैं बनारस आऊँगा तो लोलार्क पर भी आऊँगा और तुम्हारे यहाँ खाना भी खाऊँगा। समय की कमी और सुविधा के कारण ही अब तक मैं ऐसा न कर सका। अपनी गलती मैं कबूल करता हूँ। जाने क्यों अभी तक यह बात मेरे ध्यान में आई ही नहीं। अब चूँकि तुमने पत्र में लिख दिया है, इसलिए भविष्य में बराबर इसका ध्यान रखूँगा।

इस पत्र का जवाब जरूर देना, जिससे मेरा मन चिन्ता से मुक्त हो।

क्या तुम्हें मालूम है, मैंने अपनी माँ के सामने कसम खाई है कि मैं जिन्दगी भर तुम्हारा ध्यान रखूँगा। उसने मुझसे वचन लिया है। माँ से कही गई बात मैं कभी वापस नहीं ले सकता।

सस्नेह
तुम्हारा भैया

[16]

32, शिवालिक अपार्टमेंट्स
अलकनन्दा
नई दिल्ली–110019
5.2.98

प्रिय रामजी,

तुम्हारी 2 फरवरी, '98 की चिट्ठी मुझे आज मिल गई। चिट्ठी का जवाब देने से पहले एक शुभ समाचार।

कल 4 फरवरी को रात साढ़े बारह बजे गीता ने एक बच्ची को जन्म दिया। दोनों मजे में हैं। सब कुछ नॉर्मल ढंग से हुआ। अभी वह नर्सिंग होम में ही है। निर्मला और विजय भी अपने बच्चों के साथ गीता को देखने गए थे।

मेरी तबीयत अब ठीक है। लेकिन दवा अभी चलेगी कम-से-कम अप्रैल तक और उसके बाद भी जून अन्त अथवा जुलाई के आरम्भ तक। चिन्ता की कोई बात नहीं।

बनारस में पर्दे के पीछे क्या हुआ, इसमें अब मेरी कोई दिलचस्पी नहीं है। इतना ही याद रखना चाहता हूँ कि मेरे दोनों भाइयों ने मेरे लिए बहुत किया। इस मामले में तुम्हें शर्मिन्दा होने की जरूरत नहीं है। तुम अस्पताल में मुझे देखने के लिए आते थे, बाहर देर-देर तक बैठे रहते थे, मुझे खबर नहीं होती थी। पूछने पर पता चलता था कि तुम बाहर बैठे हो। मेरी भी मानसिक दशा ठीक नहीं थी, बात-बात पर चिड़चिड़ा जाता था। इसलिए शायद मुझसे तुम्हारी उपेक्षा भी हो गई। तुम्हें बुरा लगा हो तो मुझे माफ कर देना।

मुझे यह जो नई जिन्दगी मिली है, वह तुम्हीं लोगों की सेवा-शुश्रूषा के कारण। अपने दोनों भाइयों से मुझे जो प्यार मिला है, वह दुनिया के लिए एक मिसाल है।

इस साल मैं जीयनपुर न आ सकूँगा। मेरी ओर से ठाकुर साहब और बाकी सभी लोगों से क्षमा माँग लेना। अगले वर्ष शिवरात्रि के आसपास आने का विचार है।

घर पर सभी बच्चों और उनकी माँ को आशीर्वाद।

सस्नेह
तुम्हारा भैया

[सभी पत्र 'तद्भव' में प्रकाशित]

काशीनाथ सिंह

[1]

डी 1/6, मॉडल टाउन
दिल्ली-9
7.7.65

प्रिय काशी,

बच्चन सिंह जी से तुम्हारा हालचाल मालूम हुआ था। आज ही कल में शायद हिन्दू विश्वविद्यालय में तुम्हारी नियुक्ति का फैसला भी होनेवाला होगा। जैसा हो, लिखना। यहाँ जैसे ही किसी उपयुक्त कॉलेज में जगह विज्ञापित होगी तो तुम्हें लिखूँगा। डॉ. नगेन्द्र से बात हो चुकी है। दिल्ली कॉलेज का बहुत भरोसा नहीं है। डॉ. नगेन्द्र तुम्हारे लिए उस कॉलेज को बहुत उपयुक्त नहीं समझते। घबराना मत। इस पावस में कहीं-न-कहीं तुम्हें settle हो जाना है। दिल्ली कॉलेज का इंटरव्यू-लेटर मिलते ही मुझे लिखना। आने की बाबत मैं लिखूँगा।

बनारस आने का मेरा कार्यक्रम टलता जा रहा है। राजकमल के प्रोग्राम के साथ वह एक तरह से नत्थी हो गया है—उम्मीद है, इसी महीने तीसरे सप्ताह में यह निश्चित हो जाएगा—एक साथ पटना, बनारस, इलाहाबाद और लखनऊ का। उस स्थिति में मैं दो दिन के लिए वाराणसी रुकूँगा। कार्यक्रम बनते ही तुम्हें पूर्व-सूचना दूँगा।

इस बीच तुम राममूरत (बहिर) को बुलवाकर दिल्ली आने के लिए तैयार रखना। यदि वह सुलभ न हो तो मेरे लिए कोई दूसरा विश्वासपात्र नौकर ढूँढ़ रखना। नौकर की बेहद जरूरत है।

मेरा मन मसोसकर रह जाता है कि जिन दिनों मैं तुम्हें रोज़ चिट्ठी लिखना चाहता था, उन्हीं दिनों पखवारे के पखवारे गुजर गए और तुम्हें एक शब्द भी न लिख सका। वीरेन्द्र की शादी में बहुत चाहते हुए भी न आ सका। वकील साहब के सामने कैसे मुँह दिखाऊँगा? सोचा है, एक बार वे यदि यहाँ का सारा दास्तान सुनेंगे तो मुस्कराकर माफ़ कर देंगे।

काशी, यहाँ स्थिति ऐसी है कि यदि एक दिन के लिए भी कहीं खिसक जाऊँ तो 'जनयुग' निकले ही नहीं और राजकमल में तो जैसे तूफ़ान आ जाए। अनेक विरोधों और विरोधी प्रचारों को काटते हुए यहाँ डटे रहना पड़ता है।

यदि तुम एक दिन को भी आकर मेरी दिनचर्या देख लो तो सब कुछ समझ जाओगे। 8 बजे सुबह घर से निकलता हूँ और 11 बजे रात लौटता हूँ—रास्ते में कहीं चाय मिल गई तो कहीं भोजन। अपने शरीर और स्वास्थ्य पर आश्चर्य होता है कि उसने इतने सारे शारीरिक और मानसिक तनावों को कैसे बरदाश्त कर लिया! शायद यह तुम लोगों का खिलाने-पिलाने का नतीजा है जो इस आफ़त-बिपत में भी यह काया चलती चल रही है। पाँच साल का सारा आराम इन ढाई महीनों में निकल गया। कभी-कभी सोचता हूँ कि इस कामकाज से तो वह बेकारी ही भली थी—अपने परिवार में था, तुम थे, कुसम थी, गुड्डी थी : दाल-रोटी मिल जाती थी, हँस-बोलकर शान्ति से दिन तो गुज़र जाते थे। खैर! आऊँगा तो विस्तार से बिस्तर पर बैठकर या लेटकर इन सारी बातों की कहानियाँ सुनाऊँगा।

यह दुहरी जिम्मेदारी सचमुच ही पीसे दे रही है। पैसे राजकमल से मिलते हैं लेकिन 'जनयुग' की सारी जिम्मेदारी अब भी मेरे ही ऊपर है और लगता है कि आगे भी रहेगी। राजकमल से भागकर 'जनयुग' और 'जनयुग' से भागकर राजकमल! सहायक बेहद कम! उम्मीद है, इस महीने के अन्त तक काम का बोझ काफ़ी कम हो जाएगा। यद्यपि इसके लिए पार्टी के लोग काफ़ी प्रसन्न एवं सन्तुष्ट हैं, फिर भी सुना है कि कुछ लोग यह प्रचार कर रहे हैं कि पैसे के लिए मैं 'जनयुग' छोड़कर राजकमल चला गया। अब उनसे कौन कहे कि भाई, यह दोनों पक्षों की पूरी रज़ामन्दी से हुआ है और अब भी मैं अवैतनिक रूप से 'जनयुग' की सेवा कर रहा हूँ और पहले ही की तरह, बल्कि उससे कहीं ज्यादा!

'जनयुग' तुम्हें मिलता है न? धूमिल की कविता तीसरे अंक में गई है। तीसरे अंक में मेरा एक लेख भी है 'राजनीति और साहित्यकार' जिस पर यहाँ आजकल वातावरण काफी गरम है। अपनी प्रतिक्रिया लिखना।

कुसुम, गुड्डी, नीना को स्नेह। माँ और बाबूजी को प्रणाम। विजयी वगैरह को आशीर्वाद। विजयी का एडमिशन बी-एस.सी. में तुमने करवा दिया होगा। रुपयों की ज़रूरत हो तो लिखना। शेष जल्द ही।

सस्नेह
तुम्हारा
भैया

चिट्ठी घर के पते से न देकर राजकमल के पते ही देना—ऊपर व्यक्तिगत लिखकर। बच्चन सिंह जी ने शायद तुम्हें सौ रुपये दिये होंगे। मैंने उन्हें यहाँ राह-खर्च के लिए दिया था। —ना.

[2]

न्यू वुडलैंड्स
एरणाकुलम
31.12.65

प्रिय काशी,

'आखिरी रात' तुम्हारी कहानी थी—एरणाकुलम में मेरी यह 'आखिरी रात' है और इस साल की भी आखिरी रात। कभी-कभी सोचता हूँ कि शायद मेरी जिन्दगी की भी आखिरी रात इसी तरह एक दिन अपने घर से—गाँव से—तुम लोगों से दूर कहीं परदेस में ही बीतेगी। लेकिन चूँकि अभी यह बहुत दूर की बात है, इसलिए खामखाह 'सेंटिमेंटल' होकर आज इस चिट्ठी को क्यों बर्बाद किया जाए? वैसे, इस साल की यह आखिरी चिट्ठी है और मेरे पास सिर्फ एक अन्तर्देशीय बचा है जिसे मैं सिर्फ तुम्हें लिखना चाहता था और लिख रहा हूँ।

राजेन्द्र यादव और राकेश भी एक फर्लांग दूर एक दूसरे होटल में ठहरे हैं और धमकी दे गए हैं कि नये साल का जश्न हम साथ ही मनाएँगे—भय है, वे किसी भी समय आ सकते हैं। वैसे, त्रिभुवन जी भी पचास गज़ की दूरी पर ही इसी होटल के एक दूसरे हिस्से में कदाचित खर्राटे ले रहे हैं। प्रेम तो उनका मेरे साथ ही ठहरने का था लेकिन ईश्वर को कुछ और ही मंजूर था और यों भी वह कभी-कभी ही मुझ पर मेहरबान होता है। लेकिन तुम भी अजीब हो। उन्हें मेरा पत्र पढ़कर सुनाने और यह बताने की क्या ज़रूरत थी कि मैं भी इन दिनों यहीं हूँ? परसाई ने तो यह सवाल पूछा था कि यदि आपको सपने में जैनेन्द्र दीख जाएँ तो इसका क्या अर्थ हुआ; मैं तुमसे पूछना चाहता हूँ कि तुम यदि बनारस से भागकर एरणाकुलम आओ और सहसा एक दोपहर को सामने सड़क पर मय सरो-सामान रिक्शा-नशीन त्रिभुवन जी दीख जाएँ तो तुम्हें कैसा लगेगा? और यही नहीं बल्कि तुम्हें देखते ही उन्हें प्रेम भी उमड़ आए तो?

बहरहाल, मैंने उनके प्रेम के प्रत्युत्तर में तुम्हारे लिए यहाँ से कुछ सामान ले जाने के लिए दे दिया है! पहुँच की खबर देना। जल्दी में ठीक से 'शॉपिंग' न कर सका—यूँ भी इस कला में मैं कितना अनाड़ी हूँ, तुम जानते हो। कुसुम के लिए एक यूँ ही सी साड़ी-ब्लाउज़ पीस और गुड्डी-नीना के लिए नारियल का नकली पेड़! तुम्हारे और मेरे लायक कुछ मिला नहीं—इसलिए उदास न होना।

त्रिभुवन जी को एरणाकुलम में देखकर एक बात जरूर याद आई कि इस तरह तो तुम भी एक दिन यहाँ आ सकते हो, बल्कि अगली बार तुम्हें भी आना ही चाहिए। देखो, मैं कोशिश करता हूँ। मैं अब घूमकर थक गया। तुम्हारे दिन हैं। अजीब बात है, इतनी सहज और साफ-सी बात की ओर मेरा ध्यान ही नहीं गया था अभी तक।

और क्या लिखूँ? वकील साहब की याद आ रही है और बड़ी तेज़, जैसे कभी-कभी रात में दुकान बन्द हो जाने पर पान की तलब! नववर्ष की शुभकामना का एक तार उन्हें भेजकर ही सन्तोष कर लिया। और क्या करता?

कल सुबह 10 बजे के प्लेन से दिल्ली के लिए रवाना हो रहा हूँ—बम्बई में लंच लेकर शाम की चाय के वक्त दिल्ली होऊँगा। भय है, कहीं 1966 इसी तरह उड़ते-उड़ते ही न बीते! लिखाई तो गई ही, पढ़ाई भी जाती दीखती है—दुश्मन खुश हैं और दोस्त नाखुश। तुम्हारे दुश्मन क्या कहते हैं? आखिर तुम्हीं ने उनकी खुशी कम करने के लिए इस बीच कौन-सी कहानी लिख डाली?

जन्मकुंडली में राशियाँ चाहे एक न हों लेकिन लगता है, हम दोनों भाइयों के ग्रह कुछ एक ही तरह से चल रहे हैं। आओ, नये साल में हम दोनों इन ग्रहों की चाल मोड़ डालें! गुड्डी-नीना को बहुत-बहुत प्यार।

सस्नेह
तुम्हारा भैया

[3]

डी 1/6 मॉडल टाउन
दिल्ली-9
1.6.66

प्रिय काशी,

तुम्हारी कहानी 'अपने लोग' मिल गई। पढ़कर उसे आज ही 'धर्मयुग' के लिए डाक से रवाना कर दिया। वैसे, रवीन्द्र कालिया आजकल छुट्टी पर हैं। कुछ दिन पहले दिल्ली में थे, अब सम्भवत: जालंधर हैं और सुना है कि 15 जून तक बम्बई पहुँचेंगे। इसलिए इस बीच कहानी वहाँ शायद पड़ी रहे। वैसे, तुम इसके लिए भी तैयार रह सकते हो कि वह 'धर्मयुग' से लौट आए।

इत्तफाक से कमलेश जी यहीं ऑफिस में आ गए तो मैंने उन्हें भी पढ़ने के लिए कहानी दे दी। उन्होंने कहानी पढ़ ली। फिर कुछ बातें भी हुईं। मैंने उनके सामने अन्तर्देशीय सरकाते हुए कहा कि दो लाइनें वे भी तुम्हें अलग से लिख दें। सो, उनका भी पत्र तुम्हें साथ ही मिलेगा।

अब तुम्हारी कहानी पर मेरी अपनी प्रतिक्रिया—जहाँ तक मैंने समझा है, कहानी की थीम यही है न कि कायदे से अत्याचार और अपमान के सामने लोगों को गुस्से में कुछ कर गुज़रना चाहिए लेकिन कभी-कभी ठीक इसका उल्टा असर भी होता है और लोग अपने को जिन्दा महसूस करने के बजाय मुर्दा हो

जाते हैं। मैं जानता हूँ कि इस तरह किसी कहानी को निचोड़कर सार रूप में उसका थीम बताना कहानी के साथ अन्याय है, फिर भी यदि तुम्हारी कहानी इसमें स्पष्ट रूप से इस थीम को सामने फेंकती है तो मैं क्या करूँ? हो सकता है, मुझे कहानी की असली थीम ही समझ में न आई हो। जो हो, यह थीम मुझे पसन्द आई। इसमें सच्चाई भी है—खास तौर से आज की स्थिति को देखते हुए। इतने अत्याचार और अपमान के बाद भी लोग विद्रोह नहीं करते तो यही कहना पड़ेगा कि लोग बुझ चले हैं। कमलेश जी की राय थी कि यदि वे स्वयं इसी थीम पर कहानी लिखते तो अन्त ऐसी पस्ती में न करते। यह समाजवादी कमलेश बोल रहे थे शायद।

लेकिन इस थीम के बावजूद तुम्हारी इस कहानी में मुझे दो-एक चीजें खटकीं। पहली बात यह कि कहानी प्रतीकवादी हो गई है और मैं तुमसे पहले भी कह चुका हूँ कि मुझे प्रतीकवादी कहानियों से बेहद चिढ़ है। तुम्हारे दोनों पात्रों में ज़िन्दगी का कोई चिह्न नहीं है। हेमिंग्वे को तो तुमने पढ़ा है—तुम्हें मैंने Death in Afternoon से कभी कुछ अंश पढ़कर सुनाया भी था। एक जगह उसने Aldous Huxley की आलोचना करते हुए कहा है कि उसके 'पात्र' केवल 'पात्र' हैं, 'मनुष्य' नहीं। तुम्हारे दोनों पात्र केवल पात्र हैं—मात्र प्रतीक। वे इस तरह बात करते हैं, जैसे टेपरेकॉर्ड की हुई दो अदृश्य अगोचर मुर्दा आदमियों की बातचीत! शायद इस मशीनीपन को कभी-कभी गुण भी माना जाता है—कलात्मक सफलता भी। लेकिन इस सन्दर्भ में मैं इसे कलात्मक मानने में अपने को असमर्थ पा रहा हूँ। वार्तालाप तुम्हारे हाथ से फिसलता चला गया है—जैसे उस पर तुम्हारा कंट्रोल न हो—irrelevant और अनावश्यक।

इसी तरह गालियाँ भी बचाई जा सकती थीं—शायद इस मामले में मेरे पुराने संस्कार ही गलती पर हों।

लेकिन इन सबके मूल में तुम्हारी रचना-प्रक्रिया से सम्बन्धित एक बात सूझ आई है जिसे मैं तुमसे बहुत दिनों से कहना चाह रहा हूँ। तुममें धीरे-धीरे Violence का perverted रूप उभरता जा रहा है जो बलात् तुम्हें Phantasy की दिशा में ले जा रहा है। काशी, यह रास्ता कलात्मक दृष्टि से बड़ा खतरनाक है—घातक भी। Marquis de Sade को यह 'जस्टिन' 'जूलियट' जैसे निहायत काल्पनिक उपन्यासों के लेखन की ओर ले गया जिनमें वह परपीड़न के द्वारा सेक्स-सम्बन्धी विकृतियों के 120 असम्भाव्य रूपों को गढ़ने में प्रवृत्त दिखाई पड़ता है। मुझे लगता है कि तुम्हारे अन्दर भी बहुत दिनों से दबाया हुआ कोई Violence है जो आर-पार, गाली-गलौज, सेक्स-मुखरता में फूट रहा है। अपने-आपमें यह बुरा नहीं, बुरी है इनको अभिव्यक्त करने में अपनाई गई फैंटास्टिक स्थितियाँ। आशा है, तुम इन पर सोचोगे और जब हम दोनों भाई मिलेंगे तो इस पर विस्तार से बात करेंगे।

अब दो काम :

1. किसी तरह सौ लंगड़े आम (कच्चे) पार्सल से भेज दो—राजकमल के पते। इस तरह पैक करवा लेना कि ट्रेन में खराब न हों और यहाँ कम-से-कम एक सप्ताह तक खाए जा सकें। यह बहुत जरूरी है।
2. मुझे जून के अन्तिम सप्ताह में वाराणसी आना है। पंडित जी से बातचीत तय कर लेना कि 26-27 जून की तिथियाँ मैं मीटिंग के लिए रखूँ तो कैसा रहेगा? मैं भी उन्हें कल लिख रहा हूँ। मैं एक सप्ताह के लिए वाराणसी आऊँगा—सम्भवत: 25 को यहाँ से चलूँगा।
3. यदि तुम्हें 15 तारीख के आसपास आना हो तो शिवमूरत को खबर भेजकर बुलवा लेना और अपने साथ ही लेते आना वरना यहाँ तुम्हें तकलीफ होगी। वैसे 1 जुलाई को मेरे ही साथ आओ तो ज्यादा अच्छा रहेगा। तब तक यहाँ और लोग भी रहेंगे। ठंडा भी रहेगा। इस विषय में मैं फिर लिखूँगा। गर्मियों में मैं स्वयं यहीं कहीं पहाड़ों में जाना चाहता हूँ सात-आठ दिन के लिए। शेष फिर।

सस्नेह

तुम्हारा भैया

[4]

भारतीय भाषा केन्द्र
जवाहरलाल नेहरू विश्वविद्यालय
नई दिल्ली-110067
12.1.76

प्रिय काशी,

धूमिल पर तुम्हारा लेख आज दोपहर मिला। घर आकर पढ़ा। अभी शाम सात बजे खत्म किया और तुरन्त तुम्हें पत्र लिख रहा हूँ। अगर तुम सामने होते तो उठकर तुम्हें गले लगा लेता। जी करता है, अभी-अभी उड़कर बनारस चला जाऊँ तुमसे मिलने—सिर्फ तुमसे मिलने। लेख ऐसा है कि उसके लिए अच्छा या ऐसा ही और कोई भी विशेषण नाकाफ़ी है। बस, यही कह सकता हूँ कि यह लेख तुम्हीं लिख सकते थे। धूमिल जी पर आज तक न तो ऐसा कोई लेख लिखा गया है और न आगे भी लिखा जाएगा। यह है सर्जनात्मक आलोचना! इसे कहानीकार काशीनाथ ने ही नहीं, आलोचक काशीनाथ ने भी लिखा है। क्या भाषा, क्या साहित्यिक समझ और क्या राजनीतिक अन्तर्दृष्टि!

अब मैं 'आलोचना' के इस अंक की सामग्री कल ही प्रेस में देने जा रहा हूँ। यदि इस अंक में और कुछ भी न हो तो मुझे यह अंक निकालकर सन्तोष होगा। वैसे,

संयोग से कुछ-एक और दमदार चीजें भी मिल गई हैं, जैसे जगूड़ी की कविता धूमिल के बारे में। लेख अच्छा कोई न था—वैसे लेख तो हैं। खैर, मेरी कोशिश यही होगी कि यह अंक धूमिल की बरसी तक निकल जाए।

समझ में नहीं आता कि मैं क्या लिखूँ? तुम्हारे जैसा लेख तो सौ जनम में मुझसे न बन पड़ेगा। पर इस लेख ने मेरे अन्दर इतनी हलचल पैदा कर दी है कि शायद मैं भी कुछ-न-कुछ इस अंक में लिख ही डालूँगा।

अब एक बात तुमसे और कहूँगा—इसी रौ में। कहानियाँ तो खैर, लिखो ही लेकिन अगर ऐसे ही कुछ और लेख, टिप्पणियाँ, पत्र, नोट्स आदि वक्तन-फवक्तन भेजने का वादा करो तो 'आलोचना' को ढंग से निकालने के लिए मैं नये सिरे से जुट जाऊँ। कुछ ऐसा लगता है कि यदि हम दोनों भाई जुट जाएँ तो 'आलोचना' असरदार पत्रिका बन सकती है। इस तरह अपनी काहिली, पस्ती और कुंठा भी टूटेगी। इस तरह एक सर्जनात्मक संघर्ष में संयुक्त होकर हम लोग एक नये सम्बन्ध की नींव डालेंगे। मुझे उम्मीद है कि तुम इस पर सोचोगे और भविष्य में 'आलोचना' के सम्पादन में मुझे एक सहयोगी और साहित्यिक साथी की तरह सक्रिय योग दोगे—हाथ बँटाओगे।

विजय मोहन शायद आज दिल्ली आ गए होंगे। कल या परसों मिलेंगे। बच्चन सिंह 14 जनवरी तक बनारस पहुँच जाएँगे। तब तक हम लोगों को कुछ और साहित्यिक सूचनाएँ देने का सामान मिल जाएगा।

आशा है, प्रसन्न हो। बच्चों को, कुसुम को प्यार।

सस्नेह
तुम्हारा नामवर

[5]

जवाहरलाल नेहरू विश्वविद्यालय
नई दिल्ली-110067
23.4.78

प्रिय काशी,

1. तुम्हारे लेख की दूसरी क़िस्त मिल गई। कुछ ज्यादा सैद्धान्तिक हो गया है—अपने राजनीतिक समानधर्मा लोगों को तुमने अतिरिक्त महत्त्व दे दिया है—अपने मन की बातें तुमने उनके मुँह से कहलाई हैं। फिर भी कुल मिलाकर यह वक्तव्य अच्छा है—ईमानदार और एक नये ढंग के जनवादी कथाकार का व्यक्तित्व इससे उभरता है—ऐसा व्यक्तित्व, जो अपने समकालीनों में सबसे अलग है।

2. दोनों किस्तों को आगामी कहानी संग्रह में देने का विचार ठीक है। लेकिन 'भूमिका' की जगह अन्त में 'उपसंहार/पुनश्च' आदि किसी और ढंग से देना शायद ज्यादा अच्छा होगा। जो हो, जगह तुम स्वयं तय कर लेना।
3. 'प्रतिमान' का नया अंक देखा। 'बैल' के ढुक्कू लाल को पहचाना। क्या ऐसा नहीं है कि तुमने कहानी कुछ जल्दी खत्म कर दी? ढुक्कू लाल के चरित्र में कुछ और सम्भावनाएँ हैं और शायद इस थीम में भी। अमर शहीद विद्यामन्दिर में एक स्कूल से ज्यादा एक व्यापक प्रतीक बनने की सम्भावनाएँ मौजूद हैं। मिलने पर बताऊँगा।
4. परमानन्द श्रीवास्तव का लेख वर्णनात्मक है—अन्तर्दृष्टि नहीं है। ऐसे प्रशंसक अजागलस्तन के समान होते हैं, लेखक के लिए। तुम्हारी पीढ़ी के आलोचक तुम्हारे बारे में जैसा लिख रहे हैं, उनकी प्रतिक्रिया में जी करता है कि मैं स्वयं ही तुम्हारी कहानियों पर कुछ लिख डालूँ। उन कहानियों को समझा नहीं जा रहा है। कैसा रहेगा?
5. अतिबल वाले फोटोग्राफ़ मिल गए। उनमें तुम्हारा कोई चित्र क्यों नहीं है? मैं अतिबल को एक भी पैसा न दूँगा। उसने तो कुसुम का भी कोई चित्र नहीं लिया और फिर मेरी गुड्डी, नीना, मुन्ना, मंटू आदि का भी नहीं। यह घोर मूर्खता है। वैसे उन्होंने बहुत कम चार्ज किया है। मैं उनके लिए अलग से दो सौ का एक ड्राफ्ट तुम्हारे नाम भेज रहा हूँ। उन्हें सारे रुपये दे देना।
6. विजय 2 मई को दिल्ली आएगा। तब तक निर्मला भी पडरौना से आ जाएगी। 3 मई की शाम को वह निर्मला को लेकर भटिंडा चला जाएगा। दोनों के साथ केदारनाथ जी का पुत्र सुनील भी महीने-दो महीने के लिए भटिंडा जाएगा।
7. तुम्हारी छुट्टियाँ कब से हो रही हैं? यह छुट्टी मेरे साथ क्यों नहीं बिताते? दोनों भाई इस छुट्टी में खूब लिखेंगे। प्रोग्राम बना लो।

आशा है, सब मजे में हैं। सबको स्नेह।

नामवर

[6]

109, न्यू कैम्पस
जवाहरलाल नेहरू विश्वविद्यालय
नई दिल्ली-110067
30.11.80

प्रिय काशी,

डॉ. बच्चन सिंह के हाथ तुम्हारा नोट मिला। शाम को मैं केदारनाथ जी के आवास पर ही था। वहीं बच्चन सिंह जी की प्रतीक्षा कर रहा था। हम तीनों वहीं

डेढ़-दो घंटे साथ बैठे। खाना खाया। बच्चन सिंह जी को स्टेशन के लिए रवाना किया। घर लौटा। अब तुम्हें लिखने बैठा हूँ। आज दोपहर विजय अपने बीवी-बच्चों के साथ भटिंडा वापस गया। हफ्ते भर साथ था। इस समय घर सूना है। सिर्फ तुम हो और मैं हूँ।

बच्चन सिंह जी से मालूम हुआ कि तुम अभी भी परेशान हो। मुकदमे की छाया मँडरा रही है। रोज़ एक-न-एक खबर मिलती होगी। डंक चुभता होगा। तनाव होता होगा। ऐसे माहौल में बड़े-से-बड़ा योगी भी विचलित हो सकता है। तुम्हारी स्थिति इतनी दूर से भी मैं समझ सकता हूँ। अक्सर अकेले होने का एहसास होता होगा—दो एक साथियों और वकील साहब की अभय मुद्रा के बावजूद।

इतनी दूर से यदि मैं ढाढ़स और धीरज के कुछ शब्द कहूँ तो विडम्बना होगी। तुमने जिस काम के लिए (यहाँ) लिखा था, उस दिशा में प्रयत्न कर रहा हूँ। एक सम्बन्ध-सूत्र मिला है। दो-तीन दिन में कुछ ठोस सूचना मिलने की आशा है। इस बीच पहले के परिचित लोग स्थानान्तरित होकर अन्यत्र चले गए। इसीलिए कुछ कठिनाई हुई, वरना काम इतना मुश्किल न था। खैर!

जहाँ तक मुकदमे का सवाल है, मेरे ख़याल में, वह लम्बा चलेगा। तीन-चार साल भी लग सकते हैं। तुम कब तक तनाव में रहोगे? यही न होगा कि इस बीच तुम्हें रीडर की पोस्ट पर कन्फर्म नहीं किया जाएगा। लेकिन इससे तुम्हें कोई ठोस हानि नहीं होगी। वार्षिक वेतन-वृद्धि तो मिलती ही रहेगी और अन्य सुविधाएँ भी। यदि अन्ततः हार भी हुई (जिसकी आशंका तनिक भी नहीं है) तो इतने वर्षों तक इस पद का अनुभव और सेवाकर्म अन्ततः किसी भी भावी चयन-समिति में तुम्हारे पक्ष में जाएगा और विश्वविद्यालय अपनी तकनीकी त्रुटि सुधारेगा, न कि तुम्हें उस भूल की सज़ा देगा। ऐसी स्थिति में अन्यत्र यही हुआ है। मेरा व्यवहार-ज्ञान यही कहता है।

तुम्हें तो पता है, जोधपुर में मेरे खिलाफ भी रिट हुई थी। चार साल मैं वहाँ रहा, तब तक कोर्ट में सुनवाई की नौबत ही नहीं आई। लेकिन उससे मेरी क्या क्षति हुई? शुरू-शुरू में दो-तीन महीने मैं भी चिन्तित था। इसके बाद ध्यान भी नहीं रहा कि कोई मुकदमा है। जिन हज़रत ने मुकदमा किया था, वे आज तक प्रोफेसर नहीं हुए, यूँ ही रिटायर हो गए। यह है काव्य-न्याय। समझ लो, तुम्हारे दुश्मनों का भी यही हाल होगा। मेरे मन में जाने क्यों इस विषय में अटूट विश्वास है। मैं यही चाहता हूँ कि तुम भी भीतर से निष्कम्प दीपशिखा के समान अपना आत्मविश्वास बनाये रखो।

वैसे, क्षुद्र विरोधियों का विरोध अच्छे खासे लोगों को विचलित कर देता है। निराला की एक कविता की वह पंक्ति तुम्हें याद है न?

जो उत्पात-घात आए हैं
और निम्न मुझको लाए हैं।

क्षुद्र विरोधी तुम्हें भी अपने स्तर पर लाने की कोशिश करेंगे, लेकिन मुझे विश्वास है कि तुम अपने ही स्तर पर कायम रहोगे—नीचे न उतरोगे। साहित्य में तुम्हारा एक स्थान है—वह किसी भी रीडर तो क्या, प्रोफेसर से भी ऊँचा है। यदि तुम लेक्चरर रहकर भी रिटायर होगे तो भी तुम्हारे उस गौरव को कोई छीन न सकेगा। नौकरी की यह छीना-झपटी तो चलती रहेगी। संयोग है कि इस नाटक में तुम भी एक पात्र बनने के लिए विवश हो गए हो। औरों के लिए भले ही ट्रेजडी साबित हो, तुम्हारे लिए यह एक दिलचस्प कॉमेडी है। इसे कॉमेडी समझकर ही खेलते चलो। इस एहसास से तनाव भी कम होगा और फिर कुछ ही दिनों में मज़ा भी आने लगेगा।

अच्छा, आओ, अब सोने चलें। बाकी बातें फिर होंगी।

बच्चों को, कुसुम को प्यार।

सस्नेह, तुम्हारा
नामवर

पुनश्च : हरीश के चेक वाली बात केदारनाथ जी से कह दी है। तब तक मैं कुछ भेज दूँ? लिखो। —नाम.

[7]

109, न्यू कैम्पस
जवाहरलाल नेहरू विश्वविद्यालय
नई दिल्ली-110067
16.5.82

प्रिय काशी,

तुम्हें सत्तू खाए कितने दिन हुए? मैंने अभी-अभी सत्तू खाया है—युगों बाद। माई की याद आती रही है। गर्मियों में हर साल मेरे लिए वह गाँव से सत्तू लाती थी। मेरी पसन्द का उसे पता था। सिर्फ उसे। मरी भी थी वह इन्हीं गर्मियों में। दस साल पहले। आज वह बहुत याद आ रही है। उसकी याद में आँसू भी आज ही आए। दस साल बाद।

यह सत्तू केदारनाथ जी की माँ लाई थीं। गाँव से। वे भाग्यशाली हैं।

अभी सत्तू थोड़े बचे हैं। बचते तो कहाँ, बचा लिये। सोचा, रामअधार आ रहा है। उसी के साथ खाएँगे। साथ खाने की बात ही और है। अकेले-अकेले खाया न गया।

तुम कब आ रहे हो? इस बारे में ना-नू नहीं चलेगी। अमरकंटक से लौटकर गाँव जरूर जाओ। पिताजी की अन्तिम इच्छाएँ पूरी होनी ही चाहिए। लेकिन मेरी भी तो इच्छा है। अन्तिम न सही, लेकिन इच्छा तो है। और बेचारा काशी तो इसलिए पैदा ही हुआ है कि सबकी इच्छाएँ पूरी करता रहे। अपनी छोड़कर। सबसे छोटा जो ठहरा! लेकिन सबसे छोटा हुआ ही क्यों? कभी पूछते हो अपने-आपसे? तुमसे ईर्ष्या भला किसको हो सकती है?

बच्चों की याद कई दिनों से आ रही है। खास तौर से गुड्डी और नीना की। शाम को घूमने निकलता हूँ तो उनकी याद खास तौर से आती है। ऐसा करो कि गाँव जाने से पहले उन सबको यहाँ भेज दो। कुसुम के साथ। मैं स्टेशन जाकर सबको उतार लाऊँगा। बाद में एक सप्ताह बाद तुम भी आ जाना। इस तरह तुम्हें पिताजी से जल्दी छुट्टी मिल जाएगी।

बात यह है कि देवता बनारस जा रही हैं। विजय ने कुछ ऐसा ही प्रोग्राम बनाया है। निर्मला को अपनी बहनों के साथ अपने गाँव जाना है। इसलिए उसके साथ देवता का भी कार्यक्रम बना दिया गया। वे निर्मला-टेसू के साथ 18 मई की दोपहर यहाँ आ रही हैं। दो-तीन दिन बाद यहाँ से सभी लोग प्रस्थान करेंगे। देवता को कुछ दिन बनारस रखकर उन्हें पिताजी के पास गाँव भेज देना। जरूरी हो तो कुछ बच्चों को भी साथ लगा देना। फिर अमरकंटक से लौटकर बच्चों को ले आना और उन्हें दिल्ली की गाड़ी में बैठा देना। लेकिन तब तो तुम भी उनके साथ ही दिल्ली आ सकते हो। क्यों?

विजय को जून के अन्तिम सप्ताह में बनारस जाना है, पिताजी से मिलने। इस बीच तुम लोग दिल्ली रहोगे। न हो तो विजय के साथ ही बनारस चले जाना। इस तरह कम-से-कम दो-तीन सप्ताह मुझे तुम लोगों के साथ रहने को मिल जाएगा। फिलहाल यही कार्यक्रम सूझ रहा है। बाकी बातें जल्द ही।

सस्नेह
नामवर

पुनश्च : 1. निर्मला वगैरह के लिए अभी तक रिज़र्वेशन नहीं मिला है। कोशिश हो रही है। 20 से 22 मई तक कोई भी तारीख—कोई भी ट्रेन हो सकती है। रिज़र्वेशन मिलते ही तुम्हें तार दिया जाएगा। स्टेशन जाकर तुम उन्हें ले आना। कुल सात लोग होंगे—केदारनाथ जी का एक लड़का, तीन लड़कियाँ : निर्मला, टेसू, देवता। देवता को छोड़कर बाकी लोग अगले दिन की किसी गाड़ी से बलिया के लिए प्रस्थान करेंगे।

2. विजय इस बीच भटिंडा ही रहेगा—अकेले। उसे बराबर यह शिकायत रहती है कि बनारस से कोई उसे पत्र नहीं लिखता। बच्चे न सही तो तुम अपनी ओर से कभी-कभी उसे पत्र लिख दिया करना। —नाम.

[8]

109, न्यू कैम्पस
जवाहरलाल नेहरू विश्वविद्यालय
नई दिल्ली-110067
1.4.84

प्रिय काशी,

तुम बूढ़े हो नहीं रहे हो, बूढ़े लोगों के साथ ज्यादा उठने-बैठने लगे हो। बाबू बच्चन सिंह और बाबू शुकदेव सिंह से इधर ज्यादा मिलना-जुलना हो रहा है क्या?

स्मृतिहीन लोग जितने दयनीय होते हैं, स्मृतिजीवी उनसे कुछ ही कम दयनीय होते हैं। अभी तुम उस स्थिति में नहीं पहुँचे हो क्योंकि तुम्हारे सामने तो लम्बा भविष्य है। लोहिया के शब्दों में 'पीछे-देखू' न बनो, 'आगे-देखू' बनो। जिस शहर में रहते हो, वह प्रसाद से ज्यादा प्रेमचन्द का है। मैंने स्वयं जब इस उम्र में पीछे मुड़कर देखना बन्द कर दिया है तो तुम क्यों उधर देख रहे हो? अब तो मुझे भी लगने लगा है कि तुम्हें यह मकान छोड़ ही देना चाहिए और नये मकान में जल्द-से-जल्द चला जाना चाहिए। मेरी पुरानी चिट्ठियों से निजात तभी मिलेगी।

लगातार घर बदलते रहने से घर का एहसास जाता रहता है। अब विजय को ही देखो। उसे 'घर' का कितना एहसास है? किसी कवि की एक पंक्ति है : 'Tomorrow is our permanent address!' तो हमारा स्थायी पता तो आगामी कल ही है और बेहतर है कि उस पते को सुरक्षित कर लो, वरना चिट्ठियाँ लौट आएँगी। वैसे, इसके बाद भी कुछ स्मृतिजीवी लोग होंगे जो पुराने पते पर ही चिट्ठी लिखते रहेंगे। कभी-कभी मुझे भी ऐसे पत्र मिलते रहते हैं जिसमें लिखा होता है कि आपने जो अमुक पुस्तक में अमुक बात लिखी है, उसे ज़रा और समझा दिया जाए, वगैरह। ऐसे पत्र अच्छे-खासे भले-चंगे जिन्दा लेखक को 'स्मारक' बना देते हैं। इसलिए हे तात, ऐसे पत्रों से स्वयं भी बचो और मुझे भी बचाओ।

अपने पिताजी और दिवंगता माँ की उम्र को देखते हुए यह विश्वास करना गलत न होगा कि हम सभी भाइयों को कम-से-कम औसतन सत्तर साल की उम्र तो मिलेगी ही। तब तक सभी बेटे-बेटियों की शादियाँ हो जाएँगी और यदि उन्होंने परिवार नियोजन का सख्ती से पालन न किया तो पोते-पोतियों के उत्पात भी सहने पड़ेंगे (जिसकी एक शुरुआत तो हो भी चुकी है।) इसलिए देह से अमर होने की चिन्ता तो न करो। कामना ही करनी है तो 'अमर' के पहले 'अजर' शब्द लगाओ। मुहावरा भी 'अजर-अमर' का ही है। क्या ऐतिहासिक व्याकरण पर काम करते

हुए इस पद से कभी साबका नहीं पड़ा था? यह अजर' शब्द मुझे पिताजी की दशा देखकर सूझा। कामना यही होनी चाहिए कि भगवान उम्र दे तो इन्द्रियाँ दुरुस्त रखे, वरना बहू-बच्चे गालियाँ देंगे। तो श्रवण उस सुख से वंचित रह जाएँगे और बदले में वे भी हमारे आशीर्वाद से! ऐसा न हो कि सामने अनाचार होता रहे और हम देख न सकें; लेकिन इससे भी बुरा तो तब होगा जब देश में कुछ सुन्दर बन रहा होगा और हम उसे देख न पाएँगे!

यह सब इसलिए लिखा कि बाबू जयचन्द्र सिंह जी के सुपुत्र नगेन्द्र जी ने बाबू साहब को बताया कि तुम आजकल कुछ पुराने बनारस के दिनों के बारे में लिख रहे हो। यह खबर तो अच्छी नहीं। यह काम तुम्हारा नहीं, शोध-छात्रों और शोध-छात्राओं का है। तुम वह लिखो जो केवल तुम्हीं लिख सकते हो और जिसे भाड़े पर नहीं लिखवाया जा सकता, वरना 'सारिका' के किसी इंटरव्यू में मैं यह सब कह दूँगा। (वैसे, 16 अप्रैल की 'सारिका' देख लेना।)

काम की बात यह कि वकील साहब 8 अप्रैल को यहाँ आ रहे हैं। न हो तो तुम भी उनके साथ चले आओ। आबोहवा बदल जाएगी। न आ सको तो उनके साथ थोड़ी सुरती भेज देना।

परसों डॉ. जे. नाग चौधरी शाम को घर आए थे। इस बार काशी आऊँ तो उनके घर जरूर आऊँ, कह गए हैं। वीर भारत भी उनके साथ थे।

U.G.C. वाले काम के पीछे लगा हूँ। जैसा होगा, मालूम हो जाएगा। बाबू बच्चन सिंह नाहक शहर के अन्देशे से दुबले हो रहे हैं।

गुड्डी क्या सचमुच J.N.U. में एम.ए. (हिन्दी) में प्रवेश लेना चाहती है? सोचकर लिखना। फार्म भेज दूँगा।

बाकी तो मस्ती है। सभी बच्चों को मेरा प्यार देना। कुसुम जी को आशीर्वाद।

सस्नेह

तुम्हारा भैया

[9]

7.3.85

प्रिय काशी,

यह होली की शाम है और मैं एकदम अकेला हूँ। कमरा बन्द करके चुप बैठा हूँ। सिर्फ तुमसे बात करने को मन कर रहा है। आओ, पास बैठो।

तुम्हारा 27 फरवरी का पत्र कल मिल गया था। साथ ही रामअधार का 28 फरवरी का लिखा पत्र भी मिला। अभी तक मेरी आँखों में आँसू न आए थे।

तुम्हारा दूसरा तार मिलने पर भी नहीं। सिर्फ गला भर आया था और वह भी केदारनाथ जी को सूचना देते समय—जब मैं यह वाक्य पूरा न कर पाया कि माँ गई तो भी यह अभागा मौजूद न था! शायद भीतर-ही-भीतर कहीं कुछ सुन्न हो गया था। आज पहली बार आँखों में आँसू आए—तुम्हारे पत्र को पढ़ते समय। अब जी कुछ हल्का लग रहा है।

तुलसीदास ने ठीक ही लिखा है :

पितु हित भरत कीन्ह जसि करनी।
सो मुख लाख जाइ नहिं बरनी॥

भरत राम से अधिक भाग्यशाली थे और महान भी क्योंकि पिता के दाह-संस्कार का गौरव उन्हीं को प्राप्त हुआ। राम उम्र में बड़े हुआ करें, लेकिन रहे वंचित ही। रामअधार ने भी यही लिखा है कि 'काशी बड़भागी हैं; उन्होंने बड़ी जतन से सेवा की और अन्त में भी सब कुछ किया।' निश्चय ही तुमने यह सब अहेतुक भाव से किया लेकिन मेरी हिन्दू आत्मा कहती है कि तुमने इस प्रकार जो पुण्य कमाया है, वह अकारथ न जाएगा।

पिताजी के बारे में रामअधार ने लिखा है कि वे सन्त पुरुष थे—स्वभाव से, कर्म से, वचन से। मैं अपनी ओर से 'सद्गृहस्थ' शब्द जोड़कर 'सद्गृहस्थ सन्त' कहना चाहता हूँ। मेरे लिए उनका यह रूप इसलिए महत्त्वपूर्ण है कि मैं न सद्गृहस्थ हूँ, न सन्त। इसीलिए मुझे उनसे सदैव ईर्ष्या होती रही है और उन पर गर्व भी। यह चारित्रिक दृढ़ता ही उनके स्वाभिमान का मूलाधार रही है।

कहते हैं, 'बाढ़ैं पूत पिता के धर्में।' आज हम तीनों भाई जो भी हैं, जैसे भी हैं और जहाँ तक पहुँचे हैं—उन्हीं के धर्म से। एक पिता अपनी सन्तान को इससे अधिक और क्या दे सकता है? तर्पण के रूप में हम कम-से-कम यह संकल्प तो ले ही सकते हैं कि हम ऐसा कुछ भी न करें जिससे उनका नाम लजाए।

रामअधार को समझाते हुए मैंने लिखा था कि 'सोचनीय नहीं कोसलराऊ' क्योंकि 'सब प्रकार भूपति बड़भागी।' यही तुमसे भी कहना चाहूँगा।

जब तक उनका साया हमारे सिर पर था, मैं एकदम निश्चिन्त था। आज सहसा मेरे कन्धों पर जाने कितना बड़ा बोझ आ पड़ा है! तुम्हारा—तुम्हारे परिवार का; रामजी का—रामजी के परिवार का। आज पहली बार मेरे मन में यह खयाल आया। गाँववालों की इस आशंका को दूर करना बहुत जरूरी है कि मास्टर की मृत्यु के साथ ही जीयनपुर से उनके लड़कों का नाता टूट गया! पिताजी की आत्मा को इस बात से निश्चय ही दुःख होगा। इसलिए जैसे भी हो, अपनी जन्मभूमि से हमें सम्बन्ध बनाये रखना पड़ेगा।

एक बात और। लोलार्क वाला मकान मैं रामजी को सौंप देना चाहता हूँ। इससे मेरे मन को शान्ति मिलेगी। जैसे ही तुम्हारे मकान के कुछ कमरे बन जाएँगे, मैं

चाहूँगा कि हम दोनों कचहरी जाकर लोलार्क वाले मकान से इस्तीफ़ा दे दें और उसे रामजी के नाम कर दें। अभी यह बात किसी को—खास तौर से विजय और उसकी माँ को बताने की ज़रूरत नहीं है।

मैं का.वि.वि. की शुक्ल-संगोष्ठी में भाग लेने के लिए 27 मार्च को भुवनेश्वर वाली उड़ान से दोपहर के आसपास आ रहा हूँ। उड़ान नम्बर और समय शिवप्रसाद जी के पत्र में लिख दिया है। वापसी की बुकिंग 31 मार्च रविवार की है। इति-गीता को पढ़ने में हर्ज न हो इसलिए सभी अतिथियों की तरह अपने आवास के लिए भी मैंने अतिथि भवन में व्यवस्था करने को लिखा है; वैसे अपना घर तो है ही—जब-तब आता-जाता रहूँगा ही।

शेष कुशल है। नेपाल-यात्रा के बारे में फिर।

सस्नेह

तुम्हारा भैया

पुनश्च : देख लो, तुम्हारा जापानी कलम कितना अच्छा लिखता है! सभी बच्चों को खूब प्यार। इति-गीता को परीक्षा की शुभकामनाएँ।

[10]

109, जवाहरलाल नेहरू विश्वविद्यालय
नई दिल्ली-110067
9.6.89

काशी,

तात, तुमहिं मैं जानउँ नीके।
करौं काह असमंजस जी के॥

याद करो तो यह उक्ति राम की है। भरत के प्रति। चित्रकूट सभा में भरत के मार्मिक प्रस्ताव के बाद। लेकिन मेरे जी में कोई असमंजस नहीं है। मैं तो इतना कहना चाहता हूँ कि 'तात! तुमहिं मैं जानउँ नीके'। बस। इसके बाद बैंक ड्राफ्ट' वापस लेने के अलावा तुम्हारे लिए कोई और विकल्प नहीं है। भरत को भी अन्ततः अयोध्या वापस जाना पड़ा था। भले ही सिर पर खड़ाऊँ रखकर। तुम्हारी खड़ाऊँ यह 'बैंक ड्राफ्ट' ही है। मेरे पास और कोई फालतू चप्पल नहीं है।

अब आओ, पास बैठो तो बात करने में सुभीता हो।

तुम्हारा 'बैंक ड्राफ्ट' अपने हाथ में लेकर काफ़ी देर तक सोचता रहा। सिर-पैर कुछ भी समझ में नहीं आया। फिर तुम्हारी चिट्ठी आई, जिसमें 'उऋण न

होने' की बात है! तब भेद खुला। हँसी आई। इस हँसी में कितना क्रोध है, कितना दुख, नहीं जानता। हँसी ऋण-शोध पर नहीं, तुम्हारे ऋण-बोध पर। कैसा ऋण? किसका ऋण? हम लोगों के यहाँ तो तीन ही ऋण माने गए हैं—देव-ऋण, पितृ-ऋण और ऋषि-ऋण अथवा गुरु-ऋण। वह जमीन तो इनमें से किसी में नहीं आती। वह उतनी ही तुम्हारी है जितनी मेरी। क्या मैं उसे लादकर उस लोक में ले जाता? 'नैकेनापि समं गता वसुमती मुंज त्वया यास्यति'। यही तो भोज ने कहा था। अपने साथ कोई भी पृथ्वी को नहीं ले गया। मैंने तो अपना बोझ हल्का किया। यही चाहता हूँ कि अन्तिम यात्रा के समय मन पर भी कोई बोझ न रहे। तुमने तो शुरू से ही मेरा बोझ हल्का किया है। फिर अब क्यों हाथ खींच रहे हो?

अब तुम्हीं बताओ, ये बीस हजार लेकर मैं क्या करूँगा? तुम्हारी दुआ से इतना है कि जब तक साँस है, दाल-रोटी मिलती रहेगी। इसे मैं अपने माँ-बाप के पुण्य का फल मानता हूँ, वरना अपने करम तो ऐसे नहीं। जरूरत पड़ेगी तो तुमसे माँग लूँगा। ये पैसे तुम्हें भारी पड़ रहे हों तो नीना के नाम बैंक में जमा करवा दो। कल उसकी शादी के मौके पर काम आएँगे।

गीता की प्रतिक्रिया सुनोगे तो होश ठिकाने आ जाएँगे। इस ड्राफ्ट की बात घर में सिर्फ वही जानती है। उसका कहना है कि पापा अगर उसे वापस न लेंगे तो मैं आम खाने बनारस न आऊँगी। कभी नहीं। वह तो तुम्हें पत्र लिखने जा रही थी। लेकिन मैंने मना करते हुए कहा कि अभी वह दिन नहीं आया है कि बच्चे हम बड़ों के बीच दखल दें और ईश्वर करे, वह दिन कभी न आए।

अभी थोड़ी देर पहले कवि शलभ श्रीराम सिंह का फोन आया। ठेठ अवधी में। सिर्फ तुम्हारे 'पहल' वाले लेख पर बोलते रहे। पढ़ने के बाद घंटों रोते रहे। कह रहे थे, भाग्यशाली हैं आप कि आपको ऐसा भाई मिला। तो अब बताओ, तुम्हारे इस ऋण का क्या करूँ मैं?

तुलसीदास को मैं दुबारा उद्धृत नहीं करना चाहता था पर उसी प्रसंग की एक और चौपाई फिर ज़बान पर आ रही है :

तात कुतरक करहु जनि जाए।
बैर प्रेम नहिं दुरइ दुराए॥

गरज़ कि जल्द-से-जल्द इस कागजी बोझ से अपने-आपको हल्का कर लेना चाहता हूँ। रमाकान्त का पत्र आया था। उनकी रिपोर्ट पिछले हफ्ते भेज दी। अब तक पहुँच गई होगी। चाहते हैं कि इसी महीने मौखिकी हो जाए। जुलाई के पहले सप्ताह में यहाँ कुछ जरूरी काम है। इसलिए इसी महीने मौखिकी की व्यवस्था करवा के तार से मुझे खबर दो। हवाई जहाज़ की बुकिंग में दिक्कत होती है। सूचना समय से मिलनी चाहिए।

आशा है, स्वस्थ प्रसन्न हो। गुड्डी सहित सभी बच्चों को प्यार। आयु को विशेष रूप से पप्पी।

तुम्हारा
भैया

[11]

109, जवाहरलाल नेहरू विश्वविद्यालय
नई दिल्ली–110067
15.12.89

प्रिय काशी,

तुम्हारा पत्र अपने समय से मिल गया था। आज-कल करते जवाब लिखने में देर हो गई। उड़ीसा अभी तक नहीं गए, तो हो आओ। वृद्धजन के आमन्त्रण की उपेक्षा उचित नहीं है। इस मामले में नीना की राय अनसुनी की जानी चाहिए। उस राय में बचपना है। नीना को साथ ले जाने का सवाल ही नहीं उठता।

नीना का पत्र पढ़ने के बाद गीता जी उससे मिलने के लिए बेताब हैं। हठ कर आरक्षण करवाया। 27 दिसम्बर की सुबह डीलक्स से बनारस पहुँच रही हैं। साथ में रोली और गुड़िया। वापसी का कार्यक्रम 6 जनवरी के आसपास है। साथ में वही मंडली होगी। आरक्षण के ब्यौरे राजीव जी से पूछ लेना। उसी हिसाब से गीता की व्यवस्था कर देना। इस बीच मेरा आना तो सम्भव नहीं दिखता। विद्यापीठ में आचार्य नरेन्द्रदेव पर कोई संगोष्ठी है। मुझे भी बुलाया गया है। तुम क्या कहते हो? जवाब तभी दूँगा।

अभी मैं 17 दिसम्बर को कलकत्ता होते हुए पोर्टब्लेयर (अंडमान) जा रहा हूँ। वहाँ से 21 दिसम्बर को वापसी है। तुम्हारे भक्त मंडलोई का पत्र आया था। तुम्हारा प्रताप कालेपानी तक तप रहा है। देखकर सुख होता है।

अंडमान से लौटकर जोधपुर जाना है 24 दिसम्बर की शाम। वापसी 28 दिसम्बर की सुबह। नये वर्ष की पूर्व-सन्ध्या शायद दिल्ली में ही गुजरे। बाबू साहब पता नहीं कहाँ होंगे! उस शाम तुम्हारी याद बहुत आएगी। मन अभी से विचलित हो रहा है। 1990 से ऐसा करूँगा कि 31 दिसम्बर को हम दोनों भाई साथ होंगे—चाहे जैसे हो। इसकी जिम्मेदारी मुझ पर है। अब उम्र के जितने साल बचे हैं, उसको यूँ ही जाने न दूँगा।

तुम्हारे विश्वविद्यालय और विभाग में नियुक्तियों को लेकर जो सन्नाटा है, उसे दुर्भाग्यवश कहूँ या षड्यंत्र? 'साधो, करमन की गति न्यारी!' कमबख्त विषय ऐसा

छिड़ गया कि मन खिन्न हो उठा। क्रोध भी आ रहा है। इसलिए, बस। अभी से नये साल की शुभकामनाएँ। अपनी शुभकामना तो स्वयं गीता के रूप में तुम्हारे पास भेज रहा हूँ। वही अपने 'पापा' को मंगल सन्देश देगी। —सबको प्यार।

तुम्हारा
नामवर

पुनश्च : अरे हाँ, मैं तो यह बताना भूल ही गया कि विजय के पास रामजी का पत्र आया था। एक हनुमान-भक्त दूसरे हनुमान-भक्त को क्या लिखेंगे, तुम स्वयं सोच सकते हो। आज्ञाकारी पुत्र ने पिता को पत्र दिखाया। समय से उचित हस्तक्षेप करने की सिफारिश की। प्रसंग नीना का अन्तर्जातीय विवाह। दोषारोप सीधे मुझ पर। बहरहाल गीता और मैं—हम दोनों पत्र पढ़कर मज़ा लेते रहे। भतीजे जी मन-ही-मन काफी खीजते रहे यानी 'जो है'। रामजी और विजय प्रकाश जी के रहते पिताजी की कमी नहीं खटकती। वैसे, ये दोनों शायद पिताजी से भी दो सदी पहले के हैं! यदि किसी को ऐसा मर्यादावादी भाई और ऐसा परम्परावादी पुत्र मिले तो वह दूसरी परम्परा की खोज क्यों न करे? वे धन्य हैं। हमें धिक्कार है!

[पत्र का यह अंश नीना की आँखों से बचाकर रखना।]

गुड्डी और बेटू मन पर ऐसी छाप छोड़ गए हैं कि उन्हें देखने को जी तड़पता है। जो हो, उन्हें फिर बुलाएँगे। —नाम.

[12]

109, जे.एन.यू.
नई दिल्ली-110067
26.12.91

प्रिय काशी,

आखिर 20 दिसम्बर, '91 को मेरा भाई काशी हिन्दू विश्वविद्यालय के हिन्दी विभाग के अध्यक्ष की कुर्सी पर बैठ ही गया। कुर्सी ने तुमसे चुपके से कुछ कहा? तुम्हें कुछ याद आया? वैसे, यह कुर्सी अब कुछ नहीं है, लेकिन मन का एक काँटा निकल गया। बस, इतना ही। कुर्सी में खटमल बहुत होंगे, लेकिन उन्हें मारने में समय नष्ट न करना। कमरे में भनभनाने वाले मच्छर भी कम न होंगे, पर उनके संगीत से अपना मनोरंजन करना। बाकी तुम स्वयं समझदार हो। इति शुकनासोपदेश:।

दिल्ली में इस महीने की सबसे दिलचस्प घटना—11 दिसम्बर की कहानी-गोष्ठी। रिपोर्ट शायद मिली हो। ममता को आगे करके कालिया ने अपनी समझ से

दिग्विजय का आयोजन किया था। न आनेवालों में सबसे उल्लेखनीय ज्ञान। आनेवालों में मार्कंडेय। संयोग कुछ ऐसा घटित हुआ कि कालिया की योजना उलट गई और मुझे उस अन्तिम गोष्ठी में अध्यक्षीय भाषण करना पड़ गया, जिसमें कालिया का पर्चा था और शुक मुनि भी बोले थे। अगर उन दोनों की चमड़ी बहुत मोटी न हो गई होगी, तो अभी तक घाव सहला रहे होंगे। वैसे, वाक्य दो-तीन से ज्यादा न थे। सवाल अपनी मर्यादा का था। तुमने कुछ सुना हो तो लिखना। फिर बताऊँगा। गरज़ कि दक्ष का यज्ञ-विध्वंस हो गया। वे न मानें तो यही समझना कि 'कुजगह' जो पेड़ उगा, उसे वे छाँह समझ रहे हैं।

कल शाम मोहन गुप्त मिले थे। आज तुम्हारी संस्मरणों वाली पुस्तक कम्पोजिंग में गई। 5 जनवरी तक आ जाने की बात है। कवर चंचल से बनवाया है। मैंने अभी तक नहीं देखा।

गीता का लघुशोध प्रबन्ध इस सप्ताह जमा हो जाएगा, वैसे पूरी तरह तैयार पड़ा रखा है—दस दिन से। गीता को चन्द दिनों की नौकरी मिल गई। बेचारी सुबह की गई चार बजे शाम लौटती है। बड़ी गम्भीरता से काम कर रही है, पर निःस्पृह।

इति के क्या हाल हैं? यहाँ तो ठंड है, वरना उसे आने के लिए कहता। मैं भी पांडिचेरी न जा सका। लेकिन उसका कोई मलाल नहीं। तुम झाँसी में झंडा गाड़ आए? यादव के साथ भागलपुर तो नहीं गए थे? यादव को ही यह सब करने दो। बेचारे को इसकी जरूरत है। तुम्हें इन सबसे क्या?

आशा है, प्रसन्न हो। घर पर सभी बच्चों को प्यार। कुसुम को आशीर्वाद।

नये साल की शुभकामनाएँ।

सस्नेह
तुम्हारा
नामवर

पुनश्च : अब तो जनवरी के अन्त में ही बनारस आना होगा। —नाम.

[13]

109, जे.एन.यू.
नई दिल्ली-110067
28.7.92

प्रिय काशी,

आज मेरा वास्तविक जन्मदिन है। परसों शाम को विजय आया था और कल तुम्हारा पत्र। सुबह से ही जी हलका है। मन होरी-होरी हो रहा है। 'पुत्र से श्रद्धा

और स्नेह पाकर वह तेजवान हो गया है, विशाल हो गया है। कई दिन पहले उस पर जो अवसाद-सा छा गया था, एक अन्धकार-सा, जहाँ वह अपना मार्ग भूल जाता था, वहाँ अब उत्साह है और प्रकाश है।'

फिर हीरा मिला तो 'जीवन के सारे संकट, सारी निराशाएँ मानो उसके चरणों पर लोट रही थीं। कौन कहता है, जीवन-संग्राम में वह हारा है? यह उल्लास, यह गर्व, यह पुलक क्या हार के लक्षण हैं? इन्हीं हारों में उसकी विजय है। उसके टूटे-फूटे वस्त्र उसकी विजय पताकाएँ हैं। उसकी छाती फूल उठी है, मुख पर तेज आ गया है। हीरा की कृतज्ञता में उसके जीवन की सारी सफलता मूर्तिमान हो गई है।'

विजय को शायद तब तक तुम्हारा पत्र मिला न था। शायद इसलिए कि उसने कोई ज़िक्र नहीं किया। आया तो तना हुआ था। धीरे-धीरे बातचीत के क्रम में सहज हुआ। फिर साथ-साथ चाय पी। मुद्दत बाद। गलतफहमी दूर हुई। पूरी न सही, काफी कुछ। अब उम्मीद है, तुम्हारा पत्र रही-सही भी दूर कर देगा। विजय के लिए मुझे इस घर में सम्भवत: दिसम्बर तक रहना पड़ेगा।

तुम्हारे पत्र के बारे में क्या कहूँ? हृदय भरा हुआ है। जिसे तुम्हारे जैसा भाई मिला हो, उसे सब कुछ मिल गया। मुझे अब और कुछ नहीं चाहिए। गीता कह रही थी—'सिर्फ पापा आपको समझते हैं!' सचमुच मैं कितना बड़भागी हूँ! इति यक्ष-प्रसंग।

और अब इति-प्रसंग। चिन्ता समझ रहा हूँ, पर समाधान नहीं सूझ रहा है। सवाल इति को राजी करने का है। किसका असर पड़ेगा? नीना का ही सहारा है। गीता की हिम्मत नहीं पड़ रही है। मैं कुछ कहूँ तो, डर है, उल्टा असर न हो।

उम्र का फर्क कोई फर्क नहीं। अनेक शादियाँ ऐसी हुई हैं जहाँ लड़की की उम्र ज्यादा है—कभी-कभी चार-पाँच साल तक। कारण रजिस्टर की उम्र और है, असली और। फिर भी वे सुखी हैं। जात-पाँत का फर्क तो हमने तोड़ ही दिया है और जरूरत पड़ी तो आगे भी तोड़ेंगे। इसके लिए हमें गर्व है। उचित गर्व है। इति यदि रास्ता दिखाए तो कौन जाने गीता का पथ भी प्रशस्त हो! ऐसे ही विवाह में शामिल होने पर मुझे सच्ची खुशी होगी।

आज इतना ही। बाकी फिर। जल्द ही।

इति को प्यार। मुन्ना-मंटू को स्नेह। कुसुम को भैया का आशीर्वाद। कुसुम से कहना है कि आज हम लोगों को उसके सहारे की और ज्यादा जरूरत है।

सस्नेह
तुम्हारा
नामवर

[14]

32, शिवालिक अपार्टमेंट्स
अलकनन्दा,
नई दिल्ली-110019
20.11.96

संयोग देखो, काशी, सुबह तुम्हें पत्र डाला और तीसरे पहर तुम्हारा पत्र आ पहुँचा। अब तुम आ ही गए हो, तो आओ, बैठो। पास-पास। सूरज ढल चुका है। बुखार नहीं है, लेकिन गला खराब है। और कुछ नहीं तो बातें ही। 'यहाँ तो बात करने को तरसती है, जुबाँ मेरी।' शहर में ऐसा कोई नहीं।

रिटायरमेंट की तारीख से पहले ही विश्वविद्यालय का क्वार्टर (कोटर : पं. विश्वनाथ प्रसाद मिश्र) छोड़ने का संकल्प शुभ-अतिशुभ। आत्मसम्मान ज्यादा बड़ी चीज़ है। वैसे, 'शुभचिन्तक' समझाएँगे कि वेतन आयोग की सिफारिशें आनेवाली हैं और उनमें विश्वविद्यालय के प्राध्यापकों के लिए बासठ वर्ष तक की सेवा का प्रावधान है। इसलिए इन्तजार कर लीजिए। हो सकता है, यह सलाह तुम्हें मिल चुकी हो! तुमने अनसुनी की, तो ठीक किया। अब फिर कोई कहे तो ग़ालिब का यह शेर सुना देना :

तोड़ बैठे, जबकि हम जाम-ओ-सुबू, फिर हमको क्या?
आसमाँ से बाद:-ए-गुलफ़ाम फिर बरसा करे!

तो भाई, हम लोग तो उनमें से हैं जो अपने प्याले पहले ही तोड़ चुके हैं। और अब इसका कोई गम भी नहीं। आसमान से गुलाबी शराब बरसे तो बरसे! सुराहियाँ ही नहीं, बाल्टियाँ लेकर दौड़नेवाले और होंगे।

वैसे, इस अरविन्द कॉलोनी वाले क्वार्टर के साथ बहुत-सी यादें जुड़ी हैं। यहीं गुड्डी, नीना और इति की शादियाँ हुईं। यहीं से पिताजी हरिश्चन्द्र घाट गए। हम लोगों की जिन्दगी का एक बहुत बड़ा हिस्सा इससे जुड़ा है। मैं तो खैर, कभी-कभी जाता था, तुम्हारे लिए तो यह घर कर्ण के कवच-कुंडल की तरह शरीर की त्वचा से चिपका था। घर से सामान निकालते हुए तुम्हें कैसा लगेगा, तब से मैं यही सोच रहा हूँ। आज शाम को फोन पर गीता को यह सूचना दी तो वह सुनकर चौंक गई। वह यकीन करने के लिए सहसा तैयार न थी। गला उसका भी भर आया था।

तुम्हारे पत्र का यह वाक्य मन को छू गया : 'जल्द ही इस घर में दो बूढ़े बच रहेंगे।' क्या बच्चों को भी इस बात का एहसास है?

गीता की शादी के बाद मुझे भी कुछ-कुछ ऐसा ही लगा था लेकिन थोड़ी देर के लिए। बाद में याद आया : 'रिक्तोऽसि यज्जलद! सैव तवोत्तमश्री!'

हे जलद! सब कुछ लुटाकर तुम जो रिक्त हो गए हो, वही तुम्हारी शोभा है! बच्चे, जहाँ रहें, सुखी रहें। हम उन्हें अपने बुढ़ापे के साथ बाँधकर क्यों रखें? मुश्किल यह है कि हम उन्हें भले ही बाँधना न चाहें, वे हमें मुक्त रहने न देंगे।

इस कड़वी सच्चाई को वही समझ सकता है जो 'जल बिच मीन पियासी' की पीड़ा से गुज़रा हो—गुजर रहा हो।

शाम गम, गलत करने के लिए होती है, गम के लिए नहीं। वैसे उर्दू वाले अक्सर 'शामे गम की क़सम' ही खाया करते हैं। लेकिन जिसकी जिन्दगी की शाम अब रात की ओर है, वह और क्या कहे!

इस पते पर तुम्हारे लिए यह आखिरी खत होगा, इसलिए यहीं 'तमाम शुद'। अब नये पते पर नये अन्दाज़ का ख़त! अलविदा अरविन्द कॉलोनी! अलविदा विश्वविद्यालय परिसर!

सस्नेह, तुम्हारा
नामवर

[15]

32 शिवालिक अपार्टमेंट्स
अलकनन्दा
नई दिल्ली-110019
20.4.2001

प्रिय काशी,

बबलू (अमित) की शादी के मौके पर घर आ रहा हूँ। शिकायत दूर हो जाएगी और इस बहाने तुम्हारे साथ कुछ घड़ी बैठकर बोलने-बतियाने का सुख मिलेगा। जिन्दगी के इस आखिरी दौर में इंजन को ऐसा कोयला-पानी बहुत जरूरी है।

3 मई को काशी-विश्वनाथ एक्सप्रेस से चलकर 4 मई की सुबह बनारस पहुँच रहा हूँ। वापसी 6 मई, रविवार को काशी-विश्वनाथ से ही। वापसी का भी आरक्षण यहीं से करवा लिया है। आवास की व्यवस्था अगर कहीं नहीं है तो इस बार तुम्हारे साथ ही ठहरना पसन्द करूँगा।

रामजी को भी खबर कर देना।

घर पर कुसुम और सिद्धार्थ को सस्नेह आशीर्वाद।

पुरुषार्थ का परिवार भी अभी तक वहीं खेल-कूद रहा हो, उसे भी प्यार।

सस्नेह—

तुम्हारा
नामवर

पुनश्च : निमंत्रण पर कहीं तुम्हारा नाम न देखकर कमी खटकी। तुमने मना तो न किया होगा? —नाम.

विजय सिंह

राजकमल प्रकाशन
8, फैज बाजार, दिल्ली-110006
14.9.65

प्रिय विजय,

पं. विद्यानिवास जी मिश्र और काशी से तुम्हारे समाचार मुझे बराबर मिलते रहे हैं। मुझे यह जानकर खुशी हुई कि तुम गोरखपुर में स्वस्थ और प्रसन्न हो। जब पं. विद्यानिवास जी जैसे बन्धु तुम्हारी देखभाल करने के लिए वहाँ मौजूद हैं तो तुम्हारे बारे में मुझे कोई चिन्ता नहीं है। यदि तुम्हें कोई आवश्यकता महसूस हो तो नि:संकोच उनसे जाकर कह देना। वे हर तरह से तुम्हारे अभिभावक हैं।

मैं बहुत दिनों से तुम्हें लिखना चाहता था। अब तुमने एक नये जीवन में प्रवेश किया है। घर से दूर रहने का यह पहला अनुभव है। छात्रावास जीवन की अपनी विशेषता है। शुरू में शायद तुम्हें कुछ अटपटा लगे लेकिन धीरे-धीरे तुम्हें इसकी आदत पड़ जाएगी और यह वातावरण तुम्हें घर से भी अधिक सुखद लगने लगेगा। अब तुम स्वतंत्र हो। अपने को जैसा चाहे, बनाओ—सारी जिम्मेदारी स्वयं तुम्हारे ऊपर है। अभी तक हम लोगों के नियंत्रण और अनुशासन में शायद तुम्हारे व्यक्तित्व के उचित विकास में बाधा पड़ती रही है। अब तुम्हें अपने व्यक्तित्व का निर्माण करना है। आशा है, अपने कुल की मर्यादा का ध्यान रखोगे।

अपने बाबा को बराबर पत्र लिखते रहना। अब उनकी सारी उम्मीदें तुम्हीं पर लगी हुई हैं। बड़े चाचा को भी लिखते रहना। वे तुम्हें कितना प्यार करते हैं, यह तुम स्वयं जानते हो। छोटे चाचा को भी न भूलना। वे तुम्हारे सच्चे शुभचिन्तक हैं। मुझे पत्र न लिखो तो कोई हर्ज नहीं। डटकर पढ़ाई करो, खेलकूद में हिस्सा लो, सदा हँसमुख रहो—सब ठीक रहेगा। विजयादशमी की छुट्टियों में वाराणसी आऊँगा तो मुलाकात होगी।

सस्नेह तुम्हारा
नामवर

['आलोचना के रचना-पुरुष : नामवर सिंह'—सम्पादक : भारत यायावर—पुस्तक में संकलित]

समीक्षा ठाकुर

[1]

होटल, सेवन-सेवनटीन
दार्जिलिंग
10.6.2005

बेटू,

कहाँ हो ? क्या कर रही हो ? आओ, पास बैठो। कुछ गप-शप करें। 'यहाँ तो बात करने को तरसती है जुबाँ मेरी'। यह चिट्ठी भी है और डायरी भी। सुबह के सात बजे हैं और चाय आ गई है। बाहर पहाड़ों में घना कुहरा है। सूरज का कहीं पता नहीं है। जाने वे कहाँ सोए हैं!

कल रात देर से पहुँचे। लगभग दस बजे। हवाई जहाज दिल्ली से ही ढाई घंटे लेट उड़ा। पहले गुवाहाटी, फिर बागडोगरा-ब्रह्मपुत्र नद के चौड़े पाट का दिग्दर्शन कराता हुआ। इसके बाद कार से सिलीगुड़ी होते हुए पहाड़ों की ओर। सड़क के किनारे-किनारे दार्जिलिंग तक रेल की दोनों पटरियों का साथ। वैसे कार में तीन आदमी और—सम्मेलन के ही प्रतिभागी।

शायद तुम्हें कभी बताया था, दार्जिलिंग की मेरी दूसरी यात्रा है। पहली बार 57 साल पहले आया था—अक्टूबर के सुहावने मौसम में। उस समय मैं बी.ए. द्वितीय वर्ष का छात्र था। मेरे मित्र रमाशंकर पांडेय ने बुलाया था। ठहरा भी था उन्हीं के घर। भरे-पूरे संयुक्त परिवार में। मुखिया थे उनके ताऊ, जिन्हें आदर से सभी लोग 'तपाईं' कहते थे—नेपाली में। पांडेय जी उस घर को मजाक में 'पांडेय धर्मशाला' कहते थे। इस समय होटल में बैठे-बैठे उस घर को याद कर रहा हूँ। जाने वह घर कहाँ होगा! खोजने पर भी शायद ही मिले।

लो, मैं भी जाने किन पुरानी यादों में भटक गया! आज का दार्जिलिंग पहचान में नहीं आ रहा है। पूरा शहर पाँच-पाँच, छह-छह मंजिलों की अट्टालिकाओं से पटा पड़ा है और हर दो कदम पर सजे-धजे होटल-ही-होटल हैं। खिड़की से पुराना बाजार दिख रहा है—पुरानी दिल्ली के चाँदनी चौक और चावड़ी बाजार जैसा।

अरे, तुम्हारा चश्मा बनकर आ गया या नहीं? अब तो आने पर ही देखूँगा—उस चश्मे में तुम्हारी आँखों को।

तुम भी सुबह की सैर के लिए जाने की तैयारी कर रही होगी लोरी को जगाते हुए, पवन जी को आवाज देते हुए। मेरी भी चाय ठंडी हो रही है। इसलिए अभी इतना ही।

—नानू

[2]

होटल सेवन-सेवनटीन
रात 10 बजे
10.6.2005

फिर वही डायरी-पत्र। कुछ-कुछ मिर्जा के खतों जैसा। लेकिन मिर्जा का क्या मुकाबला? अपनी कोशिश भी नहीं।

सम्मेलन सुबह दस बजे शुरू हुआ। जिमखाना क्लब के हॉल में। यह क्लब 1909 में अंग्रेजों ने कायम किया था। बगल में लगभग उतना ही पुराना चर्च। सम्मेलन 'राजभाषा' का था—अपनी 'हिन्दी' का नहीं। जमकर भाषणबाजी हुई। वही घिसे-पिटे रेकॉर्ड फिर बजाए गए। अपन तो हाथी-दाँत थे—दिखाने के। ज्यादातर चबाने वाले दाँत ही थे। कुछ अफसर, बहुसंख्यक बाबू। बीवी-बच्चों सहित तफरीह के लिए निकले। कुछ देवियों के तो गोद के भी बच्चे थे—दुधमुँहे। मुझे लोरी याद आती रही। उसकी उम्र की भी पाँच-छह बच्चियाँ थीं।

बहरहाल, लंच के बाद मैं घूमने निकल पड़ा। अकेले नहीं, एक साहब को साथ लेकर। वे विदेश मंत्रालय में उपसचिव हैं, राजभाषा वगैरह का काम देखते हैं। नाम सुनील कुमार श्रीवास्तव। गरज कि एक सुनील यहाँ भी। दिल्ली से ही उड़ान के साथ लग लिये थे। साहित्य-प्रेमी निकले। शायद कविता भी करते हैं। गनीमत यही थी कि सुनाने का साहस नहीं जुटा पाए। उन्हें दूसरे ही दिन सुबह दार्जिलिंग छोड़ना था। इसलिए आज ही दार्जिलिंग के कुछ खास-खास प्वाइंट देख लेना चाहते थे। सो, एक कार लेकर हम दोनों तीसरे पहर निकल पड़े।

अब जो कुछ देख पाए, उसकी एक झलक—यानी छोटी-सी रिपोर्ट। कैमरा न था, इसलिए शब्दों का ही कमजोर सहारा लेना पड़ेगा।

सबसे पहले चिड़ियाघर। पद्मजा नायडू के नाम से सुशोभित। एक लम्बी 'रिज' पर अवस्थित। पशु कम, चिड़ियाँ ज्यादा। सबसे ज्यादा प्रचारित 'Red

Panda'। पशु है कि पक्षी? तय करना मुश्किल। चुगद और नेवले के बीच की कोई चीज। फिर भी दुर्लभ बताई गई है। रंग लाल जरूर है। जैसे गुस्से से लाल चेहरा! तुम्हें तो अब गुस्सा आता नहीं, वरना तुम्हारे चेहरे से काफी मिलता-जुलता है। लोरी जी देखकर उछल पड़तीं! आगे देखने का उत्साह नहीं हुआ।

उसी 'रिज' पर बाईं ओर 'पर्वतारोहण संस्थान' है जिसमें सबसे दर्शनीय बताया गया है—एवरेस्ट विजेता 'तेनजिंग' का स्मारक। उसे एक नजर देखकर हम लौट पड़े। नाहक ही इतनी ऊँचाई चढ़ने के लिए टाँगें तोड़ीं।

इस शाम की सबसे बड़ी उपलब्धि थी तथाकथित 'रॉक गार्डन'। चट्टानों से ज्यादा आकर्षक ऊँचाई से गिरता हुआ जल-प्रपात। उसे देखने के लिए कोई तीन-चार हजार फीट नीचे घाटी में जाना पड़ता है। उतराई बेहद चक्करदार और खतरनाक। जरा-सी चूक होने पर सीधे पाताललोक। नीचे पहुँचे तो सैकड़ों सैलानियों का झुंड। सहसा एक युवक झुककर चरण-स्पर्श करने के लिए लपका। परिचय दिया—आकाशवाणी में कार्यरत है। अरविन्द त्रिपाठी के साथ काम कर चुका है और पहले कई बार मेरी रिकॉर्डिंग भी उसने की है। उसके साथ भी उसका परिवार था और कैमरा भी। उसने झरने की पृष्ठभूमि में मेरे कई फोटोग्राफ लिये। एक कॉपी भेजने का वादा तो कर गया है। देखो, क्या होता है!

पचमढ़ी वाले जलप्रपात के सामने यह 'निर्झरिणी' ही है! ले जाने लायक पत्थर का कोई टुकड़ा इस बार न मिल सका।

—नानू

[3]

होटल सेवन-सेवनटीन
रात 10 बजे
11 जून, 2005

आज लंच के बाद 'सामूहिक पर्यटन' का कार्यक्रम बना। पचास पर्यटक, पाँच गाड़ियाँ। एक-एक गाड़ी में दस-दस की टोलियाँ। पूरा शहर मोटर गाड़ियों से पटा पड़ा है। पहले शायद कोई मोटर कार नहीं दिखी थी। खैर!

पहला दर्शनीय स्थल शहर के एक छोर पर निर्मित—बल्कि नवनिर्मित जापानी पगोड़ा। बुद्ध की सुन्दर प्रतिमा। कई फोटो लिये गए। बूँदा-बाँदी के बीच।

रास्ते में 'घूम का वह रेलवे पुल जिस पर खिलौना गाड़ी' कई चक्कर लगाती है और उसके नीचे से कारें गुजरती हैं। बच्चों के लिए यह भी एक तमाशा है लेकिन

बदकिस्मती से रेल के आने का यह वक्त न था! गरज कि 'देखने हम भी गए थे, पे तमाशा न हुआ'।

इसी तरह वह 'नज्जारा' भी अपनी किस्मत में न था सिर्फ जिसके लिए लोग दार्जिलिंग आते हैं—यानी 'टाइगर हिल' का सूर्योदय! बादलों के कारण इस मौसम में वह मुमकिन नहीं। शुक्र है, मैंने उसे अपनी पहली यात्रा में देख लिया था—वह अक्टूबर का महीना था।

हमारे कार्यक्रम में 'रोप-वे' भी था लेकिन कल ही एक हादसे की वजह से उसे पर्यटकों के लिए बन्द कर दिया गया। खबर मिली कि सात आदमियों की गिरने से मौत हो गई क्योंकि 'रोप-वे' बीच में अचानक टूट गया। शुक्र है, हम लोग उस दुर्घटना में नहीं पड़े।

फिर यह मंडली चिड़ियाघर वगैरह की ओर मुड़ी। मुझे दुबारा अपनी टाँगें तोड़ने का शौक नहीं था, इसलिए नीचे ही बैठे रहे। लेकिन यहाँ भी किस्मत में अकेलापन न लिखा था। देखते-देखते अनेक देवियाँ धीरे-धीरे आकर उसी रेलिंग पर बैठने लगीं—बाल-बच्चों सहित। देखा तो कई एक की गोद में साल-डेढ़ साल के बच्चे भी थे और दो तो गजभर के फासले पर अपने बच्चे को दूध भी पिला रही थीं। उनके साहस और उत्साह को देखकर हृदय पुलकित हो उठा। फिर एक-एक कर लोरी की उम्र की पाँच-छह बच्चियाँ भी आ गईं और मिल-जुलकर खेलने लगीं।

उन्हें खेलते देख मन में हूक-सी उठी कि लोरी के साथ तुम भी आई होतीं तो कितना अच्छा होता! बहरहाल, बकौल शमशेर : 'जो नहीं है उसका गम क्या?'

अन्त में लोग 'चायबगान' देखने गए तो अपनी गाड़ी से आगे बढ़कर हम लोग 'तिब्बती शरणार्थियों की कॉलोनी' की ओर बढ़ गए जिसमें उनके 'हस्तशिल्प' की दुकानें थीं। वहीं से दार्जिलिंग के मशहूर 'रेसकोर्स' का मैदान दिखा। मालूम हुआ कि आजकल उस पर भी प्रतिबन्ध लगा दिया गया है। याद आता है, अपनी पहली यात्रा में मैंने लगभग पूरा दिन उस रेसकोर्स की जीवन्त घुड़दौड़ देखी थी!

इस तरह बेमतलब इधर-उधर भटकते हुए शाम को अपने होटल लौटे और थकान मिटाने के इन्तजाम में लग गए।

लेकिन थकान मिटाते इसी बीच एक विघ्न पड़ गया। एक पांड़े जी घंटी बजाकर कमरे में दाखिल हो गए और उन्होंने मेरे सामने पाँच सौ पृष्ठों की एक पांडुलिपि रख दी। चरण-स्पर्श कर बोले कि यह महाकाव्य है और इस पर आपका आशीर्वाद चाहता हूँ लेकिन उससे पहले आपको इसके कुछ अंश सुनाना भी चाहता हूँ। मैंने उन्हें परसाई जी का वह लेख सुना दिया और

किसी तरह जान छुड़ाई। लेकिन इस वादे के साथ कि वे यह सारस्वत-सुख कल प्रदान करने की कृपा करें! क्या किया जाए, कहीं भागने-छिपने की जगह भी तो नहीं है।

—नानू

[4]

होटल सेवन-सेवनटीन
कमरा नं. 203
12.5.2005

बेटू,

तुमसे मोबाइल पर बात खत्म ही हुई कि दरवाजे की घंटी बजी। दरवाजा खोला तो देखा कि पांड़े जी काँख में पोथी दबाए साक्षात उपस्थित! आखिर पांडुलिपि को देख लेने का आश्वासन देकर उन्हें सविनय विदा किया।

बेटू, मेरी वह पुरानी जन्मकुंडली कहीं पड़ी हो तो इस बार लौटने पर मुझे दे देना। मैं उसे किसी ज्योतिषी को दिखाना चाहता हूँ। मुझे शक है, उसमें कहीं-न-कहीं 'पांड़े-पीड़ा' का उल्लेख अवश्य होगा। काशी तो 'पांड़े-पीड़ित' हैं ही, कहीं-न-कहीं मुझे भी वह छूत लग गई है। भदैनी पर रहने के लिए किराये का जो मकान लिया था, वह रामनाथ पांड़े का ही दिया हुआ था और बाद में बगल का जो मकान खरीदा, वह भी उन्हीं पांड़े जी ने दिलवाया था। इस क्रम में मैनेजर पांड़े भी याद आ रहे हैं जो जोधपुर में मिले तो मिले ही, मेरी शामत आई कि उन्हें जे.एन.यू. में भी ले आया और अन्त में अवकाश ग्रहण करने के बाद तीन साल के लिए सेंटर पर थोप दिया, जिसके लिए सभी लोग आज भी कोस रहे हैं।

जो हो, दार्जिलिंग भी इस पांड़े-पीड़ा से सुरक्षित नहीं है। जाने यह पीड़ा कहाँ-कहाँ तक और कब तक मेरा पीछा करती रहेगी!

दरवाजे की घंटी फिर बज रही है लेकिन इस बार शायद सम्मेलन वालों की होगी—आज सम्मेलन में पुरस्कार-वितरण का सत्र है और यह कार्य मेरे ही हाथों सम्पन्न होना है, इसलिए—

फिलहाल अलविदा!

सस्नेह
तु.
—नानू

[5]

होटल सेवन-सेवनटीन
कमरा नं. 203
12 जून, 2005

बेटू,

यह तो बताना भूल ही गया कि कल मेरा कमरा बदल गया। पहले 403 नम्बर का कमरा था। कमरे तक पहुँचने के लिए चार तल्ले की चालीस सीढ़ियाँ चढ़नी पड़ती थीं। अब दूसरे तल्ले पर आ गया हूँ। इस होटल में लिफ्ट नहीं है।

सीढ़ियों का एक ही फायदा है कि अलग से सुबह की सैर पर जाने की जरूरत नहीं रही। गैस की शिकायत भी इस चढ़ाई-उतराई से शायद कम हो जाए।

लगता है, सीढ़ियाँ भी मेरी किस्मत में हैं। शिवालिक का मकान मिला तो वह दूसरे-तीसरे तल्ले का। तुमने भी अन्ततः माउंट कैलाश में फ्लैट लिया तो वह भी दूसरे-तीसरे तल्ले का। गनीमत है, अभी तक बुढ़ापे में गठिया की बीमारी से बचा हुआ हूँ वरना बैठे-ठाले एक और मुसीबत आ पड़ती और जिन्दगी अजीर्ण हो जाती।

चलो, दार्जिलिंग में कुछ तो राहत मिली! लेकिन कितनी? और कब तक?

तुम भी इस बकवास से राहत की साँस लो।

कोई और बात हुई तो फिर बताऊँगा।

फिलहाल इतना ही।

तु.
—नानू

[6]

होटल सेवन-सेवनटीन
शाम 6 बजे
12.6.2005

बेटू,

तुम्हें जानकर खुशी होगी कि मैं राहुल जी की विधवा कमला जी से मिल आया। दार्जिलिंग-यात्रा का यह सबसे बड़ा पुण्य-फल है। हुआ यह कि सम्मेलन में प्रतिभागियों को पुरस्कार और प्रमाणपत्र आदि देकर बाहर निकला तो एक

आदमी ने बताया कि जिमखाना क्लब के नीचे वाली सड़क पर राहुल जी की प्रतिमा लगी हुई है। अपने-आपको उस समय रोक पाना मुश्किल था। उसे साथ लेकर मैं तुरन्त नीचे उतर पड़ा। देखकर स्तब्ध रह गया। रोमांच हो आया। उस आदमी के हाथ में कैमरा था—संयोग से। उसने तुरन्त फोटो खींच लिया। प्रतिमा बहुत ही सुन्दर और कलात्मक है। ऊपर सिर्फ इतना ही लिखा है : 'राहुल जी'। महापंडित वगैरह कुछ नहीं। नीचे उन्हीं का यह उद्धरण भी अंकित है : 'बेड़े की तरह मैंने विचारधारा को स्वीकार किया है : पार उतरने के लिए, सिर पर ढोए-ढोए फिरने के लिए नहीं'।

निश्चय ही इसे पश्चिम बंगाल की वामपंथी सरकार ने स्थापित किया होगा और इसके लिए हमें उसके प्रति हृदय से कृतज्ञ होना चाहिए। हिन्दी प्रदेश की किसी सरकार या संस्था ने राहुल जी के प्रति ऐसा सम्मान प्रकट किया है, मुझे नहीं पता।

फिर तो कमला जी से मिलना जरूरी हो गया। अनुमान किया कि उनका आवास भी यहीं कहीं होगा। आते-जाते स्थानीय लोगों से पूछा तो एक ने छुटते ही इशारे से मकान का पता बताया। मालूम हुआ कि आसपास के लोग पंडित जी को अच्छी तरह जानते हैं—निधन के इतने वर्ष बाद भी।

अन्ततः घर मिल ही गया। बाहर लिखा है : 'राहुल निवास'। कमला जी ने दरवाजा खोला। वे एक सादी शॉल ओढ़े थीं। मैंने चरण छुए। वर्षों बाद भी उन्होंने मुझे पहचान लिया। मेरे साथ दो आदमी और थे—इन्हीं में वे कैमरा वाले भी थे। बैठक में समग्र राहुल साहित्य अलमारियों में सजा है; साथ ही उनके अनेक चित्र भी। याद के लिए उनके साथ कुछ फोटो भी खिंचवा लिये। आधा घंटे साथ रहे, फिर भरे-भरे से होटल लौटे। कुहरा तेजी से फैल रहा था। अब तुमसे बात करने को जी चाहता है—

प्यार से तुम्हारा

—नानू

[7]

होटल सेवन-सेवनटीन
रात नौ बजे
12 जून, 2005

अभी दही के साथ मूँग की दाल की खिचड़ी खत्म की है। खिचड़ी इसलिए कि पेट गड़बड़ है और यह बात तुम्हें फोन पर बता ही चुका हूँ। खिचड़ी की खास बात यह

है कि होटल के मालिक ने अपने घर से यह खिचड़ी बनवाकर भेजी है—खास तौर से मेरे लिए और जानती हो, यह खिचड़ी बनाई किसने है ? खुद होटल-मालिक की बीवी ने। वे भद्र महिला इसी होटल में एक सुरुचिपूर्ण संकलित शॉप की देखभाल करती हैं—बड़ी ही शालीन और शिष्ट हैं : उनसे अक्सर बातचीत होती है। ये लोग नेपाल के हैं। होटल में सामान्यत: खिचड़ी नहीं बनती—इसीलिए उन्होंने यह जहमत उठाई।

कमरे में खिचड़ी लेकर जो लड़का आया, वह भी नेपाली है। अपना नाम उसने 'हरि' बताया : अंग्रेजी में 'HARI'। मैंने भी उससे अपने किसन थापा का बखान किया। जाने उसे कैसे पता चल गया कि मैं एक लेखक और साहित्यकार हूँ। वह नेपाली के कई पुराने और आधुनिक साहित्यकारों और कवियों से वाकिफ है।

संयोग देखो, दार्जिलिंग में मुझे शम्भू और हरि, दोनों मिल गए, अनायास! बिहार का शम्भू और नेपाल का हरि! बाबा तुलसीदास की वह चौपाई दो-तिहाई सच हो गई : 'विधि हरि शम्भू नचावन द्वारे'!

अच्छे लोग जब-तब मिल ही जाते हैं। सब कुछ के बावजूद दुनिया में अब भी अच्छाई बची रह गई है।

तुमसे बात करके जी हल्का हो गया। अब नींद अच्छी आएगी और पढ़ते-पढ़ते जल्द ही सो जाऊँगा।

बेटू को प्यार के साथ
—नानू

[8]

होटल सेवन-सेवनटीन
सुबह 8 बजे
13 जून, 2005

बेटू!

अभी थोड़ी देर पहले होटल का बेयरा चाय लेकर आया तो उसने सहज भाव से पूछा : 'सा'ब, कहाँ से आए हैं ?' सहज ही जवाब दिया, 'दिल्ली से।' तो फिर पूछा : 'रहने वाले कहाँ के हैं ?' तब मेरी नजर उसके चेहरे की ओर गई और ध्यान उसके बोलने के लहजे पर। बनारस का नाम सुनते ही

मुस्कराकर बोला : 'सा'ब, मैं भी बिहार का हूँ।' खोद-विनोद के बाद पता चला कि वह बेगूसराय का है और दस साल पहले यहाँ आया था। उसका नाम 'शम्भू' है।

दार्जिलिंग परदेस नहीं है, फिर भी इस पहाड़ी शहर में अपने 'देस' के एक आदमी को पाकर अजीब-सी अनुभूति हुई। उस लड़के को कैसा लगा होगा, न जान सका; लेकिन देर तक अन्दर कुछ-कुछ होता रहा और जाने क्यों काशी याद आते रहे!

कैसे, बात बहुत छोटी-सी है, फिर भी सोचा कि इसे तुम्हारे साथ बाँटना चाहिए।

फिलहाल इतना ही। आओ, चाय पिएँ। दार्जिलिंग चा!

तु.

—नानू

[9]

होटल सात-सत्रह
शाम सात बजे
13 जून, 2005

बेटू,

सम्मेलन में शामिल होनेवाले प्रायः सभी लोग आज सुबह चले गए। बचे हैं सिर्फ चार-पाँच जने। वे भी कल सुबह कूच कर जाएँगे। दिल्ली तक मेरा साथ देनेवाले होंगे सिर्फ जोगेन्दर सिंह।

आज उन्हीं के साथ कार से नगर-परिभ्रमण के लिए निकला। पहली जगह है : 'प्राकृतिक इतिहास संग्रहालय'। यह अभी पिछले साल मुकम्मल हुआ है। इसमें निर्जीव पशु-पक्षियों के नमूने हैं जो देखने पर एकदम जीवित प्रतीत होते हैं। दरअसल यह लोरी की दिलचस्पी के संग्रह हैं। संग्रह कितना विविध और बहुल है, इसका अन्दाज सिर्फ इस बात से लगा सकती हो कि कोई दस हजार प्रजाति की तो सिर्फ तितलियाँ हैं। दुर्लभ चीजें ऐसी कि इतने बड़े हाथ-दाँत मैंने तो नहीं देखे और न भैंसे की इतनी बड़ी सींगें। एक पक्षी ऐसा भी है जिसकी तलवार जैसी चोंच कम-से-कम डेढ़ गज की होगी। गरज कि यह संग्रहालय अपने ढंग का अनूठा है। इसे देखते हुए मुझे बार-बार लोरी की याद आती रही।

इसके बाद हम सीधे 'घुम' गए। बुद्ध के पुराने 'गुम्बा' देखने। सारनाथ वाला जापानी बुद्ध मन्दिर इसके सामने बचकाना है। एक गुम्बा जो अपेक्षाकृत अर्वाचीन है, उसमें बुद्ध की इतनी बड़ी और भव्य प्रतिमा है, जैसी कहीं अन्यत्र देखी नहीं। इसके साथ ही नीचे से ऊपर तक चौतरफा दीवारों पर चटख हरे और लाल रंगों के बीच गैरिक वर्ण से सुशोभित चित्रमाला है।

इससे थोड़ी दूर पर पुराना 'गुम्बा' है जो 1850 ई. में निर्मित हुआ था। दुर्भाग्य से उस पर ताला लगा था। पुजारी बन्द करके कहीं चला गया था। पिछली यात्रा में मैंने इसे देखा था अन्दर से। इसकी गरिमा कुछ और ही है।

अन्त में टाइगर हिल का एक चक्कर। सूर्योदय दर्शन न सही, दार्जिलिंग के सर्वोच्च शिखर पर खड़े होने का रोमांच तो अनुभव कर लें! सत्तावन साल पहले यह जगह बहुत सीधी-सादी थी। अब यहाँ एक शानदार दोमंजिला दर्शक-दीर्घा खड़ी हो गई है जिसमें सबसे ऊपरी मंजिल पर वी.आई.पी लाउंज है और उसके लिए अच्छा-खासा शुल्क भी है। इसके अतिरिक्त बगल में 'माइक्रो वेब' की टॉवर सिर उठाये खड़ी है—निराला के 'कुकुरमुत्ता' की याद दिलाते हुए।

संयोग से लौटते हुए रास्ते में रेल की पटरियों पर रेंगती हुई वह 'खिलौना ट्रेन' दिख गई। इस यात्रा में वह न दिखती तो एक कमी खटकती रहती। यह जरूर है कि 'घुम' के उस अजूबा पुल से उसे गुजरते न देख सका—इस बार।

अफसोस कि तुम्हें इन जगहों के फोटोग्राफ नहीं दिखा सकता। कैमरा लेकर चलने की आदत तो मुझे यों ही नहीं है लेकिन मेरा साथ देनेवाले जोगेन्दर सिंह भी इस मामले में मुझसे दो जूती आगे हैं। कैमरा लाए हैं और होटल के कमरे में ही उसका अचार डाल रहे हैं! अब तो यकीन करने को जी चाहता है कि ठाकुरों की अक्ल सचमुच घुटनों में होती है! मजे की बात यह कि उन्हें इसका मलाल नहीं होता। उन्हें क्या एहसास कि इस जिन्दगी में दार्जिलिंग आने का मौका कम-से-कम मुझे तो मिलने से रहा।

चलते-चलाते आज की शाम मेरे एक कुतूहल का समाधान हो गया। इस होटल का नाम 'सेवन-सेवनटीन' क्यों है? घूम-घामकर होटल में घुसा तो सामने होटल के मालिक मिल गए और मैंने यह सवाल दाग दिया। वे बहुत खुश हुए और उन्होंने विस्तार से बताया कि 'सात' और 'सत्रह' की तारीखें उनके अपने जीवन में संयोग से सबसे महत्त्वपूर्ण रही हैं। स्वयं उनका जन्मदिन, उनके पिता का जन्मदिन, उनके सभी बच्चों का जन्मदिन—यहाँ तक कि उनकी शादी का दिन भी इन्हीं तारीखों से जुड़ा है। मेरा खयाल कुछ ऐसा था कि शायद ये संख्याएँ

ऐसी हैं जिनका सम्बन्ध गोरखा लोगों के किसी धार्मिक विश्वास से है—जैसे इस्लाम में 786 का!

बहरहाल, जिज्ञासा का समाधान हो गया और इस तरह होटल के मालिक से एक तरह की आत्मीयता भी स्थापित हो गई क्योंकि अभी तक किसी ने उनसे यह सवाल नहीं पूछा था।

अब तुम्हें और 'बोर' न करूँगा। अलविदा।

तु.

—नानू

[10]

होटल सात-सत्रह

सुबह 8 बजे

14 जून, 2005

प्रिय बेटू,

सुप्रभातम्! दार्जिलिंग का यह आखिरी दिन है। नहा-धोकर एकदम तैयार। नीचे रेस्त्राँ में नाश्ता करने के लिए प्रस्तुत। इसके बाद कार से प्रस्थान। सोचा, प्रस्थान से पहले छोटी-सी गप्प।

यहाँ पानी का घोर अकाल है। होटल में तो नहीं लेकिन शहर में हाहाकार है। खिड़की से अभी सड़क पर त्रासद दृश्य दिखा। पानी की काली टंकी से लदी एक ट्रक खड़ी है, उसे घेरे हुए एक बड़ी भीड़—आपस में गुत्थम-गुत्था!

बारिश होने पर शायद थोड़ी राहत मिले। खैर।

चिन्ता करने का क्या अर्थ—खास तौर से हमारे जैसे पर्यटकों को! फिर भी चलते-चलाते मन थोड़ा उदास हो ही गया।

हरि—वह नेपाली लड़का—सुबह आया तो नेपाली कवि लक्ष्मी प्रसाद देवकोटा की कविता 'मुना-मदन' के छन्द सुनाने लगा। यह मेरी भी प्रिय कविता पुस्तक रही है। पहली यात्रा में मुझे रमाशंकर पांडेय ने उसकी प्रति मुझे भेंट की थी। उसके कई छन्द मुझे कंठस्थ हो गए थे। वह नेपाली के एक अत्यन्त लोकप्रिय छन्द में रची गई है। अब तुम कहोगी कि मुझे हरि ने कविता क्यों सुनाई? वह मुझे भी कवि समझता है और मैंने उसके भ्रम को तोड़ना मुनासिब नहीं समझा।

बहरहाल, तुम साथ होतीं तो तुम्हारा यह अभिनव तुकाराम जे.एन.यू. के दिनों की तरह कुछ सड़क-छाप तुकबन्दियाँ कर ही डालता! अफसोस, अकेले वैसे छन्द नहीं उतरते!

अलविदा दार्जिलिंग!

मिलता हूँ बेटू, जल्दी ही उड़कर।

—नानू

['बहुवचन-50' में पहली बार प्रकाशित]

सरोजिनी दास

[1]

लोलार्क कुंड, भदैनी
वाराणसी-1
2.2.55

प्रिय सरोज,

बहुत दिन हुए, तुम्हारी कोई खबर नहीं मिली। रात सोते समय मन इधर-उधर भटकता हुआ अनायास इलाहाबाद पहुँच गया तो याद आया कि न जाने कितने दिन बीत गए—न तुमने कुछ लिखा और न मैंने ही। जो लिखा जाए, उसे अपने पास ही रख छोड़ा जाए—यह तुम्हारी आदत अभी तक मुझमें नहीं आ सकी है। लेकिन तुम्हारी इस आदत का तो कायल हूँ ही कि लिखा तभी जाए जब लिखने का मन करे। मन होना ही काफी है, फिर इसकी चिन्ता कौन करे कि क्या लिखना है। वह समस्या तो अपने-आप हल हो जाती है—जैसेकि मैं बिना बात की बात इतनी लिख आया।

खबर दो, जिज्ञासा है। क्या अभी काफी दिन नहीं हुए?

तबीयत तो ठीक है न? और वह तुम्हारी सुधा? वह सुधा जिसका सम्बन्ध तुम्हारी तबीयत से है।

क्या कभी काशी की ओर भटकना न होगा? मुझे तो इलाहाबाद अभी नहीं खींच रहा है। दादा को सलाम।

सस्नेह
नामवर सिंह

[2]

डेक्कन कॉलेज

पूना-6

18.5.55

प्रिय सरोज,

आज पूने से प्रस्थान करने के लिए कागज-पत्र समेटने लगा तो अचानक यह अन्तर्देशीय मिल गया। देखने से मालूम हुआ कि आज से लगभग एक महीने पहले तुम्हें पत्र लिखने के लिए जिस अन्तर्देशीय को पता इत्यादि से अंकित कर रखा था, वह अभी तक मेरे ही पास पड़ा है। 'देर आयद दुरुस्त आयद' को ध्यान में रखकर मुझे क्षमा करना, और उस क्रोध के लिए भी अपनी सहानुभूति देना जो इस अलिखित पत्र का उत्तर न पाने के कारण समय-समय पर भड़का था।

अब यह तो बताना ही बेकार है कि मैं 8 मई से पूना हूँ और अब 17 जून को दक्षिण भारत की यात्रा के लिए रवाना हो रहा हूँ। मेरी यात्रा के मुख्य स्थान होंगे : मैसूर, बंगलोर, मद्रास, मदुरा, रामेश्वरम, त्रिवेन्द्रम और कन्याकुमारी। लगभग 8 जुलाई तक बनारस लौटूँगा।

पूना रहते हुए भी महाकालेश्वर, बम्बई, अजन्ता तथा एलोरा आदि महत्त्वपूर्ण स्थान भी देख लिया। मार्कंडेय के हैदराबाद न जा सका, इसका खेद है।

जगह यह अच्छी है; अबाध हवाएँ चौबीस घंटे चलती रहती हैं। शहर पहाड़ियों से घिरा है। हमारे यहाँ जैसा मौसम नवम्बर के आरम्भ में रहता है, प्राय: वैसा ही मौसम यहाँ इस गर्मी में भी है।

मुझे भीतर-ही-भीतर कुछ ऐसा लग रहा है कि यह पत्र अत्यन्त 'मैटर ऑफ फैक्ट' हो गया। और ऐसा रूखा पत्र तुम्हें शायद ही कभी लिखा हो। पता नहीं क्यों, इस पुराने कागज पर लिखते मन उमड़ नहीं रहा है। बस, यही समझना कि भाषा विज्ञान के इस रूखे वातावरण में रहते-रहते पुराना ठूँठ कुछ और उकठ गया है। शायद यह प्रवास असह्य हो उठता, यदि अत्यधिक कार्य और अपनों का अन्त:स्मरण न होता।

मार्कंडेय को मेरा स्नेह देना और दादा को प्रणाम।

तुम लोगों का समाचार कैसे पाऊँ जब स्वयं अपना कोई निश्चित ठिकाना ही नहीं है?

यदि हो सके तो निम्नलिखित पते पर पत्र देना।

सस्नेह
नामवर सिंह

नामवर सिंह
C/o वी. लक्ष्मी
191 : छठी क्रॉस रोड
गांधी नगर, बैंगलोर-2

[3]

लोलार्क कुंड, भदैनी
बनारस
11.8.58

प्रिय सरोज,

राखी के दिन आना न हो सकेगा। क्षमा करना। 'संचयिता' आज भेज दी। पहुँच की खबर देना। सजिल्द नहीं ली; कारण उसका जिल्द बहुत कमजोर है। मिलते ही जिल्द बँधवा लेना, खर्च मेरा रहेगा। स्वस्थ तो हो न? कभी-कभी खबर देने से तबीयत खराब न हो जाएगी।

मार्कंडेय की चिट्ठी मिली। विस्तार से लिखना है 'पान-फूल' पर, इसीलिए अभी कुछ नहीं लिख रहा हूँ। अपने रिसर्च के लिए वे 'हिन्दी कथा साहित्य में यथार्थवाद का विकास' विषय चुनें। अच्छा रहेगा।

विषय की रूपरेखा शीघ्र भेज रहा हूँ।

मार्कंडेय को स्नेह। सुधा और बीना को प्यार।

आदरणीय दास बाबू को प्रणाम।

तुम्हारा
नामवर

[4]

जोधपुर
26.8.62

प्रिय बहिन सरोज,

राखी मिली। वक्त से। मैंने बाँधी। आँखें भर आईं। बहुत-सी बातें याद आईं। जिन्दगी में अब यही रह गया है। 'सोच लें और उदास हो जाएँ'। कैसी हो? तुम्हें देखे युग बीत गया। सितम्बर के आखिरी हफ्ते में बनारस जाने की सोच रहा हूँ। तुमसे मिलने भी जरूर आऊँगा।

भाई साहब को मेरा प्रणाम कहना।

साथ में कागज के दो टुकड़े और हैं—चुपचाप रख लेना प्रतीक मात्र।

सस्नेह
नामवर सिंह

श्रीमती सरोजिनी दास
1-डी, मिंटो रोड
इलाहाबाद

उम्रेदराज़ माँग के लाए थे चार दिन
दो आरज़ू में कट गए दो इन्तज़ार में

केदारनाथ अग्रवाल

[1]

जनयुग
5, रानी झाँसी रोड
नई दिल्ली

आदरणीय भाई,

'फूल नहीं, रंग बोलते हैं'—समारोह की जैसी रिपोर्ट 'जनयुग' में मैं देना चाहता था, न दे सका। इलाहाबाद वाले बन्धुओं ने अपेक्षित मदद न की। न आवश्यक फोटो और न विस्तृत रिपोर्ट। खैर, यह कमी 'पुस्तक-समीक्षा' के द्वारा पूरी की जाएगी। मैंने डॉ. रामविलास शर्मा से समीक्षा लिखने के लिए कहा है। फिर लिख रहा हूँ। स्वयं मैं इस पर लिखूँगा ही, मेरी प्रति तब से घूम ही रही है। यहाँ के कवि-मित्रों में पुस्तक की बेहद माँग है। लेकिन अफसोस कि पुस्तक यहाँ कहीं सुलभ नहीं है। वितरण की उचित व्यवस्था होनी चाहिए।

उस दिन मुझे बीच ही में स्टेशन आना पड़ गया और आपसे ठीक से बात भी न हो सकी—मन मसोसकर रह गया। देखिए, अब फिर कब मिलना होता है!

'जनयुग' के लिए अपनी कविताएँ अवश्य भेजिए। प्रतीक्षा में हूँ।

आशा है, सपरिवार स्वस्थ एवं प्रसन्न हैं।

आपका
नामवर

[2]

लोलार्क कुंज, वाराणसी
11.2....

प्रिय केदार भाई,

कल रात अचानक रेडियो खोला तो आपकी आवाज सुनाई पड़ी—'मैं हूँ बसन्त में प्रसन्न हुई पृथ्वी' या ऐसा ही कुछ और विस्मय-विमुग्ध सुनता रहा। दूसरी, तीसरी, चौथी और पाँचवीं : नदी म्यान से निकली हुई तलवार है।

बधाई दूँ कि दौड़कर आपको गले लगा लूँ, युगों बाद आपकी आवाज कानों में पड़ी है और वह आवाज भी कैसी! जवान, स्वस्थ, तेज, खरे धातु के टुकड़ों की तरह—छँटी, ढली-ढलाई, काव्य-शिल्प पर नई कविता के मास्टर भी निछावर हो जाएँ। काव्य-वस्तु में प्रगतिवाद अपनी नई जिन्दगी देखे! इन कविताओं ने एक नये लोक-आलोक में मेरी आँखें खोल दीं।

केदार भाई, पिछले पाँच-छह महीनों से पत्रिकाओं में आपकी जो नई कविताएँ आई हैं, उन्होंने एक नया विश्वास दिया है। कई दिनों बाद आपको पत्र लिखने को जी हुलसा था। इस समय कविता के क्षेत्र में जो एकरसता आ गई थी, उसमें आपकी कविताओं ने सहसा ताजा हवा की लहर दौड़ा दी है। आप बाँदे में बैठे-बैठे चुपचाप कब से यह रचना कर रहे हैं? इस तरह की कितनी कविताएँ आप छिपा बैठे हैं? सहसा यह 'जवानी' कहाँ से फूट पड़ी है? हम तो बेखबर थे! इन्हें जल्द-से-जल्द पुस्तकाकार सामने आना चाहिए, आप इनका क्या कर रहे हैं?

मैं इन कविताओं पर लिखना चाहता हूँ। मुझे इस बात का पछतावा है कि एक अरसे से इस काव्य-विभूति की ओर से मैं उदासीन रहा। और अब तो इन पर कुछ लिखने के बाद ही अपने मन का सन्तोष दे पाऊँगा। 'कादम्बिनी', 'कृति' तथा दो-एक दूसरी पत्रिकाओं में प्रकाशित कविताएँ तो जुट जाएँगी, रेडियो वाली कविताएँ कहाँ मिलेंगी? कुछ और कविताएँ हों तो किसी से कॉपी करवा के भेज दीजिए। आपके पुराने स्नेह के ही सहारे यह आग्रह कर रहा हूँ।

अपने और समाचार दीजिए। उत्सुकता है। कभी इलाहाबाद आना हो तो सूचित कीजिएगा, मिलने की कोशिश करूँगा।

आशा है, स्वस्थ होंगे।

आपका
नामवर

['आस्था के कवि : केदारनाथ अग्रवाल' पुस्तक में संकलित]

मुक्तिबोध

[1]

लोलार्क कुंड, भदैनी
वाराणसी-1
1 मई, 1957

प्रिय भाई मुक्तिबोध जी,

आज रात विष्णु ने आपका पत्र दिया। देर रात तक उसे पढ़ता रहा अर्थात लिखी हुई पंक्तियों के बीच में प्रवाहित होनेवाली अनलिखी (?) आत्मीयता के बीच बहता रहा। और अब सोचता हूँ तो लगता है कि यह आत्मीयता आकस्मिक नहीं है। 'समानधर्मा' शब्द आपने एकदम ठीक प्रयोग किया है, उस पर आपत्ति? और मुझे? वह तो मेरी सम्पत्ति है।

कितनी बार आपको लिखने का विचार आया, आज वह सब कहना बेकार है। कहने के लिए बहुत-सी बातें थीं और समझ में नहीं आता कि कहाँ से शुरू करें।

'नया खून' के अंक आते ही रहते हैं। सोचा, एक बार, किसी को लेकर कुछ लिख भेजूँ : कम-से-कम कृतज्ञता-ज्ञापन का सौजन्य तो दिखाना चाहिए। लेकिन पता नहीं क्यों, वैसा पत्र मुझसे नहीं लिखा जा सका। फिर एक दिन अप्रैल की 'वसुधा' में 'साहित्यिक की डायरी' देखी तो लगा कि मेरे मन की बात आपने निकालकर बाहर रख दी है। बातें तो उसमें कई हैं, जैसे—'साहित्य के लिए, साहित्य से निर्वासन आवश्यक है', 'आधुनिक भावबोध में वह हिस्सा शामिल नहीं है जो आवेशमूलक है' आदि; लेकिन 'अपने द्वारा तैयार की गई नि:संगता' की 'दुधारी तलवार' तो जैसे मेरे अपने ही सीने पर रखी हुई दिखाई पड़ी।

उस अलिखित पत्र में मैं ये तमाम बातें लिखना चाहता था लेकिन बहुत चाहता था, इसलिए न लिख सका। अच्छा हुआ कि 'कवि' के इस नोट ने वह जिच दूरी कर दी। और आपने चूँकि पत्र लिखा है इसलिए उस नोट को मैं पत्र ही समझता हूँ।

'आजकल' में 'नई कविता' पर नेमि जी का लेख देखकर भी इसी तरह मुझे पत्र लिखने की इच्छा हुई थी लेकिन अभी तक वह इच्छा ही है। इलाहाबाद में जब तक वे थे, यूँ ही पत्रों का सिलसिला चालू था : आपसी बातचीत का सिलसिला कायम रखने के लिए पत्र अनिवार्यतः बन गए थे। अब तो सब कुछ पहाड़ मालूम होता है। खैर!

'नई कविता' का मैं तो एक विद्यार्थी हूँ : समझना चाहता हूँ। उसके सम्बन्ध में अपने विचारों का विश्लेषण करना चाहता हूँ। पिछले दो साल से जगह-जगह मुझे पुराने संस्कार वाले तथा एकदम अबोध, नई पीढ़ी के युवकों के बीच 'नई कविता' पर बोलने का अवसर मिला है : जहाँ मुझसे 'नई कविता' के नये भाव-बोध के ठोस उदाहरण माँगे गए। यथाशक्ति मैंने उनकी माँग का कुछ भाग पूरा किया लेकिन इन गोष्ठियों ने मेरे अपने अज्ञान को स्वयं मेरी ही आँखों के सामने लाकर पहाड़ की तरह खड़ा कर दिया। तब से मैं अपनी ही कठिनाइयों से लड़ रहा हूँ। प्रगतिवाद के 'रूढ़' संस्कार और निजी अनुभवों के बीच का संघर्ष भी कम नहीं है इसलिए आजकल मैं 'नई कविता' पर एक छोटी-सी समीक्षा की पुस्तक केवल अपने लिए तैयार कर रहा हूँ। काश, कविता, कहानी, उपन्यास की तरह समीक्षा भी स्वान्तःसुखाय (साथ ही आत्मबोधाय) लिखने की परम्परा हिन्दी में चल पाती!

पुस्तक पूरी होने पर छपने से पूर्व आपके और नेमि के पास विचारार्थ भेजूँगा। मेरी हार्दिक इच्छा है कि आप लोगों के विचारों का पूरा लाभ उठाऊँ। इस तरह के निजी सम्पर्क से जितना काम हो सकता है, उतना 'प्रगतिशील लेखक संघ' के पुनर्जीवित करने से नहीं हो सकता। चाहे आप मुझे व्यक्तिवादी या स्वार्थवादी कहें, लेकिन भारी-भरकम संगठनों से मेरी तबीयत ऊब गई है। आधी उम्र बीत गई और शेष दिन ऐसे व्यर्थ के कामों में नहीं गँवाना चाहता। ऐसे काम करने के लिए नेताओं की कमी नहीं है। अगर वे लोग जोर मारेंगे तो अपनी शक्ति के अनुसार हम लोग भी योग देंगे। लेकिन उनसे हमें कोई सही दिशा मिलेगी, इसकी उम्मीद कतई नहीं है। उनमें से अधिकांश जन उच्चकोटि के अवसरवादी हैं; उनके लिए विचार कपड़े हैं; किसी भी समय बदल सकते हैं और उसे 'Dialectics' का नाम दे सकते हैं; हमारा तो मरण है! यह हमसे न होगा।

इसलिए मेरे प्यारे भाई, प्रगतिशील लेखक संघ और आन्दोलन की बात छोड़िए। जब 'उपयुक्त अवसर' आएगा तो जिलानेवाले बहुत मिलेंगे। आप क्या समझते हैं कि हमारे नेता लोग इस ओर से बेखबर हैं ? इस संगठन से लाभ उठाने का अवसर आते ही वे सारा आलस्य छोड़कर उठ खड़े होंगे। जैसे सात साल पहले 1950 में दिल्ली में उनकी मुस्तैदी दिखाई पड़ी थी, वैसे ही एक दिन आप देखेंगे कि एक कॉन्फ्रेंस होने जा रही है।

इन सब बातों का उत्तर रचना के द्वारा ही दिया जा सकता है। यदि जनता की शक्ति में हमारा दृढ़ विश्वास है तो एक बात—जो दृष्टि हमें प्राप्त हो गई है, उसे बदलती हुई परिस्थितियों के बीच निरन्तर आँजते और माँजते हुए हम साहित्य-रचना का काम कर सकते हैं और वह साहित्य सच्चे अर्थों में प्रगतिशील होगा; वह किसी नेता के निरामि का मोहताज नहीं होगा।

आशा है, आप इसी तरह अपनी रचनाओं तथा पत्रों के माध्यम से मुझे शक्ति और सहयोग देते रहेंगे। आप विश्वास रखें, इस पथ पर हम अकेले नहीं हैं : ऐसे समानधर्मा अनेक हैं।

सस्नेह आपका
नामवर

पुनश्च : संयोग से मैं मई-जून की छुट्टी बिताने आपकी तरफ आ रहा हूँ। रायगढ़ में एक मित्र हैं : कोयले की खान में मैनेजर। उनके साथ कुछ दिन हीराकुंड बाँध, पुरी, कोणार्क, विशाखापट्टनम वगैरह का चक्कर लगाकर दो-एक दिन रायपुर में बिताते हुए, सम्भव हुआ तो जून में किसी समय नागपुर में आऊँगा। और आऊँगा तो आपको पहले ही सूचित कर दूँगा—ना.

श्री गजानन माधव मुक्तिबोध
230, भारती भवन, तेलघानी रोड,
गणेशपेठ, नागपुर

[2]

लोलार्क कुंड, भदैनी
वाराणसी-1
21.2.58

भाई मुक्तिबोध जी,

आपका पत्र मिला। यह सोचकर बड़ा संकोच हुआ कि आप झंझटों में थे और मैंने आपके सामने बेकार की साहित्यिक चर्चा छेड़ दी। खैर, कविताओं के संकलन का कार्य आप इत्मीनान से कीजिएगा।

अभी इतना ही कहना है कि जबलपुर का साहित्य समारोह 9 मार्च, रविवार को हो रहा है और परसाई तथा गुरु के पत्र के अनुसार काशी से पं. हजारी प्रसाद द्विवेदी जी को लेकर मैं वहाँ पहुँच रहा हूँ। क्या आप भी उस अवसर पर वहाँ आ

सकेंगे ? यदि आपको सुविधा और अवकाश निकल सके तो जरूर आइए। बहुत-सी काम की बातें करनी हैं जो मिलकर ही हो सकती हैं।

आशा है, आप अब निश्चिन्त होंगे।

शेष मिलने पर।

आपका
नामवर

श्री गजानन माधव मुक्तिबोध
230, भारती भवन, तेलघानी रोड,
गणेशपेठ, नागपुर

[3]

लोलार्क कुंड, भदैनी
वाराणसी-1
15.9.60

आदरणीय भाई मुक्तिबोध जी,

आपका पत्र मिलने के बाद मैंने अन्तिम रूप से रायपुर न जाने का फैसला कर लिया है। इसलिए उस सम्मेलन की बात अपने लिए खत्म।

श्रीकान्त जी का पत्र 'कृति-विशेषांक' के लिए आया है और इससे मालूम हुआ कि वे अब एकदम कविता-विशेषांक ही निकालना चाहते हैं। इलाहाबाद में नरेश भाई से मुलाकात हुई थी तो यही मालूम हुआ कि उनका आग्रह कविता-विशेषांक पर ही है। खैर, अब विचारों के स्पष्टीकरण वाली योजना छोड़ देनी पड़ेगी—यानी योजना का वह सैद्धान्तिक रूप जो आपने सोचा था और मुझे भी जो ज्यादा जरूरी लगा था, उसके लिए आगे कार्यक्रम बनाया जाएगा।

लेकिन कविता-विशेषांक को भी उसी दृष्टि से निकालना होगा। कविता-सम्बन्धी चर्चा काफी हो चुकी है—यहाँ तक कि इस चर्चा ने विचार का एक खास दायरा बना दिया है जो काफी तंग हो चुका है। तमाम लोग उसी दायरे के अन्दर चक्कर काटते दिखाई देते हैं इसलिए जरूरत (Perspective) ठीक करने या विस्तृत करने की है।

इस सिलसिले में एक सूचना दे दूँ कि प्रयाग के परिमलियों की पत्रिका 'नई कविता' का नया अंक निकलने ही वाला है जिसमें एक सिम्पोजियम आ रहा है—'क्या नई कविता निस्तेज हो रही है ?' इसमें लिखने के लिए मुझसे भी कहा गया था लेकिन मैंने स्वीकार नहीं किया। फिर उन लोगों ने 'भाषा' पर लिखने का सुझाव रखा। कुछ सोच-विचार के बाद मैंने 'हाँ' कर दिया। खैर !

एक बार आपसे नई कविता के उदयकालीन इतिहास की चर्चा हुई थी—एक अरसे से मेरे दिमाग में वह सवाल चक्कर काट रहा है। भाषावाले निबन्ध में मैं उसी पर विचार करना चाहता हूँ अर्थात पूर्ववर्ती कविता से मुक्ति पाने के लिए 1940 के आसपास किन-किन दिशाओं से और किस-किस प्रकार के प्रयत्न हुए—खास तौर से भाषा-निर्माण के क्षेत्र में। मुझे बार-बार लगता है कि अज्ञेय के नेतृत्व ने तारसप्तक-कालीन विराट काव्यान्दोलन को आगे गलत दिशा में मोड़ दिया; फलस्वरूप आरम्भिक प्रयोगों के जीवन्त तत्त्व क्रमशः उपेक्षित होकर भी बैकग्राउंड में चले गए—तत्कालीन प्रगतिशील आन्दोलन की कमनिगाही कहिए कि उससे भी उस जीवन्त प्रवृत्ति को प्रोत्साहन या मार्गदर्शन नहीं मिल सका। जो हो, अब वह समय आ गया है कि पूरी बात सामने रखी जाए क्योंकि नई पीढ़ी ने अज्ञेय वाली (Sophisticated) प्रवृत्ति को दरकिनार करके नये स्रोतों की खोज शुरू कर दी है। मैं तो खैर लिखूँगा ही लेकिन क्या आपके लिए यह सम्भव नहीं है? मेरी सीमा यह है कि मुझे उस संक्रान्ति काल का प्रत्यक्ष अनुभव नहीं है। आप उस इतिहास के निर्माताओं में से हैं—आपका और शमशेर का तत्कालीन 'संस्मरण' बहुत ही महत्त्वपूर्ण हो सकता है। बेहतर हो, 'कृति' में आप इसी पर लिखें—मैं 'कृति' में कुछ और लिखना चाहता हूँ। क्या? अभी तय नहीं किया है।

'लहर' में प्रकाशित परिमलियों के 'मूल्य' सम्बन्धी परिसंवाद के बारे में आपने बहुत ठीक सुझाव दिया है। हमें इस पर अवश्य विचार करना चाहिए। लेकिन एक बात बताइए—क्या हमारी चर्चा का आधार भी 'मूल्य' की कैटेगरी होगा?

मेरे विचार से स्वयं इस कैटेगरी को मानकर आगे चलना ही गलत शुरुआत है। दरअसल उनका विचार सिर के बल खड़ा है और उस पर आक्रमण करने के लिए पहले उसे पैर के बल खड़ा करना होगा। विस्तार से इस पर फिर कभी।

नवम्बर में ही सही। आपकी कविताओं को इस साल पुस्तकाकार निकलना ही है। मुद्रण की व्यवस्था इलाहाबाद या बनारस में होगी, प्रकाशक भले ही साथी बुक डिपो, सागर रहे। हम चाहते हैं कि बुर्जुआ रुचि को चुनौती देता हुआ निकले।

जहाँ तक आपकी कविताओं के बारे में मेरी आलोचना-चर्चा का सवाल है, आप चाहते हैं तो मुझे भी संकोच छोड़कर निवेदन करना होगा—(संकोच आपका नहीं, अपनी समझ का)। अच्छा, अब अगले पत्र में। कुशल से तो हैं न आप?

आपका
नामवर

श्री गजानन माधव मुक्तिबोध
प्राध्यापक, हिन्दी विभाग
दिग्विजय कॉलेज, राजनांदगाँव

[4]

लोलार्क कुंड, भदैनी
वाराणसी-1
1.8.61

आदरणीय भाई मुक्तिबोध जी,

आपकी 'कामायनी : एक पुनर्विचार' पुस्तक मिल गई। विज्ञापन देखकर पुस्तक की एक प्रति के लिए आपको लिखने ही वाला था कि प्रकाशक ने स्वयं ही (अथवा आपके निर्देश के अनुसार) कृपापूर्वक भेज दी। अधिकांश पढ़ गया लेकिन दो-एक मेहमान आ गए इसलिए अभी पुस्तक खत्म नहीं कर सका। आपने इतनी नई बातें कही हैं कि एक विस्तृत समीक्षा की अपेक्षा है और शीघ्र ही इसकी रिव्यू लिखने जा रहा हूँ। अभी यह निश्चय नहीं किया है कि किस पत्रिका में भेजूँ। अन्ततः आपकी यह चिरप्रतीक्षित पुस्तक प्रकाशित देखकर बेहद खुशी हुई।

पुस्तक पढ़ते समय एक बात खटकी कि 'मार्क्सवादी जार्गन' से सामान्य पाठक भड़क न जाए। मेरा ऐसा खयाल है कि हम लोगों को वर्तमान स्थिति में इस 'जार्गन' से बचना चाहिए। आपका क्या खयाल है?

अब 'वसुधा' में प्रकाशित 'डायरी' जितनी जल्दी प्रकाश में आ जाए, उतना ही अच्छा।

और आजकल आप क्या कर रहे हैं? कृपया खबर दें। मैं मजे में हूँ।

आपका
नामवर

श्री गजानन माधव मुक्तिबोध
प्राध्यापक, हिन्दी विभाग
दिग्विजय कॉलेज, राजनांदगाँव (म.प्र.)

['मेरे युवजन : मेरे परिजन'—सम्पादक : अशोक वाजपेयी—में संकलित]

राजेन्द्र यादव

[1]

वाराणसी
14.11.57

प्यारे राजेन्द्र,

जब तुम्हारा दिल इतना उबल रहा था तो, भले आदमी, तुमने कार्ड से कोई बड़ा प्याला क्यों नहीं लिया? गागर में सागर भरने की कोशिश में तुम्हें सफलता भले ही मिल जाए लेकिन कार्ड में दिल भरने की कोशिश करना छोड़ दो। इसी से तो तुम उलझते हो।

तुम्हारे कहने से मैंने 'नया मकान और प्रश्नवाचक पेड़' कहानी पढ़ी। और यह देखकर अफसोस हुआ कि तुम्हारी यह कहानी भी मेरी स्थापना को पुष्ट करती है। तुम्हारी उलझन यहाँ भी भयंकर रूप से व्यक्त हुई है। यह तो बताओ, मलय को (अर्थात खुद को) इतना महिमान्वित करने की क्या जरूरत थी? खास तौर से चन्द्रा की दृष्टि में? यदि यह बात न भी होती तो कहानी का क्या बिगड़ जाता? क्या इसके पीछे यह भावना नहीं है कि एक 'सफल' प्रोफेसर (डॉक्टर चरण) के 'Contrast' में अपने को रखकर तुम उसकी छात्रा की दृष्टि में अपने आपको महान साबित करना चाहते हो और इस तरह उस लड़की तथा उस जैसी अनेक लड़कियों का प्यार पाना चाहते हो? तुम्हारी इस दमित वासना ने कहानी के समूचे व्यंग्य को लक्ष्य-भ्रष्ट कर दिया है। मेरी समझ से यदि तुमने अपने-आपको अत्यन्त तटस्थ रखा होता तो प्रोफेसर पर व्यंग्य और भी तेज और स्पष्ट हुआ होता। लेकिन इससे तुम्हारे मन की वह वासना नि:सन्देह तुष्ट न होती जो लड़कियों की सहानुभूति (?) पाना चाहती है। मुझे अफसोस है कि तुमने अपने मित्र राकेश से यह निर्वैयक्तिकता और लक्ष्यैकोन्मुखता नहीं ली। याद रखो, 'दुइ न होहिं एक संग भुवालू, हँसब ठठाइ फुलाउब गालू।'

तुम्हारे ही कहने से मैंने राकेश की 'एल्बम के दाग और घर का आखिरी सामान' कहानी भी पढ़ी जिसे तुमने 'सिम्पली सुपर्ब' कहा है। साफ कहूँ, कहानी का शीर्षक मुझे बहुत 'अफेंडिंग' लगा। पाठकों को तुम लोग चोगद समझते हो

क्या ? इस तरह के मैनरिज्म से भरे हुए शीर्षक रखने की प्रवृत्ति अत्यन्त भोंडी है। तुम्हारी कहानी का शीर्षक भी ऐसा ही है। सवाल मेरे दोस्त, केवल शीर्षक का नहीं है : इसमें छिपी हुई मनोवृत्ति का है। राकेश की इस कहानी में मुझे केवल उसकी Tone और कुछ-कुछ Narration का ढंग पसन्द आया—यों इसकी थीम बिलकुल पिटी-पिटाई है। राकेश ने इससे ज्यादा अच्छी कहानियाँ लिखी हैं। मुझे यह कहानी बिलकुल निर्जीव लगी। लगा, जैसे दूर कहीं से खोखला स्वर आ रहा है, बस!

क्या यहीं 'सुप्रभात' में छपी तुम्हारी मंटो की कहानी को भी स्मरण कर लूँ? सचमुच लड़की बड़ी बोल्ड है लेकिन एडोलेसेंट। कहानी दो कौड़ी की है। इसी की तुम इतनी तारीफ करते थे ? 'विशफुल थिंकिंग' से ये नई कहानी लेखिकाएँ इतनी ग्रस्त हैं कि इनकी कहानियाँ पढ़ी नहीं जातीं। अत्यन्त खेद के साथ कहना पड़ता है कि एक लम्बे अरसे से हिन्दी में कोई प्रेम की 'fine' कहानी पढ़ने को नहीं मिली, जबकि तमाम लेखक कम्बख्त इसी से ग्रस्त हैं। कोई नाम तो बताओ। मुँहमाँगा इनाम दूँगा।

'कल्पना' में तुम्हारा 'दो युद्धों के बीच हिन्दी उपन्यास : कुछ नतीजे' लेख पढ़ा। सच बताओ, शीर्षक तुम्हारा ही दिया है ? तुम्हारे लेख में तो अधिक चर्चा दूसरे युद्ध के बाद के उपन्यासों की है। अनुपात का ज्ञान तुम्हें क्या कभी और कहीं न होगा ? और नतीजे निकालने का रोग तुम्हें कब से लग गया ? लॉजिक जब इतनी कमजोर है तो इस दिशा में साहस मत करो। बस, कहानियाँ और उपन्यास लिखो। यों, तुम्हारे नतीजे मुझे मौलिक लगे लेकिन तर्कसंगत रूप से तुम उन्हें उपस्थित नहीं कर सके हो।

खैर, उपन्यास सम्बन्धी अपने लेखों का संग्रह पुस्तकाकार निकलवा डालो। उसमें आलोचकों को लाभ होगा और तिवारी जी तुम्हारी यह कहानी पढ़ने के बाद तो अवश्य ही पाठ्यक्रम में रखवा देंगे। मजाक नहीं, सचमुच वह पुस्तक निकलवा दो। और यदि रायल्टी में से कुछ हिस्सा दो तो फिर कृपापूर्वक मैं उसकी लम्बी भूमिका लिख दूँ और तुम भी देखो कि तुम्हारी ही स्थापनाओं को लेकर मैं उन्हें कितने स्पष्ट तथा तर्कसंगत ढंग से रखता हूँ। बोलो, मंजूर है ?

अन्तिम और सबसे जरूरी बात। 15-16-17 दिसम्बर को इलाहाबाद तुम्हें आना ही है।

स्नेह लेना।

नामवर

पुनश्च : 'कल्पना' में 'परती : परिकथा' की रिव्यू देखना। कैसा लगा यह उपन्यास ?

C/o Nirala
203, Rasbihari Avenue
Calcutta-29

[2]

लोलार्क कुंड,
वाराणसी
24.2.58

शहरी कथाकार,

कलकत्ता के बाद एकदम नई दिल्ली? बीच में और भी मंजिलें थीं। खैर, प्रगति अच्छी है।

लेकिन अचानक यह कार्ड कैसे लिख दिया? मैंने तो समझा कि अब पत्रिकाओं के द्वारा ही पत्र लिखा करोगे और शायद उसी माध्यम से जवाब भी चाहोगे। 'कहानी' वाला पत्र पढ़कर मैं भी तुम्हें राय देने वाला था कि अब तुम केवल 'पत्र' ही लिखा करो : नई कविता में गुंजाइश नहीं है!

तुम्हें यह जानकर खुशी होगी कि तुम्हारा 'हिन्दुस्तान' वाला लेख मैंने पढ़ लिया है। 'बाई चांस' लेख में दो-एक सूझ भरे वाक्य आ गए हैं और इतना भी बहुत है।

भविष्य के बारे में बताकर तुम्हें आतंकित करना नहीं चाहता। नौकरी से एकदम मुक्त हो गया हूँ और तुम्हीं लोगों के मोर्चे पर 'होलटाइमर' होकर आ रहा हूँ।

कुछ दिनों के लिए अपने ही मकान में एक कमरा मेरे लिए भी रख लो। तार दूँगा और आ जाऊँगा।

राकेश को प्यार।

C-37, Rohtak Road
Karol Bagh, Delhi-5

स
स्नेह
नामवर

[3]

डेक्कन कॉलेज
पूना-6
10.6...

यादव मेरे अपने चेखव,

आखिर तुम्हारी ओर से कुछ तो आया—चाहे वह शिकायत ही क्यों न हो। अच्छा है, मेरी चिट्ठियाँ इसी तरह तुम्हें न मिलती रहें और फिर भी उन अनमिली (?) चिट्ठियों के ऐसे जवाब तो मुझे मिलते रहें—मुझे कोई शिकायत न होगी। समझा

था, चिट्ठी लिख देने के बाद अपना काम खत्म हो जाता है लेकिन अब तो मालूम होता है कि नामावर को साथ-साथ जाना भी होगा—या शायद खुद नामावर भी होना पड़ेगा! यादव, अपने खत को हम पहुँचाएँ क्या?

हँसी नहीं, सच बताओ, मेरी एक भी चिट्ठी—उस लम्बी चिट्ठी के जवाबवाली नहीं मिली? आखिर हम किसी के इतने प्यारे कब से हो गए? या फिर किसी को मुझसे इतना रश्क क्योंकर हो गया कि तुम्हारे लिए लिखा खत बीच ही में उड़ा ले? अब तो कुछ अपने ही ऊपर प्यार आ जाना चाहता है। और तुम्हारे ऊपर पहले से ज्यादा।

तुम्हारे उस पत्र से मैं नाराज क्यों होने लगा? क्या उसमें कोई इतनी महत्त्वपूर्ण 'शरारत' की बात थी भी? बेचारी उस चिट्ठी को यूँ ही इतना महत्त्व क्यों दे रहे हो? अथवा यों समझूँ कि इधर आपके अपने कोश में प्यार और नाराजगी, दोनों पर्याय हो गए हैं? भई, अनुभव जो न करा दे—जो जिन्दगी बदल सकता है, उसे कोश बदलते कितनी देर लगती है! रहस्यमयी जगहों से आनेवाली चिट्ठियाँ जो न करें; वे पिस्तौल की तरह जँघे के पार भी हो सकती हैं और...।

बनारस में आपसे अगर मुलाकात न हो सकी तो यह कोई नई बात नहीं हुई, अपनी किस्मत कुछ ऐसी जबरदस्त कभी रही भी नहीं। जिनसे मिलने को कहता हूँ, वे 'सब' यही कहते हैं कि हमेशा के लिए अपने यहाँ बुला लो तो आ जाऊँ; और मैं भी अब इसी नतीजे पर आ पहुँचा हूँ। इसलिए आप घबड़ाएँ न, मैं आपको अब बनारस बुलाकर रहूँगा; फिर देखता हूँ, कैसे नहीं मिलते हैं! 'आइ न सक्कूँ तुज्झ पै, सकूँ न तुज्झ बुलाइ' कहकर रोने के दिन शायद अभी नहीं आए हैं। गुरुदेव को भी राजी कर लूँगा। लेकिन यह सब तभी होगा, जब बनारस जाऊँगा। अभी तो 5-6 जुलाई तक इधर ही रहना है। 19 जून को पूना छोड़ रहा हूँ। इसके बाद मैसूर, बंगलोर, मद्रास, मदुरा, रामेश्वरम, त्रिवेन्द्रम, कन्याकुमारी वगैरह। वैसे, गुरुदेव काशी ही होंगे और इस आशय का एक पत्र उन्हें आज ही लिख रहा हूँ। कुछ-न-कुछ तो होगा ही।

रही, अपनी किताब? सो, वह अब अपनी कहाँ रही! बेवकूफी थी, जब उसे अपनी समझता था। लड़की तभी तक अपनी है जब पिता के घर है। आज के प्रकाशक किसी कसाई पति से भी ज्यादे सतर्क हैं। फिर मेरी कन्या तो किताब 'महल' में गई है! (मुझे खुश होना चाहिए) पुराने जमाने के राजपूत कहा करते थे कि लड़की एक बार महल में आई तो फिर उसकी लाश ही बाहर निकलती है। इसे कहते हैं कुल की मर्यादा! तो भाई मेरे, अब मेरे साथ तुम भी सन्तोष की साँस लो और 'महल' के फाटक पर बैठकर इन्तजार करो कि उस पुस्तक की लाश कब बाहर निकलती है। मुझे खुश होना चाहिए कि अभी तक उस कुलवधू को बाहर की हवा तक नहीं लगी है—दोस्तों में से किसी ने उसे नहीं देखा; किसी की तीखी नजर उस पर नहीं पड़ी है।

यहाँ का हाल अच्छा है। भींगा-भींगा है समा...।

विद्वानों का साथ है; नीरसता की चर्चा है; अजन्ता-एलोरा आदि देखने की सुविधा है; किताबों की जिन्दगी है और अपनी मौत। जिन्दा निकले तो साहित्य-चर्चा फिर हो लेगी। इस तपस्या में प्रवेश करने से पहले हमने भी पार्वती की तरह 'पुनर्गृहीतं...दुमेर्षप निक्षेप इवार्पितं द्वयं' भले ही वह 'लतासु तन्वीषु विलासचेष्टितं किलोलदृष्टि हरिणांगनासु च' न हो। साहित्य विलासचेष्टा ही तो है और प्रगतिशील दृष्टि 'विलोल दृष्टि!' अच्छा, अब बकवास खत्म होनी चाहिए।

सस्नेह
नामवर

[4]

वाराणसी
13.8.60

प्रिय राजेन्द्र,

आज शाम की डाक से तुम्हारा निबन्ध 'कथा साहित्य के दस वर्ष : फैशन और फार्मूले' मिला। पढ़ गया। पहली प्रतिक्रिया लिख रहा हूँ।

1. बहुत सारे शब्दों में तुमने यह बताने की कोशिश की है कि आंचलिक जीवन, फिल्मी जीवन, खोखले आदमियों और 'सभ्यता की शिकार' रेस्त्राँ-बार की लड़कियों को लेकर लिखी हुई कहानियों का अधिकांश 'फैशन और फार्मूले' का शिकार है। मैं इससे सहमत हूँ।
2. तुमने इस फैशन और फार्मूले का स्रोत विभाजनकालीन उर्दू लेखकों और आधुनिक पतनशील विदेशी साहित्य में दिखलाया है। इसमें भी काफी सचाई है।
3. इससे बचने के लिए तुमने लोक-जीवन, लोक-साहित्य तथा विदेशी साहित्य की स्वस्थ उपलब्धियों से प्रेरणा लेने की सलाह दी है—इससे भी किसी को विरोध न होगा। इसके अलावा तुमने 'आत्म' को फैलाकर, दूसरों में प्रक्षेपित करके 'आत्मोपलब्धि' का नुस्खा बताया है और समर्थन में मेरे लिए वर्ट्रेंड रसेल का एक उद्धरण दिया है, जो Vague है क्योंकि तुमने इस पर ठीक से विचार प्रस्तुत नहीं किया है। और यही तुम्हारे निबन्ध की बुनियादी कमजोरी की कुंजी है।
4. एक ओर तो तुम 'आत्मोपलब्धि' वालों की आलोचना करते हो फिर कहते हो कि हिन्दी कथा-साहित्य में 'वह धारा कभी आई ही नहीं' और अन्त में द्राविड़ प्राणायाम करते हुए इसी 'आत्मोपलब्धि' के लिए अपना नुस्खा भी पेश करते हो। यह सब क्या है?

5. तमाम फैशनों और फार्मूलों की आलोचना करने के साथ-साथ कहते जाते हो कि लोक-जीवन पर भी उत्तरदायित्व के साथ लिखा जाए; फिल्मी जीवन को भी 'यथार्थ' चित्रित किया जाए; एंग्लो इंडियंस के साथ भी 'न्याय' किया जाए, 'कन्वेंट' और 'पब्लिक स्कूल' के जीवन को भी सन्तुलित चित्रित किया जाए। एक साँस में तुम कितनी बातें कहना चाहते हो? सूची बनाने का काम काफी खतरनाक है। सारी बातें इतनी बिखर गई हैं कि फोकस किसी एक जगह नहीं पड़ता। कोई चाहे तो कह सकता है कि तुम्हारी आलोचना भी एक खास फैशन और फार्मूले की आलोचना है।
6. तुम्हारा निबन्ध 'नैतिक साहस' की कमी प्रकट करता है। आंचलिक कहानियों के फैशन की आलोचना करते हुए तुमने केवल शैलेश मटियानी का नाम लिया है अर्थात तुम्हारे पूरे निबन्ध में केवल एक हिन्दी कहानीकार का नाम आया है और वह है शैलेश मटियानी का! या तो तुम मार्कंडेय वगैरह को इस शैली का कहानीकार नहीं मानते या फिर इनकी आलोचना तो करना चाहते हो लेकिन शैलेश मटियानी का नाम सामने रखकर!
7. 'होटलबाज यूसुफों' का नाम लेना यदि उन्हें अतिरिक्त महत्त्व देना है तो 'कन्वेंट पब्लिक स्कूल' वालों का नाम तो लिया जा सकता है। मेरा अपना विचार है कि यदि हम किसी अवांछित प्रवृत्ति को आलोच्य समझते हैं तो उस प्रवृत्ति के लेखक का नाम भी स्पष्ट रूप से लिया जाए। आलोचनात्मक नैतिकता की यह पहली शर्त है। यह थोथी 'टैक्टिक्स' छोड़नी चाहिए। इससे बहुत नुकसान हुआ है। इसके मूल में यह मिथ्या अभिमान है कि हमारे निबन्ध से उस लेखक का प्रचार हो जाएगा। यह आलोचना नहीं, दो जादूगरों की अदृश्य लड़ाई है जिनमें अदृश्य आघात होते हैं—दोनों ही बारी-बारी से तड़पते हैं और दर्शक चमत्कार देखते हैं। इस मामले में अपने गुरु रामविलास को आदर्श मानो।
8. एक बात कृश्न चन्दर और मंटो के प्रभाव पर। तुमने इनके दूषित प्रभाव की ही आलोचना नहीं की है बल्कि इनकी भी आलोचना की है। राकेश ने कृश्न चन्दर की आलोचना की है, मंटो को उछाला है। वर्षों पहले अज्ञेय के देहलवी 'प्रतीक' में कृश्न चन्दर की रूमानियत (विषयगत, भाषागत) की आलोचना के साथ ही उसकी कहानी-कला को भी कहानी मानने से इनकार किया गया था। दरअसल 'प्रतीक' वालों ने कृश्न चन्दर के तेज सामाजिक दृष्टि पर पर्दा डालने के लिए ऐसा हमला किया था। क्या तुम लोग भी इस मामले में उनके साथ हो? मेरा अनुरोध है कि आज की 'दृष्टिहीन' हिन्दी कहानियों के माहौल में उन दोनों लेखकों को एक बार फिर पढ़ो। आँख खुल जाएगी। इस विषय पर मुझे कलम उठाने के

लिए लाचार मत करो, बेहतर है—तुम्हीं लोग अपने विचार का दूसरा पहलू भी सामने रख दो।

9. आज की कहानी के बारे में मेरी एक ही आलोचना है कि यह 'Cuit of Experience' से ग्रस्त है : इसके विकृत रूप होटलबाजों में हैं तो रूमानी रूप आंचलिक कथाओं में तथा बौद्धिक रूप 'आत्मोपलब्धिवादी' नागरिकों में। पैनी सामाजिक दृष्टि के अभाव में हिन्दी कहानी इस युग की 'Significant Themes' को अपनाने में असमर्थ है! इस सूत्र की व्याख्या फिर करूँगा। आज इतना ही।

सस्नेह
नामवर

पुनश्च : मन्नू के उस उपन्यास का क्या हुआ? अब उसके प्रकाशन की 'आवश्यकता' नहीं रही क्या? मेरा सस्नेह नमस्कार कहना।

पी-61, सी.आई.टी. रोड
कलकत्ता-14

[5]

लोलार्क कुंड
वाराणसी
23.9.62

प्रिय राजेन्द्र,

अक्टूबर की 'सारिका' में 'अनदेखे अनजान पुल' की पहली किस्त 'नुमायश और नुमायश' अभी-अभी पढ़ी। पत्रिका के पृष्ठ 77 का पहला पैराग्राफ—निन्नी में देखे जाने की आत्म-सजगता एवं दर्शन द्वारा देखे जाने के अनुभव की नवीनता; तुम्हारे सूक्ष्म ऐन्द्रियबोध की दाद देता हूँ। निन्नी के रूप में तुमने एक दिलचस्प कथा-चरित्र चुना है और कलात्मक निर्वाह के लिए किंचित कठिन भी। फिलहाल इससे ज्यादा और क्या कह सकता हूँ? मुझे भय है कि तुम्हारे शीर्षक एवं नीत्शे के आरम्भिक उद्धरण से उपन्यास के अन्तर्विन्यास का सम्बन्ध अन्ततः जुड़ पाएगा? लेकिन यह देखने के लिए क्या दिसम्बर तक इन्तजार करवाओगे? कोई टाइप कॉपी हो तो पढ़ने के लिए भी भेज दो न? किस्तों में मुझसे उपन्यास नहीं पढ़ा जाता।

तुम्हारे पत्र के उत्तर में यह कहना है कि अक्टूबर के दूसरे सप्ताह में कलकत्ता आना चाहता हूँ। दीवाली तक के लिए। ठीक तारीख बाद में लिखूँगा। यही समझो,

10 तारीख तक। जयरतन वाले लेख के लिए यदि तब तक गुंजाइश रही तो वहीं आकर लिखूँगा। मन्नू की योजना भी तभी बनेगी और 'संधान' की भी। और सुनो, जयरतन का लेख केवल कहानी पर होगा या पूरे हिन्दी साहित्य पर (1947 के बाद का) ? मुझे तो उन्होंने समूचे साहित्य के लिए लिखा था। खैर, शेष फिर।

तुम्हारा
नामवर

पी-61, सी.आई.टी. रोड
कलकत्ता-14

[6]

लोलार्क कुंड
वाराणसी
15.11.62

प्रिय राजेन्द्र,

इतने पैसे नहीं हैं कि कलकत्ते आ सकूँ, वरना तुम्हें इस तरह लिखना न पड़ता। पिछले दो महीने बेहद परेशानियों में गुजरे हैं और औकात से ज्यादा खर्च करना पड़ा। इसलिए कुछ दिन और सब्र करो। जब हाथ में पैसे आएँगे तो तुमसे मिलने आऊँगा। मिलने की इच्छा मुझे भी है, कुछ तुम्हें ही नहीं। लौटती बार जाने किधर से निकल गए! मैं इन्तजार ही करता रहा।

मेरा खयाल है कि 'संधान' का प्रकाशन इस राष्ट्रीय संकट काल में स्थगित रहेगा या नहीं?

'नई सदी' में देवड़ा ने क्या तीर मारा कि यहाँ लोग छटपटा रहे हैं और बेहोशी में देवड़ा की जगह तुम्हारा नाम ले रहे हैं। कई लोगों को इस बात पर झाड़ चुका हूँ लेकिन किसका-किसका मुँह बन्द किया जाए? वैसे, वे लोग देवड़ा के लेख के साथ मुझे भी सान रहे हैं लेकिन उन पर तरस खाने के सिवा क्या किया जा सकता है!

मन्नू को मेरा सलाम कहना, बच्ची को प्यार। अपने समाचार देना और देवड़ा को बधाइयाँ।

सस्नेह
नामवर

पी-61, सी.आई.टी. रोड
कलकत्ता-14

['पाखी' : अक्टूबर, 2010 में संकलित]

विश्वनाथ त्रिपाठी

जोधपुर
16.8.71

विश्वनाथ जी,

ब्रेष्ट की कविता के बहाने ही सही, आपने मुझे लिखा तो। इस रेगिस्तानी जिन्दगी में यह नेमत है।

इस बीच डॉ. ओमप्रकाश ग्रेवाल ने भी कृपा की और मुक्तिबोध पर अपना लेख पूरा करके भेज दिया। आपसे उस लेख के बारे में क्या कहना? उसे तो गम्भीर होना ही था।

मैं सम्भवत: 21 अगस्त को दिल्ली आऊँ। आपसे यदि उस दिन शाम को नहीं तो 22 अगस्त को मुलाकात जरूर होगी। मुझे 24 अगस्त की शाम वापस आना है।

शायद आपको मालूम हो, 23 अगस्त को डॉ. रामविलास शर्मा भी दिल्ली आ रहे हैं। वे 30 तारीख तक दिल्ली में रहेंगे।

मैंने शीला जी को लिखा है कि 23 की शाम को 'आलोचना' की ओर से एक गोष्ठी रखी जाए। यदि ऐसा सम्भव हुआ तो निमंत्रण आपको भी पहुँचा ही होगा। न पहुँचा हो तो मेरा निजी निमंत्रण।

आशा है, आप और माहेश्वरी जी रेखा तथा सीमा के साथ सुखी-सानन्द हैं।

आपका
नामवर

रवीन्द्र कालिया

राजकमल प्रकाशन
8, फैज बाजार, दिल्ली-6
28.8.65

प्रिय कालिया,

नाराजगी तो काफी थी लेकिन तुम्हारी चिट्ठी पढ़कर काफूर हो गई (मुहावरे में)। अब कहो तो उसे अ-कहानी के रूप में 'नई कहानियाँ' में छाप दिया जाए, वैसे भीष्म जी इससे सहमत हो पाएँगे, इसके बारे में मैं निश्चित नहीं हूँ।

'टी हाउस' वाला तुम्हारा लेख काफी पसन्द आया—आखीर की नामावली को छोड़कर। एक आलोचक की लाचारी, आशा है, अब तुम्हें समझ में आ गई होगी। लेकिन दिल्ली तो तुम्हें अब आना नहीं, इसलिए और कौन-सी लाचारी थी? उस लेख को पढ़कर यहाँ तुम्हारे दोस्तों ने कहना शुरू कर दिया था कि अब कालिया आने ही वाला है। लेकिन मुझे भरोसा नहीं है क्योंकि राकेश तो आजकल यहाँ हैं नहीं और न ही वह बारिश जो ट्विस्ट की तरह कहीं और कभी भी शुरू हो सकती है। तुम आओ, इसके लिए और किसी वजह की कल्पना या योजना कर सकूँ, ऐसी बुद्धि मेरे पास नहीं।

और क्या कर रहे हो? यानी लिख रहे हो? भीष्म जी ने तुम्हें कहानी भेजने के लिए लिखा था जब बहुत दिन से तुम्हारी कोई कहानी पढ़ने को नहीं मिली। क्या बात है?

विमल से दो-एक बार मुलाकात हुई थी, वैसे ही, जैसे मैं वाराणसी रहते हुए कभी-कभी मिल जाता। अजीब बात है, मैं अभी तक करोलबाग की ओर नहीं गया जबकि प्रयाग भी वहाँ है और शायद विमल भी।

देखता हूँ कि मेरे पत्र में भी कई नाम आ गए और कहीं यह नामानुक्रमणिका में न बदल जाए, इसलिए मैं हस्ताक्षर करता हूँ।

तुम्हारा
नामवर

ममता स्वस्थ हो रही है, उसने एक अच्छी-सी कहानी भी लिखी है जिसे सुनने एक दिन भारत जी के घर मुझे जाना है। —ना.

पुनश्च : भारती भाई को मेरा नमस्कार कहना। और हो सके तो पूछकर बतलाना कि नामवर नाम के जिन कवि महोदय की कविता उन्होंने 'धर्मयुग' में अभी कुछ हफ्ते पहले छापी थी, वे कौन हैं? वरना 'जनयुग' में भी उन्हें किसी समय अपनी कविता पढ़ने को मिल सकती है।

लेकिन छोड़ो, भारती से यह मत पूछना। मैं ही कभी प्यार से उन्हें लिखूँगा, अच्छा? इस बार सिर्फ नमस्कार ही।

नामवर

कमला प्रसाद

[1]

10.9.81

प्रिय कमला प्रसाद जी,

सहसा अस्वस्थ हो जाने के कारण भोपाल आने का कार्यक्रम रद्द कर देना पड़ा। मुझे इसका हार्दिक खेद है। इसके लिए मैं आप सभी प्रगतिशील लेखक साथियों, विशेष रूप से केदारनाथ जी अग्रवाल से क्षमा-याचना करता हूँ। केदारनाथ जी अग्रवाल के काव्य का मैं शुरू से ही प्रशंसक रहा हूँ। अपनी राजनीतिक कविताओं के द्वारा जहाँ उन्होंने जनसंघर्षों को बल दिया है, वहीं उन्होंने अन्य कविताओं के द्वारा प्रकृति और मानव सौन्दर्य के नये रूपों से हमारे सौन्दर्यबोध को समृद्ध किया है। हिन्दी की प्रगतिशील नई कविता के विकास में केदारनाथ अग्रवाल का अवदान विस्मरणीय रहेगा। ऐसे महत्त्वपूर्ण कवि का सम्मान करके आप निश्चित रूप से एक आवश्यक सामाजिक दायित्व का निर्वाह कर रहे हैं। मैं इस अवसर पर कवि के दीर्घायु की कामना करता हूँ और आयोजन की सफलता के लिए अपनी शुभकामनाएँ भेजता हूँ।

आपका
नामवर सिंह

[2]

109, जे.एन.यू.
नई दिल्ली-110067
18.10.85

प्रिय कमला प्रसाद जी,

17 अक्टूबर की शाम को होमी दाजी ने फोन पर मुझे पहली नवम्बर को विलासपुर में प्र.ले.सं. के सम्मेलन का उद्घाटन करने के लिए कहा और अभी जो

छपा हुआ निमंत्रण-पत्र मिला, उसमें सम्मेलन की तिथियाँ 27-28 अक्टूबर दी हुई हैं। मैं दुविधा में हूँ। कृपया स्थिति स्पष्ट करें और तुरन्त तार दें। तार का पता—JAYENU, NEW DELHI.

मैंने 1 नवम्बर को रायपुर की एयर बुकिंग करवा ली है। यह प्लेन वाराणसी होते हुए रायपुर जाता है। उड़ान संख्या 497 है। कार्यक्रम यह है कि विलासपुर में शाम को सम्मेलन का उद्घाटन करने के बाद मैं 2 नवम्बर को पुनः रायपुर आकर वहाँ से 12:35 बजे की उड़ान से भोपाल जाऊँगा। भोपाल में मुझे 3 नवम्बर को एक कार्यक्रम में भाग लेना है जो 5 नवम्बर तक चलेगा। इस प्रकार मेरा टिकट रायपुर-भोपाल से सम्बद्ध है। यदि विलासपुर का कार्यक्रम पहली नवम्बर को नहीं है तो मुझे यह टिकट रद्द करवा के दूसरा टिकट वक्त से बनवाना पड़ेगा। इसके लिए मैं अधिक-से-अधिक 27 अक्टूबर तक प्रतीक्षा कर सकता हूँ। इसके बाद मैं रायपुर का टिकट रद्द करवा दूँगा।

यदि 1 नवम्बर को विलासपुर का कार्यक्रम निश्चित है तो कृपया किसी को रायपुर हवाई अड्डे पर भेजकर मुझे विलासपुर तक ले जाने की समुचित व्यवस्था करवा दें।

2. चित्रकूट-शिविर में मेरा आना सम्भव नहीं है। क्षमा चाहता हूँ।

3. 'वसुधा' में शुक्ल जी वाला मेरा लेख न लें। वह अन्यत्र प्रकाशित होने के लिए प्रतिश्रुत है।

आशा है, प्रसन्न हैं।

उत्तर की प्रतीक्षा में।

आपका
नामवर सिंह

[3]

109, जे.एन.यू.
नई दिल्ली-110067
2.1.87

प्रिय कमला प्रसाद जी,

बधाई। हार्दिक बधाई। रीवा में आपकी नियुक्ति हिन्दी के आचार्य एवं अध्यक्ष पद पर हो गई। इस शुभ समाचार से जो प्रसन्नता हुई, उसे शब्दों में व्यक्त करना सम्भव नहीं।

'पूर्वग्रह' में मेरे विरुद्ध जो बातें लिखी गई हैं, उनमें एक बात ऐसी है जिसका स्पष्टीकरण म.प्र. हिन्दी साहित्य सम्मेलन की 'विवरणिका' की ओर से अथवा जबलपुर की संगोष्ठी के आयोजकों की ओर से होना ही चाहिए। जहाँ तक मुझे याद है, मैंने अज्ञेय जी को चिम्पैजी नहीं कहा था। वस्तुतः मैंने आचार्य हजारी प्रसाद द्विवेदी का एक उद्धरण दिया है, जिसमें वनमानुष का उल्लेख आया है। आपकी सुविधा के लिए पूरा उद्धरण सन्दर्भ सहित दे रहा हूँ।

'अशोक के फूल' में एक निबन्ध है : 'आपने मेरी रचना पढ़ी?' हिन्दी लेखकों में विनोदप्रियता की कमी की चर्चा करते हुए द्विवेदी जी कहते हैं कि 'जब-जब मैं कलकत्ते के चिड़ियाघर में गया हूँ तब-तब मुझे ऐसा लगा है कि संसार के जीवों में सबसे अधिक गम्भीर और चिन्तामग्न चेहरा उस चिड़ियाघर में रखे हुए वनमानुष का है। उसको देखते ही जान पड़ता है कि संसार की समस्त वेदना को वह हस्तामलक की भाँति देख रहा है और अपनी सुदूरपातिनी दृष्टि से इन आने-जानेवाले दर्शकों के करुण भविष्य को वह प्रत्यक्ष देख रहा है। मैंने बाद में पढ़ा कि अफ्रीका के हब्शियों में यह विश्वास है कि वनमानुष मनुष्य की बोली बोल भी सकते हैं और संसार के रहस्य को भली भाँति समझ भी सकते हैं; परन्तु इस डर से बोलते नहीं कि कहीं लोग पकड़कर उन्हें गुलाम न बना लें। यह बात जब तक मुझे नहीं मालूम थी, तब तक मैं समझता था कि यह कलकत्ते वाला वनमानुष ही बहुत गम्भीर और तत्त्वचिन्तक लगता है। अब मैंने अपनी राय में संशोधन कर लिया है। वस्तुतः संसार के सभी वनमानुष गम्भीर और तत्त्वदर्शी दिखाई देते हैं।'

आगे चलकर द्विवेदी जी कहते हैं कि वनमानुष की गम्भीरता 'वर्गवादी मनीषी' की है। वर्गवादी से उनका आशय अभिजात या बुर्जुआ वर्ग से है।

इस उद्धरण के बाद मैंने हिन्दी के कुछ गम्भीर और तत्त्वदर्शी दिखनेवाले लेखकों के नाम लिये थे, जिनमें शायद अज्ञेय का नाम भी था, शाह का निश्चय ही था। इस गम्भीरता का असर गद्य पर इस रूप में पड़ा कि वह लद्धड़, बोझिल और अपठनीय हो गया।

यदि आप आवश्यक समझें तो यथास्थान यह स्पष्टीकरण दे दें, जिससे 'विवरणिका' की भ्रामक रिपोर्टिंग का निरसन तो हो ही जाए, 'पूर्वग्रह' के मिथ्या आरोप का खंडन भी हो जाए। आपने स्वयं ही यह प्रसंग छेड़ा, इसलिए मुझे यह सब लिखना पड़ा। आशा है, आप उचित कार्रवाई करेंगे। बाकी बातें मिलने पर।

आपका
नामवर सिंह

[4]

109, जे.एन.यू.
नई दिल्ली–110067
26.10.88

प्रिय डॉ. कमला प्रसाद जी,

आपका पत्र मिला। 'पहल' के अंक के बारे में स्वयं कुछ कहना ठीक न होगा। सबको अच्छा लगा है तो मुझे भी अच्छा लगा। आप लोगों का प्रयास सार्थक हुआ। जहाँ अपनापन हो, वहाँ इससे अधिक क्या कहना?

दिसम्बर के कविता समारोह के लिए आपका इतना आग्रह है तो आना ही पड़ेगा। आपके पत्र से यह स्पष्ट न हुआ कि यह कहाँ हो रहा है। केदारनाथ जी से मालूम हुआ कि शायद खैरागढ़ में हो रहा है। यदि यह सही है तो मैं विमान से रायपुर आऊँगा और फिर वहाँ से आप लोग मुझे खैरागढ़ पहुँचा देंगे।

लेकिन तिथियों को देखते हुए एक असुविधा है। दिल्ली से रायपुर का विमान सप्ताह में दो दिन यानी मंगल और बृहस्पतिवार को नहीं जाता। इस हालत में मुझे 30 दिसम्बर के आयोजन के लिए 28 यानी बुधवार की सुबह ही यहाँ से चलना पड़ेगा और इस तरह कुल मिलाकर मुझे इस यात्रा में चार दिन लग जाएँगे। यह मेरे लिए अनुकूल नहीं है।

इसलिए मेरा सुझाव है, या तो आप अपने समारोह को एक दिन और पहले से शुरू करें या फिर एक दिन बाद से। इस प्रकार यदि समारोह का समापन तिथि 29 दिसम्बर होती है तो मैं 28 तारीख को यहाँ से चलकर 30 तारीख की सुबह की उड़ान रायपुर पकड़ लूँगा। और यदि समापन तिथि 31 दिसम्बर होगी तो फिर वही उड़ान पहली जनवरी को पकड़ूँगा। यहाँ एक बात की याद दिलाना जरूरी है कि दिल्ली के लिए रायपुर की उड़ान सुबह साढ़े सात बजे है और उसे पकड़ने के लिए मुझे रात को ही रायपुर पहुँच जाना होगा। जिसका मतलब है कि समारोह को सूरज डूबने से पहले ही समाप्त कर देना होगा।

आशा है, आप इन बातों को ध्यान में रखकर तिथियों में थोड़ा परिवर्तन करने की कृपा करेंगे। यदि ऐसा न हुआ तो मेरा आना कठिन हो जाएगा।

सागर में आपने जो किया, उसके लिए धन्यवाद तो क्या दूँ, यही कह सकता हूँ कि वह आपके मिशन के सर्वथा अनुरूप है। रहे प्रेमशंकर जी, उनके बारे में मुझे कभी कोई भ्रम नहीं रहा है। आशा है, प्रसन्न हैं।

आपका
नामवर सिंह

[5]

32, शिवालिक अपार्टमेंट्स
अलकनन्दा, कालकाजी,
नई दिल्ली-110049
14.10.95

प्रिय कमला प्रसाद जी,

यह पत्र कलकत्ता से लिख रहा हूँ। कल तीसरे पहर कलकत्ता के लिए प्रस्थान करने से ठीक पहले आपका 6 अक्टूबर का पत्र मिला था। जवाब तुरन्त इसलिए दिया कि 15-18 नवम्बर, '95 वाले कार्यक्रमों के लिए रीवा आना सम्भव न हो सकेगा। इसके लिए मुझे हार्दिक खेद है और इतनी व्यस्तता में कार्यक्रम स्थगित करने के लिए क्षमा भी चाहता हूँ।

बात यह हुई कि आपके पिछले फोन के ठीक बाद बम्बई से नारायण सुर्वे का फोन आया। उन्होंने प्रगति प्रतिष्ठान की स्थापना की है और 15 नवम्बर को बम्बई में उसका उद्घाटन मेरे हाथों चाहते हैं। बड़ी मुश्किल से उन्हें एक 'हॉल' की बुकिंग मिली है। मेरे आग्रह के बावजूद उन्होंने तिथि-परिवर्तन में असमर्थता जताई। अन्तत: मुझे उनके सामने हथियार डाल देना पड़ा।

इसी क्रम में 18-19 नवम्बर को भारत भवन में आलोचना पर 'समवाय' का आयोजन है। आपको भी सम्भवत: उसका निमंत्रण मिला होगा। उसका उद्घाटन करने के लिए भी मुझसे कहा गया है। अशोक का भी आग्रह है। 'साँप-छछून्दर' की सी गति हो रही है। अब आप ही बतलाइए, क्या करूँ?

आपके 'अमीर खुसरो' के लिए 'समवाय' छोड़ सकता हूँ लेकिन फिर भी बात नहीं बनती—आपके यहाँ मुझे दो व्याख्यान भी तो देने ही हैं।

इसलिए अनुरोध है कि तिथियाँ कम-से-कम एक सप्ताह और आगे सरका सकें तो सरका दें और मुझे अपराध-बोध से बचा लें। इस बार परिवर्तित तिथि के लिए पूर्णत: प्रतिश्रुत हूँ।

शुभकामनाओं के साथ--

सस्नेह
नामवर सिंह

['पाखी' : अक्टूबर, 2010 में संकलित]

नंदकिशोर नवल

[1]

ज.ने.वि.
नई दिल्ली–110067
1.11.77

प्रिय नवल जी,

1. 'हिन्दी आलोचना में समन्वयवाद' शीर्षक लेख के लिए धन्यवाद। तीनों शुक्लोत्तर आलोचकों का मूल्यांकन सामान्यतः अच्छा है। लेकिन 'समन्वयवाद' शब्द को लेकर कुछ प्रश्न उठ सकते हैं, जैसे—क्या आचार्य शुक्ल में 'समन्वयवाद' नहीं है? यदि हाँ, तो उनका 'समन्वयवाद' इन तीनों आलोचकों के 'समन्वयवाद' से किन बातों में भिन्न है? फिर 'समन्वयवाद' के इन दो भिन्न रूपों का ऐतिहासिक-सामाजिक आधार क्या है? केवल मध्यवर्गीय आधार के रूप में इसकी व्याख्या विश्वसनीय नहीं बनती। क्या यह सरलीकरण नहीं है? बहरहाल, ये थोड़े-से प्रश्न हैं जो निबन्ध पढ़ते-पढ़ते तत्काल मन में उठे; लेकिन ये बुनियादी प्रश्न नहीं हैं। पूरी लेखमाला के बारे में मेरे मन में कुछ बुनियादी प्रश्न हैं, जिन पर कभी मिलकर ही बात हो सकती है। देखिए, यह कब सम्भव होता है!
2. 'धरातल' मिल गया। पुनः धन्यवाद। आपका 'धूमिल' वाला लेख सचमुच बहुत अच्छा है। धूमिल की राजनीतिक समझ का बहुत संगत विश्लेषण आपने किया है। इस दृष्टि से यह पहला लेख मेरे देखने में आया। अभी तक प्रायः धूमिल के इस पक्ष की ओर से लोग आँख मूँद लेते रहे हैं। लेकिन आपने अधिकांशतः 'पटकथा' पर ही अपना ध्यान केन्द्रित किया है। इसके अलावा मुझे ऐसा लगता है कि विचारों की आलोचना के

बावजूद धूमिल की कविता की आलोचना अभी बच रहती है और उस पर आपको एक लेख और लिखना चाहिए।

आशा है, स्वस्थ और प्रसन्न हैं।

'आलोचना : 41-42' आपको मिल गई न?

आपका

नामवर सिंह

[2]

आलोचना

त्रैमासिक

सम्पादक : नामवर सिंह

राजकमल प्रकाशन प्राइवेट लिमिटेड

8, फैज बाजार, दिल्ली-6

फोन : 274463

14.4.77

प्रिय नवल जी,

आपका 'आचार्य शुक्ल' वाला लेख यथासमय मिल गया था। खेद है कि मैं आपको तुरन्त न लिख सका। 'आलोचना-41' की सामग्री प्रेस में देने से पहले लेखों का सम्पादन आरम्भ किया तो कल आपके लेख को ध्यान से आद्यन्त पढ़ा। आप बुरा न मानें तो साफ बात कहूँ। इस लेख ने मुझे काफी निराश किया है। आपने प्राय: शुक्ल जी के विचारों को चुनकर विषयानुसार एक क्रम में सँजोने का काम भर किया है। निस्सन्देह चयन में आपके सूक्ष्म विवेक का परिचय मिलता है और संयोजन में आपकी बौद्धिक निपुणता निहित है। अपनी टिप्पणियाँ देने में आपने निश्चय लोभ का सँवरण किया है। 'बात बोलेगी, हम नहीं' वाली शैली निस्सन्देह सराहनीय है। लेकिन बन्धुवर, भारतेन्दु-युग की समीक्षा के लिए यह पद्धति जितनी उपयोगी है, उतनी शुक्ल जी तथा उनके बाद के आलोचकों के लिए नहीं। शुक्ल जी के विचारों से लोग भली भाँति परिचित हैं। रही-सही कमी डॉ. रामविलास शर्मा और डॉ. विश्वनाथ त्रिपाठी की पुस्तकों ने पूरी कर दी। ऐसी स्थिति में आपने उद्धरणों का ढेर लगाकर कोई उपयोगी कार्य नहीं किया। इसे तो आप भी स्वीकार करेंगे कि आपका यह निबन्ध बहुत

कुछ डॉ. शर्मा की ही चिन्तन-परम्परा में है—Approach के मामले में। मुझे आपसे अपनी टिप्पणियों की अपेक्षा थी। मैं लगातार यही ढूँढ़ता रहा कि आपने अपनी मौलिक व्याख्या क्या दी है ? और मुझे स्वीकार करना पड़ रहा है कि मैं इस तलाश में निराश रहा।

बहरहाल, प्रेस में तो इसे देना ही था। आलोचना के आकार को देखते हुए लेख बहुत बड़ा है। काट-छाँट जरूरी थी। लेकिन आपके लेख की आत्मा और समग्रता को भी सुरक्षित रखना था। इसलिए मैंने इस निबन्ध के दो खंड कर दिये : 'सिद्धान्त और व्यवहार'। इस दृष्टि से शुरू के 21 पृष्ठ और अन्त के 18 पृष्ठ चुन लिये। बीच की कड़ी जोड़ने के लिए 30 और 31वें का पहला पैरा ले लिया। इस प्रकार मेरे पास आपके 22-29 और 32-47 पृष्ठ अवशिष्ट हैं। अपने वर्तमान सम्पादित रूप में भी लेख काफी लम्बा है। फिर भी चलेगा। कृपया अपनी टंकित प्रति से मिलाकर इसे देख लें। आज यह सामग्री प्रेस में जा रही है। यदि आप इसके विषय में कोई सुझाव देना चाहें तो कृपया तुरन्त भेजें। आखिर लेख आपका है। मैं उसके साथ मनमानी करने का अधिकारी नहीं।

यह अवश्य कहूँगा कि पुस्तकाकार प्रकाशित करते समय आप अपने मूलरूप को Restore कर लें और भूमिका में लिख दें कि स्थानाभाव के कारण आलोचना में इसके कुछ अंश प्रकाशित होने से रह गए थे। आपकी दूसरी किस्त के भी अवशिष्ट अंश मेरे पास सुरक्षित हैं।

भविष्य के लिए एक अनुरोध है, कृपया 30-32 पृष्ठ तक ही एक किस्त को सीमित रखें तो अच्छा है। किस्तों की संख्या बढ़ जाए तो कोई बात नहीं। वैसे, यह भी आवश्यक नहीं कि 'आलोचना' में पूरी पुस्तक छपे। पुस्तक समाप्त हो गई हो तो पूरी पांडुलिपि भेज दें। उसे प्रेस में दे दिया जाएगा। और पुस्तक प्रकाशित होने तक 'आलोचना' में जितना आ सकेगा, आ जाएगा। मैंने आत्मीयता-वश ही साफ-साफ लिखा है। आशा है, आप बुरा न मानेंगे। और हतोत्साह तो बिलकुल न होंगे। उत्तर की प्रतीक्षा में।

पुनश्च : पत्र के लिए पता :
भारतीय भाषा केन्द्र
जवाहरलाल नेहरू विश्वविद्यालय
नई दिल्ली-110067

आपका
नामवर सिंह

[3]

जवाहरलाल नेहरू विश्वविद्यालय
नई दिल्ली-110067
27.6.80

प्रिय नवल जी,

1. मेरा द्विवेदी जी वाला लेख आपको पसन्द आया तो मेरा श्रम सार्थक हुआ।
2. आप प्रेमचन्द के 'साहित्य-चिन्तन' पर ही लेख भेजें।
3. वाणी प्रकाशन के अशोक ने लगभग दस दिन पहले फोन पर खबर दी थी कि आपकी पुस्तक छप गई है। उम्मीद है, जल्द ही प्रकाशित भी हो जाएगी।
4. 'सम्भावना' प्रकाशन को आप अपने निबन्धों का संग्रह जरूर दें। और उसे गद्य-सम्बन्धी लेखों का संकलन ही रखें।
5. पटना विश्वविद्यालय में भाषण के लिए आना सम्भव न हो सकेगा। निमंत्रण देर से मिला। तब तक राष्ट्रीय व्याख्यान योजना के सभी व्याख्यान तय हो चुके थे। मई के अन्दर-अन्दर ही उसे समाप्त करना था।
6. इस ग्रीष्मावकाश में द्विवेदी जी पर ही काम करता रहा। तीन लेख और तैयार हैं। इन्हें 12-14 जुलाई को भोपाल में व्याख्यान के रूप में प्रस्तुत करना है। 'पूर्वग्रह' में छपेंगे। प्रस्तावित 'मार्क्सवादी सौन्दर्यशास्त्र' वाला काम अगली गर्मियों के लिए स्थगित है।

आशा है, आप स्वस्थ एवं प्रसन्न हैं।

आपका
नामवर सिंह

महेन्द्रनाथ राय

[1]

416, लांसर्स रोड
तीमारपुर, दिल्ली
6.9.69

प्रिय महेन्द्रनाथ जी,

'छायावाद' पर शोधकार्य की गुंजाइश अब भी काफी है—आपने ठीक सोचा है। यदि आपकी रुचि इतिहास में है तो छायावाद को समूचे भारतीय रोमांटिक उत्थान के व्यापक परिदृश्य में परिभाषित कीजिए। इस दृष्टि से छायावादी कविता के अतिरिक्त उस युग के उपन्यासों, कहानियों और नाटकों का विश्लेषण काफी रोचक हो सकता है। प्रेमचन्द के उपन्यास और प्रसाद के नाटक छायावाद की मूल चेतना को स्पष्ट करने में काफी सहायक हो सकते हैं। इन सबके आधार पर यदि हिन्दी के रोमांटिक भावबोध को बंगला, गुजराती, मराठी, आदि रोमांटिक जागरण के साथ मिलाकर देखा जाए तो बहुत से नये तथ्य सामने आएँगे। दरअसल छायावाद का पूरा इतिहास अभी तक हिन्दी में लिखा ही नहीं गया। आप यदि डॉ. रामविलास शर्मा की 'निराला की साहित्य-साधना' और विजयदेव नारायण साही का 'नई कविता : 5-6' में प्रकाशित लेख देखेंगे तो इस दिशा में सोचने के लिए काफी सामग्री मिल सकती है। विषय की शोध-सुलभ भाषा भी तभी निश्चित की जा सकती है।

'भारतीय रोमांटिक उत्थान के परिदृश्य में छायावाद का अध्ययन'—कुछ ऐसा ही विषय हो सकता है। 'लालित्य तत्त्व' और 'सौन्दर्यशास्त्र की दिशा' में आप न जाएँ। उसमें सिर्फ ऊपरी तड़क-भड़क है। आशा है, प्रसन्न होंगे।

सस्नेह
नामवर सिंह

[2]

9.12.69

प्रिय महेन्द्रनाथ जी,

देर से जवाब देने के लिए क्षमा चाहता हूँ। थीसिस की रूपरेखा बनाने में जल्दी न कीजिए। पहले कुछ पढ़ लीजिए। भारतीय साहित्य में रोमांटिक उत्थान का इतिहास जानने के लिए मुख्यत: बंगला, गुजराती, मराठी और मलयालम के इतिहास को देख जाइए। इन साहित्यों के इतिहास हिन्दी और अंग्रेजी में सुलभ हैं। इनके साथ यदि आप उर्दू और तमिल को भी देख जाएँ तो हर्ज नहीं। दो-तीन ऐसी भी पुस्तकें निकली हैं जिनमें भारत की 14 भाषाओं में साहित्य का इतिहास (संक्षेप में) है। ये भी उपयोगी होंगी।

इसके बाद कुछ राजनीतिक पुस्तकें सामाजिक-राजनीतिक पृष्ठभूमि के लिए। नेहरू जी की आत्मकथा इस दृष्टि से काफी उपयोगी होगी और 'डिस्कवरी ऑफ इंडिया' भी।

प्रयाग से प्रकाशित होनेवाली 'नई कविता' नामक पत्रिका के 5-6 संयुक्तांक में विजयदेव नारायण साही का लेख 'लघुमानव के बहाने हिन्दी कविता पर एक बहस' व्यापक परिदृश्य की जानकारी के लिए काफी उपयोगी हो सकता है।

इस कार्य में अंग्रेजी की कुछ रोमांटिक उत्थान से सम्बन्धित पुस्तकें भी देख लीजिए। इस समय मुझे A.K. Thoriby द्वारा सम्पादित 'Romantic movement' (Longman's) पुस्तक याद आ रही है। उससे आपको Perspective का अर्थ स्पष्ट हो जाएगा। फिलहाल आप यह सामग्री देख लें फिर कोई समस्या सामने आए तो मुझे लिखें। घबराइए मत।

आशा है, प्रसन्न हैं।

सस्नेह
नामवर सिंह

[3]

30.4.70

प्रिय महेन्द्रनाथ जी,

'भारतीय रोमांटिक पुनरुत्थान के परिदृश्य में हिन्दी छायावाद' की संक्षिप्त रूपरेखा मिली। इस विषय में मेरे सुझाव निम्नलिखित हैं :

1. पहले अध्याय में 19वीं सदी के उत्तरार्द्ध के 'बंगाल रेनेसाँ' तथा उसके अखिल भारतीय प्रभाव का वर्णन।

2. दूसरे अध्याय में गांधी जी के विचारों से उत्पन्न होनेवाले सांस्कृतिक प्रभाव का विश्लेषण।
3. तीसरे अध्याय में रवीन्द्रनाथ ठाकुर की रोमांटिक काव्य-दृष्टि का अखिल भारतीय प्रभाव।

   [ये तीनों अध्याय प्रथम खंड के अन्तर्गत होंगे। इनके लिए आप राजकमल प्रकाशन से प्रकाशित चेलिशेव की पुस्तक 'सुमित्रानन्दन पंत' देख डालिए।]
4. दूसरे खंड में छायावाद के विभिन्न पक्षों पर तीन या चार अध्यायों में विचार कीजिए। इनमें से एक अध्याय 'व्यक्तिवाद' पर, दूसरा 'कल्पना' के महत्त्व पर, तीसरा 'अनुभूति' पर हो सकता है। चौथे अध्याय में 'भाषा और अभिव्यंजना-कौशल'।

   [इस खंड के लिए L.R. Furst की पुस्तक 'Romantic Perspective' (Macmillan) देखिए। इसमें अंग्रेजी, जर्मन, फ्रेंच रोमांटिसिज्म का तुलनात्मक अध्ययन है। अध्यायों के विभाजन में भी इससे मदद मिलेगी।]

इन सुझावों की रोशनी में यदि आप आवश्यक समझें तो रूपरेखा में परिवर्तन कर लें। उपर्युक्त सामग्री देखने के बाद आप चाहें तो मुझे फिर लिखें। इस बीच यदि काशी आया तो आपको खबर करके बुलवा लूँगा। फिर इस विपय पर विस्तार से बातें होंगी।

आशा है, सानन्द हैं।

आपका
नामवर सिंह

[4]

जोधपुर
20.2.72

प्रिय महेन्द्रनाथ जी,

शोध-प्रबन्ध पूर्ण करके प्रस्तुत करने के लिए बधाई। पूर्णाहुति के बाद उसे देखने का सौभाग्य मुझे भले ही प्राप्त न हुआ हो, किन्तु मेरा विश्वास है कि ये आँखें उसे लिखे जाते देखती रही हैं—निरन्तर और अलक्षित। आपने निश्चय ही सन्तोषप्रद कार्य किया होगा।

प्रवक्ता के रूप में आपकी नियुक्ति मेरे लिए हर्ष की बात है। आशा है, वह स्थायी भी हो जाएगी।

नवजागरण के परिप्रेक्ष्य में निराला का अध्ययन अवश्य ही उपयोगी होगा पर इस विपय पर कलम उठाने से पहले डॉ. रामविलास शर्मा की पुस्तक 'निराला की साहित्य-साधना' का दूसरा भाग देख लेना उचित रहेगा।

वैसे भारतीय नवजागरण पर ही एक स्वतंत्र पुस्तक हो सकती है। मेरे विचार से अभी उसकी प्रकृति को ठीक-ठीक निरूपित करनेवाली कोई पुस्तक हिन्दी में नहीं लिखी गई है।

आशा है, आप इस पर भी विचार करेंगे।

सस्नेह
नामवर सिंह

जवाब का तो ख़ैर ज़िक्र क्या
मगर पुकारे जा

कुछ बातें इन पत्रों के बारे में

पत्र नामवर जी के हैं। जिसे लिखे गए हैं, वह हूँ मैं श्रीनारायण पांडेय। कहानी सबकी होती है। इन पत्रों के छपने-छपाने की अपनी कहानी है। करीब अर्द्धशताब्दी के बीच लिखे गए इन पत्रों के छपने-छपाने की कोई परिकल्पना पहले हमारे मन में नहीं थी। सच मानिए, इन्हें या औरों के पत्रों को सँजोकर रखने की कोशिश भी शुरुआती दौर में मैंने नहीं की थी। मगर कौन जानता है कि ये 'चन्द-खतूत' इस तरह छप-छपाकर हाजिर होंगे!

इत्तफाक ही समझिए कि पत्र आते रहे और मैं उन्हें कभी दराजों में तो कभी किताबों में रखता रहा। कर्मक्षेत्र में स्थान-परिवर्तन के बीच ये भी हमारी हमराही बने रहे। पुराने कागजातों की छँटनी के समय जब इन पत्रों एवं इनके लिखनेवालों पर नजर गई तब इन्हें छाँटकर अलग कर लिया। पढ़ते-पढ़ाते यह भी लगा कि इनमें बहुतेरे खो गए हैं। बहुत दुख हुआ। मगर 'अब पछताए होत क्या...'! इस असावधानी में जो पत्र बच गए हैं, उनमें डॉ. रामविलास शर्मा, डॉ. महादेव साहा, डॉ. नामवर सिंह, डॉ. सत्येन्द्र एवं डॉ. परमानन्द श्रीवास्तव के पत्रों की संख्या ज्यादा है। दस-पाँच की संख्या में तो बहुतों के हैं।

डॉ. परमानन्द श्रीवास्तव थोड़े समय तक वर्धमान विश्वविद्यालय में हमारे साथ रहे। यहाँ पर इन पत्रों की चर्चा उनसे की। उन्होंने जोर दिया कि इनको छपवा देना चाहिए। यही बात हमारे अध्यापक विष्णुकान्त शास्त्री ने भी कही। धीरे-धीरे मित्र मंडली में इनकी चर्चा होने लगी। काशीनाथ सिंह के कहने पर हमने कुछ पत्र ज्ञानरंजन जी को दिये, जिसे उन्होंने 'पहल' के 'नामवर सिंह विशेषांक' में छापा भी। डॉ. विश्वनाथ प्रसाद तिवारी भी 'दस्तावेज' के लिए कुछ पत्र चाहते थे। मगर मैं हाँ-ना, कुछ न कह सका था। कारण केवल इतना था कि नामवर सिंह की अनुमति के बिना मैं स्वयं इन पत्रों का उपयोग करूँ या दूसरों को भी करने दूँ या नहीं?

1989 में हमने नामवर जी को एक पत्र लिखकर पत्रों को छपवाने की अनुमति माँगी। जवाब में उन्होंने लिखा :

'आपने पुराने पत्रों को छापने की जो धमकी दे दी, मेरी बोलती बन्द हो गई। प्रेस से पत्र भी डरते हैं।

सभी मित्रों की राय है कि मेरे वे पत्र छपने लायक हैं तो आप छाप डालिए। मैं क्या कहूँ! जीवनकाल में किसी के पत्रों का छपना—वह भी पुस्तकाकार, कुछ उचित नहीं लगता। वैसे जीवन का भरोसा भी क्या है—क्या और कितना! एक बार फिर से सोच लीजिए।'

पत्र मिलने पर 'सोचता' रहा, और कुछ ज्यादा ही सोचता रहा। इस पत्राचार के बाद हमारा सबसे बड़ा घाटा यह हुआ कि नामवर जी ने पत्र लिखना कम कर दिया। दुबारा जब हमने पत्रों का उत्तर न देने की शिकायत की तो उन्होंने 16.7.91 के पत्र में लिखा :

'सच तो यह है कि आपने जब से मेरे पत्रों को प्रकाशित करने की योजना बनाई है, आपको पत्र लिखते हाथ बँध जाता है। लगता है, आपको नहीं, अदृश्य पाठक समुदाय के लिए लिख रहा हूँ। यह खयाल आते ही सहजता जाती रहती है। ऐसे नकली पत्र लिखने की आदत मुझे नहीं है। Posterity के लिए ऐसे सार्वजनिक पत्र लिखने का अधिकार रवीन्द्रनाथ ठाकुर जैसे महापुरुषों को ही था—यह उन्हीं को शोभा देता है। मैं इस मामले में नितान्त निजी ही बना रहना चाहता हूँ।'

मैं दुविधा में पड़ा रहा। इधर मित्रों के तगादे-पर-तगादे होते रहे। इस बीच हमने पत्रों को टाइप करवा लिया। उसकी एक प्रति जब नामवर जी वर्धमान विश्वविद्यालय के 'पुनर्नवीकरण पाठ्यचर्या' कार्यक्रम में गए तो उन्हें सौंप दी, इसलिए कि अपने पुराने पत्रों को वे एक बार देख तो लें। किन्तु अरसे तक इन पर उनकी कोई प्रतिक्रिया नहीं आई।

मैं भी चुपचाप बैठा रहा। 1997 में वर्धमान विश्वविद्यालय से सेवानिवृत्त होकर मैं इलाहाबाद चला आया। हमारे प्रकाशक कृष्णदेव मिश्र की इच्छा थी कि मैं इन पत्रों को छपवा दूँ। इसलिए वे नामवर जी से कई बार मिल भी आए थे। इलाहाबाद आए तो उन्होंने फिर चर्चा चलाई। इलाहाबाद में इन पत्रों की जानकारी डॉ. सत्यप्रकाश मिश्र एवं श्री दूधनाथ सिंह को थी। हमने डॉ. सत्यप्रकाश मिश्र को सारे पत्र देकर उनकी सलाह माँगी। उन्होंने भी पत्रों को छपवा देने की सलाह दी। मैंने यथावत् इसकी सूचना नामवर जी को दी। यह बात जून महीने की है। इस समय वे 'हाइडेलवर्ग' (जर्मनी) जाने की तैयारी में थे। उसी दिन रात की उड़ान से जाना था। मगर फिर भी इतना लिखा :

'अपने जीते-जी इन पत्रों को प्रकाशित देखकर संकोच का अनुभव करता हूँ। लेकिन आपके हठ के सामने नतमस्तक हूँ। पत्रों को पढ़ते हुए बहुत-सी भूली-बिसरी बातें याद आती रहीं। 43-44 वर्ष कम नहीं होते। डायरी कभी लिखी नहीं। ये पत्र ही एक तरह से मेरी डायरी के पन्ने हैं। जाने कैसी-कैसी बातें लिख गया, आश्चर्य होता है। आश्चर्य इस बात पर कि ये पत्र मेरे ही लिखे हैं। श्रेय है तो आपको। साखी आप ही हैं। आपने मुझसे यह सब लिखवा लिया। अन्दर का बहुत कुछ बाहर हो गया।'

मैंने चाहा था कि इन पत्रों पर वे कुछ लिखें। उन्होंने लिखा :

'अपने ही पत्रों के बारे में कुछ लिखना न तो सम्भव है और न उचित ही। पत्र स्वयं बोलेंगे। मुझे चुप ही रहन दें। बोलने का हक सिर्फ आपको है। जी चाहे तो कुछ लिख जाइए। अपने पत्रों के इस संग्रह पर फिलहाल इतना ही कहना होगा कि ये पत्र मेरे ही लिखे हुए हैं और इनका पाठ प्रामाणिक है।'

कह तो दिया उन्होंने कि '...जी चाहे तो कुछ लिख जाइए', मगर मेरे हाथ इतने सधे नहीं हैं कि मैं उनके व्यक्तित्व का सच्चा साँचा बना सकूँ। इसलिए कि पत्र मुझे ही लिखे गए हैं अतएव कुछ कहने में पक्षपात का भय तो है ही। रहा पत्रों का शास्त्रीय विवेचन, वह मुझसे होने से रहा। वह काम कोई अनुसन्धित्सु या आलोचक को ही शोभा देगा। मेरे लिए तो ये पत्र जैसे तब पठनीय थे, वैसे आज भी हैं। अतएव उन्हीं के शब्दों में : 'पत्र स्वयं बोलेंगे'। मैंने केवल इतना ही किया है कि पत्रों में लिखी गई तिथियों एवं डाकखाने की मुहरों की साखी पर तिथिक्रम सजा भर दिया है। फिर भी कहीं-कहीं अस्पष्टता के कारण भूल-चूक की सम्भावना रह ही गई है। पत्रों को यथावत रखने की पूरी कोशिश है, फिर भी कैसे कहूँ कि पत्र मुद्रण-दोष से एकदम मुक्त होंगे ? मैं चाहता था कि पत्र में आए सन्दर्भों पर याददाश्त से टिप्पणियाँ लिख दूँ। लेकिन एक तो विस्तार-भय से उन्हें न लिख सका; दूसरे, उन पर लिखने के पूरे अधिकारी नामवर जी ही हैं। उल्लिखित नामों में सब पर तो नहीं, डॉ. दादा व शास्त्री जी के बारे में कहना चाहूँगा कि वे क्रम से डॉ. महादेव साहा व श्री विष्णुकान्त शास्त्री हैं। इनका नाम पत्रों में बार-बार आया है।

पत्रों का चयन करते समय हमने चाहा था कि नामवर जी की उम्र के साथ पत्रों की संख्या का मेल बैठाया जाए। मगर यहाँ ज़ौक आड़े आए : 'हर बुत काबिले-बोसा है बुतखाने में'। अतएव ठीक समझा कि अब तक के सारे पत्रों को ही पाठकों के हवाले कर दूँ। किन्तु इसकी सम्भावना भी है कि कुछ पत्र अभी भी भूले-बिसरे कहीं रह गए हों। मिलने पर कंजूसी न करूँगा।

रह गई हमारे और नामवर सिंह के सम्बन्धों की बात। वे हमारे गुरु हैं। 1952-54 में मैं बनारस विश्वविद्यालय में बी.ए. में उनका छात्र था। साहित्य-रुचि एवं विचार-साम्य के जरिये मैं उनके निकट आया। उनकी महत्ता है कि उन्होंने मुझे इतना स्नेह दिया। मैं उनके जीवन के सुख-दुख के बहुतेरे क्षणों का साक्षी हूँ। बकौल मिर्जा : उनकी जिन्दगी में कई बार 'गर्म खबरें' उड़ीं, तमाशबीन देखने भी गए, मगर 'तमाशा' हुआ कहाँ ? अगर कुछ हुआ तो बस इतना कि सारी 'मुश्किलें' 'आसाँ' हो गईं। और वे 'फकीरों' का भेस बनाए 'तमाशाये अहले करम' देखते रहे। उनके पत्रों में गर्दिश के उन दिनों का संकेत है। नामवर जी कहा करते हैं, 'स्थायित्व' मेरी किस्मत में नहीं है। उनके जीवन के उतार-चढ़ाव के बहुतेरे क्षणों की अनुगूँज इन पत्रों में मिलेगी। साहित्यिक घटनाओं पर प्रतिक्रिया, उनका राजनीतिक

प्रत्यय, 'मैं भी जुबान रखता हूँ' का तेवर, और इन पत्रों में मिलेगा आशा-निराशा के बीच उनका वह आत्मविश्वास जिसे उन्होंने कबीर की शब्दावली में अपने गुरु हजारी प्रसाद द्विवेदी से पाया था। और आज भी ज्ञान के हाथी पर चढ़कर बेपरवाह चले जा रहे हैं। मार्क्सीय मानस का मौलिक चिन्तन तो है ही। पढ़ाकू नामवर सिंह मिलेंगे और मिलेगा उनके सम्पादक का संयमित स्वरूप। यही नहीं, और भी...।

इन पत्रों में यह भी मिलेगा कि पारिवारिकता और रिश्ते नामवर जी के लिए कितने गहरे मूल्य हैं। साहित्यिक संसार के बीच सोने-जागने वाले नामवर सिंह को माता-पिता, भाई, पुत्र एवं मित्रों की तनहाई कितनी सालती है! वे महसूस करते रहे हैं कि '...दरो-दीवार हो जिसमें वही जिन्दा नहीं होता'। नामवर जी सन्तुलन के साक्षात् विग्रह हैं। चाय की चुस्की से लेकर कलम और जबान की चुस्ती तक।

निश्चय ही उनकी आलोचना, साक्षात्कारों एवं व्याख्यानों से परिचित लोगों को इन पत्रों में उनके व्यक्तित्व का एक और पहलू देखने को मिलेगा। 'बकलमखुद' के निबन्धकार की याद ताजा होगी। इस बहाने, हो सकता है, डॉ. विश्वनाथ त्रिपाठी के 'जो हक अदा न हुआ' की शिकायत भी कुछ कम हो।

इन पत्रों को पाठकों के हाथों सौंपते जहाँ हमें एक ओर हर्ष हो रहा है, वहीं इस बात का विषाद भी है कि भाई नामवर सिंह के हाथों 'सहज भाव' से लिखे जाने वाले पत्र अब हमें शायद नहीं ही मिलेंगे...।

—श्रीनारायण पांडेय

[शान्ति प्रकाशन, इलाहाबाद द्वारा प्रकाशित पुस्तक 'नामवर सिंह के पत्र' (सम्पादक : श्रीनारायण पांडेय, प्रथम संस्करण, 2000) की भूमिका]

श्रीनारायण पांडेय के नाम 91 पत्र

[1]

लोलार्क कुंड
भदैनी, बनारस
16.7.54

प्रिय भाई पांडेय जी,

विश्वविद्यालयों की हिन्दी से इतना मोह हो गया है तो आप कलकत्ता विश्वविद्यालय में हिन्दी ही पढ़ें। हमने आपको इतना मोही आदमी नहीं समझा था। इसलिए मनोविज्ञान या ऐसा ही कोई और विषय पढ़ने की राय दी थी। क्या कीजिएगा, यह आपका दोष नहीं है—दोष उस भाषा के साहित्य का ही है। पंडित जी कहा करते हैं कि 'जिनका नेह हिन्दी और खादी से लग गया, फिर वे और किसी काम के नहीं रह जाते। उनकी आँखों में न तो और कोई विषय जँचता है, न और कोई कपड़ा।'

प्रसन्नता की बात है कि आपका नेह दो में से केवल एक ही से है। हम तो भई, बेकाम हो ही गए हैं और वह भी दोनों तरह से, इसलिए जब कभी दूसरों को इस तरह खराब होते देखते हैं तो एक बार रास्ता रोक के कह ही देते हैं। मानें-न-मानें, खुशी आपकी।

केवल हिन्दी पढ़कर ही हिन्दी में कुछ नहीं किया जाता, दूसरे विषयों को भी पढ़ना पड़ता है। यह बात इतनी मोटी है कि अक्सर आप जैसी पतली अक्लवालों के सिर में नहीं घुसती। खैर, आपने तय किया है तो हिन्दी ही पढ़ें।

यदुनाथ के रुपये चाहे रामनाथ जी के द्वारा दिलाएँ, चाहे डाक द्वारा, लेकिन दिलाएँ जरूर। सुविधा रामनाथ जी द्वारा ही हो सकती है।

जब भी जरूरत मालूम हो, लिखें। काम आ सकता हूँ।

सस्नेह
नामवर

[2]

लोलार्क कुंड,
भदैनी, बनारस
17.11.54

प्रिय भाई श्रीनारायण जी,

चिट्ठी आज मिली, और किताब सम्भव है, कल मिलेगी। सोचता हूँ कि किताब का इन्तजार होता रहेगा, आपको धन्यवाद देने के एवज में चिट्ठी ही लिख डाली जाए। दो दिन से जुकाम जकड़े हुए है और पड़ा-पड़ा पुरानी चिट्ठियों का जवाब दे रहा हूँ। लीजिए, इस रौ में अपना भी उत्तर।

'हिन्दी जाति' शब्द का प्रयोग मैं 'हिन्दी नेशन' अथवा 'हिन्दी नेशनैलिटी' के अर्थ में करता हूँ। इस अर्थ में 'जाति' शब्द का प्रयोग द्विवेदी-युग में बहुत हुआ है। प्रसाद ने भी राष्ट्र की जगह 'जाति' और 'राष्ट्रीयता' की जगह 'जातीयता' शब्द का प्रयोग किया है। 'स्कन्दगुप्त' के 'हिमालय के आँगन में उसे प्रथम किरणों का दे उपहार' वाले गीत में 'हमारी जातीयता-विकास' प्रयोग आता है। द्विवेदी-युग के वे शब्द बंगला-मराठी आदि के मेल में हैं। इसीलिए मैं इस शब्द का प्रयोग उचित समझता हूँ। सम्भवतः डॉ. रामविलास भी इसका प्रयोग करते हैं। 'स्वाधीनता' भी एक ऐसा ही शब्द है जो द्विवेदी-युग में खूब प्रचलित था तथा बंगला में अब भी चलता है। परन्तु अब हिन्दीवाले स्वतंत्रता जैसे दुरुचार्य शब्द के तंत्र में बँध गए हैं।

चौहान जी के मन में 'हिन्दी जाति' की स्पष्ट धारणा ही नहीं है। इसीलिए मौलाना आजाद की तरह वे भी हिन्दी साहित्य का आरम्भ आधुनिक युग से ही मानते हैं। इधर उन्होंने 'हिन्दी साहित्य के 80 वर्ष' नाम की एक पुस्तक लिखी है जिसमें स्थापित किया है कि राजस्थानी, मैथिली, अवधी और ब्रज का पुराना साहित्य हिन्दी नहीं है। इस तरह की बात वही लोग करते हैं जो अपनी 'जातीय-परम्परा' को ठीक से नहीं जानते। जिस तरह बंगला, मराठी, गुजराती आदि एक-एक 'जाति' हैं, उसी तरह हिन्दी भी एक 'जाति' की भाषा का साहित्य है। चूँकि यह भू-भाग बंगला-मराठी आदि से बहुत बड़ा है इसलिए इसमें जातीय संगठन का कार्य अभी उन जातियों की तरह पूर्ण नहीं हो सका है। फिर भी आरम्भ से ही इस क्षेत्र की भाषा, साहित्य तथा अन्य सांस्कृतिक कार्यों का विकास एक जाति के ही रूप में हो रहा है। इतिहास इसका प्रमाण है। हमें इस पर जोर देना चाहिए। इसीलिए मैं अपने इतिहास में इस तथ्य पर जोर देना चाहता हूँ।

चौहान जी का 'वीरगाथा-काल' वाला लेख मैंने अभी तक नहीं देखा है। उसमें उन्होंने क्या लिखा होगा, इसका अनुमान बहुत कुछ तो लगा ही सकता हूँ। जिसने 'वीरगाथा-काल' नाम स्वीकार किया—वह इधर-उधर थोड़ा-सा ननु-नच करने के बाद मूलतः शुक्ल जी के ही ढाँचे में ढलता है।

वस्तुत: हिन्दी साहित्य का अभ्युदय विभिन्न बोलियों के रूप में हुआ क्योंकि वह जिस लोक-जागरण का परिणाम है, उसकी प्रकृति जनपदीय थी। आदिकालीन विभिन्न प्रवृत्तियों को एक सामान्य शीर्षक के अन्तर्गत रखने में इसलिए कठिनाई होती है। जो उस लोक-जागरण की प्रकृति को ठीक-ठीक नहीं समझ पाता, और केवल इस्लाम के आक्रमण तथा राजस्थान के राजाओं की ओर देखता रहता है, वह इसी तरह की ऊलजलूल बातें करेगा।

अपने इस निबन्ध के बारे में अभी मैं कुछ नहीं लिख सकता। संक्षेप करना कठिन है। अब किताब ही में उसे देखिएगा।

आशा है, प्रसन्न होंगे। मित्रों को मेरा प्रणाम कहें। विशेषत: विष्णुकान्त जी और डॉक्टर दादा को।

सस्नेह
नामवर

पुनश्च : डॉ. सुकुमार सेन ने Middle Indo-Aryan Syntax पर इधर कोई किताब लिखी है। डॉक्टर दादा के साथ उस पर यथोचित कमीशन लेकर वी.पी. कर दीजिए।

[3]

लोलार्क कुंड
15.7.55

प्रिय श्रीनारायण जी,

कुछ कहने ही वाला था कि आप पहले ही बोल उठे। जी हाँ, मैं दक्षिण-यात्रा से लौट आया लेकिन मन अभी बहुत कुछ उधर ही है। काशी की गलियाँ अब बहुत तंग मालूम होती हैं और परिचित मित्र कोई और भाषा बोलते मालूम होते हैं, गो वे बोलते तो हिन्दी ही हैं लेकिन उसमें वह अपनापन नहीं मिलता। खैर, विस्तृत चर्चा अगले पत्र में।

इस वक्त एक बहुत-बहुत जरूरी काम के लिए लिख रहा हूँ। 'छायावाद' वाली पुस्तक कल प्रेस में चली गई। उसकी आरम्भिक सामग्री में परिवर्तन करना है जैसाकि आपने और डॉ. दादा ने सुझाया है। कृपया 'शारदा' वाले लेख तुरन्त भेजें और बताएँ कि इस शब्द का प्राचीनतम उल्लेख और कहाँ मिलता है?

आपके प्रति पुस्तक में यथास्थान कृतज्ञता ज्ञापित की जाएगी।

सस्नेह लें।

आपका
नामवर

[4]

लोलार्क कुंड
भदैनी, बनारस
25.7.55

प्रिय भाई श्रीनारायण जी,

निबन्धों की प्रतिलिपि आज मिल गई। किन शब्दों में आपके प्रति अपनी कृतज्ञता ज्ञापित करूँ? वैसे, आपकी सूचना के सहारे मैंने ना.प्र.स. में श्रीशारदा की फाइल स्वयं भी देख ली और मुकुटधर पांडेय का निबन्ध सचमुच बड़े काम का है। उससे 'छायावाद' शब्द की प्राचीनतम ही नहीं बल्कि गम्भीर विवेचना की भी सामग्री मिलती है। खैर!

प्रेमचन्द के निबन्धों का संग्रह तथा कहानियों की तिथि-क्रमानुसार सूची का कार्य आपने कहाँ तक कर लिया? श्रीपत भाई से इस बारे में मैंने कह दिया है। वे तैयार हैं और अब आप जितनी जल्दी उन्हें सामग्री दे दें, उतना ही अच्छा।

और आपके यहाँ क्या हो रहा है? सुना है, डॉक्टर सत्येन्द्र जी तो आगरा चले गए? अब कौन अध्यक्ष हो रहा है? किसके आने की खबर हवा में तैर रही है?

जगदीश जी के 'ज्ञानोदय' में सह-सम्पादक की एक जगह है। क्या आपको फुर्सत है? इच्छा हो तो उन्हें लिखा जाए।

सस्नेह
नामवर

पुनश्च : चिट्ठी खत्म करने पर अभी आपका कार्ड मिला। इसका जवाब अगले कार्ड में लें। अभी इतना ही कि आप तीसरे लेख के लिए परेशान न हों। मुझे वह मिल गया है।

सस्नेह
नामवर

[5]

3.8.55

प्रिय भाई,

आत्मविभोर कर देनेवाली चिट्ठियाँ न लिखा करें, मैं बहुत कमजोर आदमी हूँ। तारीफ में बेहद नशा होता है; साथ ही उसमें वजन भी ज्यादा होता है। आप

उसकी सिल्लियाँ उठाकर रखने लगते हैं तो जरा-सी अपनी पलकें उठाकर यह भी देख लिया करें कि किसी के सिर की क्या हालत है? वह कहीं झुक तो नहीं गया है? हया से न सही, तारीफ के वजन से ही?

खैर, मिर्जा के चाहनेवालों को आप मिर्जा की चाहत दें। शायद इससे उनको कुछ राहत मिले—यदि राह नहीं तो।

बंगाली तश्तरियों के जायकेदार बयान के लिए शुक्रिया। मुँह में तो नहीं, आँखों में पानी जरूर भर आया। बस, यूँ ही, शोरबा शायद तेज था। कसूर इन आँखों का ही है, खाली जगह में ही ये कम्बख्त भर आया करती हैं। आपने, नहीं, आपके भैया ने दस्ती जो दे रखी है! आखिर किस दिन के लिए?

मैं फिर आऊँगा। कलकत्ता शायद अब बहुत नजदीक चला आया है; बनारस ही कुछ दूर हो गया है। आप इस तरह तो याद न किया करें। अचल भी चंचल हो सकता है और शायद नींद में भी चल पड़ने का कोई मरीज हो सकता है। प्यार लें, सबको दें, कठिनाइयाँ लिखें, मदद लें।

सस्नेह
नामवर

[6]

1.12.55

प्रिय भाई श्रीनारायण जी,

किताब मिल गई। समझा था कि वी.पी. से आएगी लेकिन आपने यह क्या कर दिया? खैर, सभी रुपये यथाशीघ्र मनीऑर्डर कर दिये जाएँगे। सोचा था कि मनीऑर्डर करते समय ही धन्यवाद और प्राप्ति की सूचना दूँगा। लेकिन एक तो इधर तबीयत कुछ खराब रही; दूसरे, लिखने का काम बन्द-सा ही रहा। डॉ. सुकुमार सेन की Syntax of the Middle Indo-Aryan जब भी भेजें, इस तरह न भेजें। मैं तो आपके भार से दब जाता ही हूँ, आपको भी अतिरिक्त व्यय के भार से दबा देता हूँ।

डॉक्टर दादा के साथ आप जिस अहेतुक भाव से कार्य कर रहे हैं, वह एकदम ठीक है। जिन्दगी में पैसे से भी बड़ी चीजें हैं। ध्यान यह रहे कि मन में इस त्याग का गर्व कभी न आए। यही बुरा है। पीछे मोह-भंग होने पर मन में विचित्र-सी कटुता उत्पन्न होती है।

'जायसी के प्रेम और रहस्यवाद' के लिए सामग्री तो शुक्ल जी की भूमिका से ले लीजिए; लेकिन व्याख्या के लिए थोड़ी अपनी बुद्धि लगाइए। शुक्ल जी ने 157वें पृष्ठ पर जो Dowden का उद्धरण दिया है, वह बड़े काम का है।

उससे स्पष्ट है कि जायसी के 'सर्ववाद' का सम्बन्ध किसी पारलौकिक सत्ता से नहीं बल्कि इसी लोक से था और उनका प्रेम वस्तुत: 'लोकसत्तात्मक भावों' का द्योतक था।

जायसी ने प्रेम को जो इतनी प्रधानता दी, उसका बहुत बड़ा सामाजिक महत्त्व है। उस समय जब कि इस्लाम में वास्तविक बन्धुत्व और पारस्परिक प्रेम का भाव लुप्त हो गया था तथा काबा, मस्जिद, शेख, मुल्ला वगैरह का जोर बढ़ गया था, सूफी सन्तों ने प्रेम की धारा बहाकर समाज को बाह्याडम्बरों से उबार लिया। इससे जीवन में रस का संचार हुआ। यही उनके प्रेम का लोकसत्तात्मक (Democratic) रूप है।

लेकिन यह लोकसत्तात्मक प्रेम जायसी के यहाँ Inverted रूप में—आध्यात्मिक रूप से—व्यक्त हुआ। इसीलिए वह रहस्यवादी हो गया। जायसी पद्मावती का रूप वर्णित करते समय अथवा रतनसेन के प्रयत्नों का विवरण देते समय प्राय: लौकिक घटनाओं में अलौकिक संकेत भर देते हैं। लौकिक वस्तुएँ वहाँ प्रतीक हो जाती हैं; वे अपने-आपमें सार्थक नहीं रह जातीं; उनकी सार्थकता उस अलौकिक संकेत में ही रहती। यह सांकेतिकता, व्यंग्यात्मकता, ध्वन्यात्मकता अथवा प्रतीकात्मकता ही रहस्यवाद है। जहाँ प्रतीकवाद होगा, वहाँ अनिवार्यत: रहस्यवाद होगा। अपनी अपभ्रंश वाली पुस्तक के नये संस्करण में (पृष्ठ 294) मैंने 'पद्मावत' में प्रेम की लौकिकता तथा सौन्दर्य की अलौकिकता पर संक्षेप में कुछ कहा है। आप चाहें तो उसे देख सकते हैं।

यदि आप इसे Dialectics के ही रूप में समझने का आग्रह करेंगे तो मैं यही कहूँगा कि यह लौकिकता और अलौकिकता का द्वन्द्व वस्तुत: यथार्थ और आदर्श का द्वन्द्व है। जायसी के रहस्यवाद में यथार्थ के भीतर से आदर्श की व्यंजना की गई है। सारी कथा लौकिक है। उसमें मानवीय सम्बन्धों की ही अभिव्यक्ति है, परन्तु कवि ने उसको नितान्त सांसारिकता के ओछे रूप से बचाने के लिए आदर्श के अलौकिक रंग में रँग दिया है।

यह कार्य उस समय के सभी सन्त और भक्त कवियों ने किया है—कबीर, सूर, तुलसी आदि सभी ने।

आधुनिक कवियों के लिए जो 'क्षितिज के पार' अथवा 'उस पार' या 'अज्ञात की लालसा' है, वही मध्ययुग के कवियों के लिए धार्मिक पदावली में भगवान की कल्पना थी।

आशा है, इससे आपको सोचने के लिए कुछ मसाला मिल जाएगा।

आशा है, प्रसन्न होंगे।

सस्नेह

नामवर

[7]

10.12.55

प्रिय श्री टेलीफोन एक्सचेंज पांडेय,

यह नया तखल्लुस मुबारक हो। माँ बदौलत जिससे खुश हों, हम वही कहेंगे। हमारा क्या, न हम बैंगन के गुलाम और न बेगम के! बल्कि हम तो खुश हुए कि डलहौजी स्क्वायर की उस नई बिल्डिंग के बराबर अपरिचितपुर में खुद-ब-खुद एक इनसान खड़ा हो गया!

इसलिए लीजिए अपने ट्रंक-कॉल का अब तुरन्त जवाब :

1. तेस्सितोरी के सम्बन्ध में आपने जो महत्त्वपूर्ण सूचनाएँ दीं, उनके लिए कृतज्ञ हूँ। अपनी गलतियाँ तस्लीम करता हूँ। इधर और भी सामग्रियाँ मिल गई हैं। कुछ और मदद कीजिए तो 'पुरानी राजस्थानी' के लिए एक प्रतिश्रुत 'भूमिका' जोड़ दूँ।
2. आप और डॉक्टर दादा 'पुरानी राजस्थानी' पर लिखना चाहें तो इससे वह अनुवाद सम्मानित होगा। इससे अधिक क्या कह सकता हूँ!
3. आपके आलोचना-सम्बन्धी लेख की प्रतीक्षा करूँगा। प्रकाशित होने पर सूचित करें। देखना है, यह आपका Rope dance है या 'तरवार की धार पर धावनो' है!
4. 'प्राकृत-पैंगलम' की कॉपी अवश्य ले लें। पर रुपये मैं जनवरी के प्रथम सप्ताह में ही भेज सकूँगा। चूकिएगा मत।
5. 'शनिश्चर' की सूचना मिली थी। सोचा था, आपसे यथावकाश पूछूँगा। अच्छा हुआ, आपने खुद पूछा। शनि की यों भी मेरे ऊपर आजकल विशेष कृपा है; वैसे राहु-केतु तो दायें-बायें ही रहते हैं, यद्यपि न तो मैं चन्द्र हूँ और न सूर्य ही! इस बारे में मैं क्या कह सकता हूँ—ये ग्रह किसी भी समय भस्मासुर में बदल सकते हैं। अच्छा है, ये 'आसमान' पर ही रहें। हमारी जमीन गृहों के लिए ही कम है!
6. आपने जिस 'सेंसुरालों' (ससुरालय नहीं) चक्र के नव संघटन की बात बताई, वह मेरे लिए कोई खबर नहीं है। रलयोर्भेदः श्व-युवा-मघोनां तद्धिते (अर्थात सरिस श्वान मघवान जुवानू)। आप अभी और तलाश करें। वहाँ नवग्रह होंगे। आपने तो केवल चार ही नाम बताए। और इनकी पूजा से पहले ही पूजा लेनेवाले कोई विघ्नेश भी अवश्य होंगे। यदि न हों तो बड़ा बजार की सड़कों को कभी अलस्सुबह गौर से देखिए—किसी-न-किसी पुंगव का अवशेष मिल ही जाएगा। और अन्त में कथा-समाप्ति

पर आप ही में से कोई-न-कोई गदाधारी भी हविष्य लेने के लिए आ ही जाएगा। न मिले तो कहिएगा, यहाँ से संकटमोचन की व्यवस्था हो जाएगी। अलमति विस्तरेण।

7. अब इतनी जगह नहीं रही कि अपने मित्रों द्वारा की गई आशंसाओं के बारे में कुछ कह सकूँ। भगवान यदि उन्हें कुछ देना पसन्द करे तो सुबुद्धि दे। जिसने उन्हें परदोष देखने के लिए 'सहस्राक्ष' होने का वर दिया है, उन्हें शीघ्र ही सहस्रजिह्व भी बना दें! इन्द्र + शेष!

भैया को नमस्कार। ठाकुर बाबू को सस्नेह अभिवादन। अब उनका स्वास्थ्य कैसा है? बच्चों को प्यार।

आपका
नामवर

शास्त्री जी को भी पत्र लिख रहा हूँ।

[8]

25.9.56

पांडेयजी महाराज,

इन्तजार आपका था और आ टपके आपके चन्द्रभाल ओझा। आप मेरी खुशी का अन्दाजा लगा सकते हैं! खैर, आपकी दुआ से अब वे हम लोगों को विरह-व्यथित छोड़कर आज शाम कलकत्ता वापस जा रहे हैं। लीजिए अपनी चीज, अब आप ही सँभालिए।

इस घटना से पहले आपके एक और साथी पत्र-रूप में घटित हो गए थे और तब इसकी सूचना आपको भी देने का खयाल आया था लेकिन फिर सोचा कि ऐसी खुराफातों से आपकी तन्मयता भंग करना उचित नहीं है।

बात यों है कि आपके सेठी जी ने मेरे पास एक पत्र भेजा जिसमें लिखा था कि डॉ. सुधीन्द्र ने 'हिन्दी कविता युगान्तर' में मुकुटधर पांडेय के छायावाद-सम्बन्धी एक ऐसे लेख का हवाला दिया है जो दिसम्बर, 1912 की 'सरस्वती' में छपा था। इस उद्धरण के सहारे सेठी जी ने मुझसे लिखित रूप में जवाब-तलब किया था कि फिर आप छायावाद का उदय 1920 ई. से कैसे मानते हैं?

तबीयत में आया कि वह पत्र सीधे आपके पास भेज दूँ ताकि आप इस 'नये' अनुसन्धित्सु की जिज्ञासा शान्त कर दें। लेकिन दो दिन बाद मित्रवर को ही एक कार्ड पर इतना लिखकर भेज दिया कि कृपया दिसम्बर, 1952 की 'सरस्वती' में वह लेख खोज लीजिए, फिर लिखिए। अब आप ही बताइए, मैंने गलत काम किया?

जहाँ तक मुझे याद है, मैं आज से चार-पाँच साल पहले सुधीन्द्र जी की पुस्तक में उक्त उद्धरण को देखने के बाद ही 'सरस्वती' में उसकी खोज करने गया था और अन्त में इस निष्कर्ष पर पहुँचना पड़ा कि सम्भवत: छापे की भूल से 1921 का 1912 छप गया है क्योंकि 1912 की 'सरस्वती' में ऐसा कोई लेख मुझे नहीं मिला।

सेठी जी के पत्र का इन्तजार अभी तक है। लेकिन मालूम होता है, अभी वे 'सरस्वती' की फाइलें ही उलट रहे हैं या कौन जाने, कोई नई सरस्वती ही गढ़ रहे हैं! मतलब यह कि वे सच्चे रिसर्च स्कॉलर हैं। कृपया आप उनका उद्धार करें, साथ ही मेरा भी!

आपके 21/9 के दोनों कार्ड कल शाम मिले। आपको जब फुर्सत मिले, चले आइए। मुझे अब कहीं नहीं जाना है। यहाँ पढ़ाई का काम अक्टूबर से बन्द रहेगा, तिमाही इम्तहान भर चलेगा और वह भी केवल 9 अक्टूबर तक। काशी वगैरह को उसी दिन घर के लिए रवाना कर दूँगा। बस, रह जाएँगे आप और मैं तथा भोजन बनाने के लिए महराजिन। ठाठ से पढ़ाई-लिखाई होगी। हाँ, आपको रुचिकर भोजन का थोड़ा कष्ट जरूर होगा लेकिन उतना कष्ट तो आपको देने के लिए मैं लाचार हूँ।

आचार्य सुकुल जी के अभिनन्दन में आप अवश्य सम्मिलित हों और 'वन्दना के उन स्वरों में एक स्वर मेरा भी मिला लें'। ऐसे आयोजनों का बहिष्कार करना अशिष्टता होगी।

इस समय तो मेरी आवश्यकता कुछ भी नहीं है। होगी भी तो याद नहीं आ रही है। बस, आप ज्यों-के-त्यों आ जाइए।

भैया को नमस्कार कहिए और महेश जी को स्नेह! अभी तक उनके पत्र का उत्तर न दे पाने के लिए अपने-आपसे ही असन्तुष्ट हूँ।

सस्नेह
नामवर

[9]

23.2.57

प्रिय भाई श्रीनारायण जी,

यह दो ही दिन में आप कैसी-कैसी बातें करने लग गए, एकदम बेगाने की तरह! यह 'श्रद्धेय डॉ. भाई' का सम्बोधन कहाँ से आ टपका? अपनों के बीच ऐसे सम्बोधन—ऊँचे सम्बोधन दीवार से लगते हैं। दरअसल सम्बोधन तो फूल की गेंद होने चाहिए जिन्हें दूसरे पर उछालते समय उछालने वाले को भी मजा आए और

जिसको लगे, उसे भी गुदगुदी मालूम हो। आप तो जैसे ढेला चला रहे हैं; लेकिन बेफिक्र रहें, मुझे चोट नहीं लगी। यह लड़कपन आप छोड़ें—गो यह सम्भव नहीं है क्योंकि साठ वर्ष की मियाद अभी काफी दूर है और मैं यदि आप ही के शब्दों में ठाकुर हूँ तो आप भी और बहुत कुछ होने के बावजूद मूलत: 'बाभन' ही हैं। खैर!

आपकी मन:स्थिति का अनुमान यहाँ होते हुए भी कुछ-कुछ मुझे हो रहा है। इस विषय में मुझे ज्यादा नहीं कहना है। केवल इतना कि अब आपने सचमुच ही 'संसार' में पैर रखा है। जिन्दगी वहाँ से शुरू होती है, जहाँ से विरोध शुरू होते हैं। यह मैं नहीं कह रहा हूँ—मेरे सीने की वे तमाम चोटें कह रही हैं जो पिछले सात-आठ साल के सधे प्रहारों में लगी हैं और जिनका घाव अब भी ताजा है। आरोप करनेवालों को करने दें क्योंकि जिसके पास करने के लिए कुछ नहीं होता, वही दूसरों पर आरोप करता है। अपनी ओर से आप अधिक-से-अधिक यही कर सकते हैं कि उन आरोपों को ओढ़ें नहीं। आरोप ओढ़ने की चीज नहीं, बिछाने की चीज है—वह चादर नहीं, दरी है। ठाठ से उस पर बैठिए और अचल रहिए।

मेरे पते नौटियाल के लिए आपने जो पत्र भेजा है, उसे मैंने आज उन्हें दे दिया। इसकी सूचना आपको वे स्वयं देंगे।

आपने जितनी चीजें समय-समय पर भेजी थीं, वे सब मुझे यथासमय मिल गईं। चिट्ठी न लिख सका, इसे चाहे आप मेरी कृतघ्नता समझें, चाहे चिरपरिचित आलस्य! इतने परिचय के बाद किसी तरह की सफाई में मौलिकता न होगी।

डॉक्टर हो जाने के बाद मरीज तो नहीं बढ़े लेकिन मर्ज जरूर बढ़ गया है। उम्मीद है, आप लिफाफे में दवा भेजते रहेंगे, वरना पीछे पछताएँगे क्योंकि पछताने के लिए तब डॉक्टर स्वयं न रहेगा।

सस्नेह
नामवर

[10]

23.2.57

प्रिय भाई पांडेय जी,

अभी-अभी 'इतिहास और आलोचना' शीर्षक पुस्तक के सोलह निबन्धों की विषय-सूची बनाकर प्रेस को भेजी है। उम्मीद है, पुस्तक कल छपकर तैयार हो जाएगी। आधे से कुछ ज्यादा निबन्ध एकदम नये हैं अर्थात् पहली बार ही पुस्तक में छप रहे हैं। देखके लिखिएगा। दोस्तों को बड़े प्रेम से याद करना पड़ा है।

इसी वजह से इतने दिनों तक चुप था। आपकी पाकिस्तान-यात्रा का वर्णन दिलचस्प होने के साथ ही बहुत Revealing था। आपने आगे की बातें क्यों नहीं भेजीं? क्या मेरे चुप रह जाने से आपका उत्साह मन्द पड़ गया? फिराक ने लिखा है :

जवाब का तो ख़ैर ज़िक्र क्या
मगर पुकारे जा (सुनाए जा)

आपका 'नया-पथ' वाला लेख देखा। 'विशेषज्ञों' के बीच उस स्फुलिंग को छोड़कर अभी चुप बैठा देख रहा हूँ कि धुआँ कहाँ से उठता है! तब बताऊँगा।

अपनी कहिए और साथ ही अपनों की भी। दादा को मेरा सलाम कहें।

भाई नामवर

[11]

23.3.57

प्रिय भाई श्रीनारायण जी,

शास्त्री जी के पत्र से आपका परीक्षाफल मालूम हुआ। मन को धक्का लगा लेकिन स्तब्ध नहीं हुआ क्योंकि यह आकस्मिक नहीं था। आशंका तो थी ही। कुचक्रियों के प्रति मन क्षुब्ध हो उठा है। लेकिन आप विश्वास रखिए, इससे अधिक वे बेचारे आपका बिगाड़ ही क्या सकते हैं? लोग गलत कहते हैं, जीवन 'परीक्षा' नहीं है और न व्यक्ति एकदम परीक्षार्थी है। जीवन इन सबसे कहीं बड़ी चीज है।

सुना है, आप 'बिजनेस' में जाना चाहते हैं? कदम उठाने से पहले आप सोच लें कि यह केवल प्रतिक्रिया तो नहीं है? आशा है, आप 'रिसर्च' से उदासीन न रहेंगे। डॉक्टर दादा के साथ आपने वैज्ञानिक कार्य-पद्धति में जो ट्रेनिंग ली है, उसका उपयोग तो होना चाहिए। इसके लिए उपयुक्त समय अब आया है।

पिछले सत्र में पता नहीं, मैंने क्या-क्या लिख डाला है! तब तक मुझे आपकी मनःस्थिति का कुछ भी पता न था। आशा है, आप अन्यथा न समझेंगे।

शास्त्री जी के पत्र से यह भी मालूम हुआ कि आप काशी आनेवाले हैं। कब तक? प्रतीक्षा तो खैर, अभी से कर रहा हूँ।

देव और हूब भैया को मेरा नमस्कार कहें, मामा जी को प्रणाम। महेश को स्नेह। क्या वे भी आपके साथ काशी नहीं आ सकते?

आपका
नामवर

[12]

25.4.57

प्रिय भाई,

आपकी चिट्ठी मिली। आपके साहस की कहानी सुनकर तबीयत फड़क उठी। यह देखकर खुशी हुई कि विश्वविद्यालय की पढ़ाई आपका कुछ बिगाड़ न सकी। किताबें दरअसल लोगों को कीड़ा बना देती हैं—कीड़ा अर्थात निरीह, दयनीय और उससे भी अधिक कायर। खैर, युयुत्सु-भाव के लिए तीन हुर्रे।

आगे की सलाह यह रही कि अब आप कलकत्ता छोड़ दीजिए। यह पलायनवाद नहीं है। 'रिसर्च' करना हो तो अपने घर आइए; या फिर कलकत्ते में रहना है तो पारिवारिक पेशे में हाथ-पाँव मारिए। इस साहित्यिक कीचड़ से वह काम-धाम कहीं साफ-सुथरा है। उसमें रहते हुए भी आप अपनी रुचि का लिखना-पढ़ना काफी कर लेंगे।

आचार्य जी ने आपको बुलाया है तो मिल आइए। वजीफा दें तो क्या कहने!

वैसे, इतनी दूर से वहाँ की स्थिति को बिना जाने ठीक-ठीक राय दे सकना मेरे लिए सम्भव नहीं है।

मैं मई के दूसरे सप्ताह के आरम्भ में ही कलकत्ता आऊँगा और दो-एक दिन रुकूँगा। उस समय सम्भवत: विस्तार से इस पर बात हो सकेगी।

अस्थित होने की आवश्यकता नहीं है; यह तो इब्तदाए-जंग है। आप भी क्या हैं!

स्नेह के साथ
नामवर

[13]

1.11.57

प्रिय भाई,

यदि आपकी 'अँखड़ियों (!) में झाईं पड़ गई है तो मेरा कार्ड काजल का काम न करेगा। आप बंगाल का ही काजल इस्तेमाल कीजिए; फिर सब 'सुकुल' हो जाएगा।

विषय की 'सिनाप्सिस' मिलकर ही तय हो सकती है और मुझे उम्मीद है कि आप इलाहाबाद वाले 'साहित्यकार सम्मेलन' (15, 16, 17 दिस.) में आएँगे ही, बल्कि आग्रह है कि जरूर आइए। डॉक्टर दादा भी आएँगे।

फिलहाल काम शुरू करने के लिए निम्नलिखित 'लाइन' उपयोगी होगी :

1. 1850–1900 तक की महत्त्वपूर्ण राजनीतिक घटनाओं की तिथि-क्रमानुसार सूची तैयार कर लीजिए।
2. इस समय जो समाज-सुधार सम्बन्धी आन्दोलन और कानून बने हैं, उनका भी खाका तैयार कर लीजिए।
3. फिर एक-एक कर तत्कालीन कविताओं, नाटकों और इतर साहित्यों में उनका उल्लेख ढूँढ़ डालिए।
4. अन्त में समस्त सामग्री को एक क्रम और व्यवस्था देने पर विचार होगा।
5. पश्चात तीन अध्याय सम्भवतः इन प्रश्नों को लेकर जोड़े जा सकते हैं :
   (क) उक्त समय के साहित्यकारों की राजनीतिक जागरूकता,
   (ख) सामाजिक जागरूकता,
   (ग) सामाजिक-राजनीतिक परिवर्तनों का साहित्य-रूपों पर प्रभाव।

'हंस' और 'कहानी विशेषांक' आपने देखा? मेरे निबन्धों की प्रतिक्रिया क्या हुई? लिखिएगा।

सस्नेह
नामवर

[14]

लोलार्क कुंड
16.5.58

प्रिय भाई श्रीनारायण जी,

आपका पत्र मिला। कलकत्ता जाने का कार्यक्रम तय नहीं हो पाता था, इसलिए आपको पत्र न लिख सका। अब ऐसा मालूम होता है कि मई में न जा सकूँगा। 2 जून, सोमवार को यहाँ से प्रस्थान करना कैसा रहेगा? यहाँ 29 मई को तुलसी पुस्तकालय के तत्त्वावधान में 'विनय पत्रिका' सम्मेलन हो रहा है, जिसमें मुझे एक लेख पढ़ना है। अच्छा हो, आप उसी समय आ जाएँ। फिर हम लोग या तो 31 मई को या 2 जून को यहाँ से चल दें।

डॉक्टर दादा यहाँ से कई बार इलाहाबाद गए और आए। मुलाकात होती रही। परसों वे फिर इलाहाबाद चले गए। अब शायद उधर ही से वे कलकत्ता जाएँ।

मनसा अस्वस्थ तो मैं कभी नहीं था, न तब और न अब। हाँ, सुस्त उस समय जरूर नहीं था। अब हूँ। बात पूछने का अधिकार आपने अभी नहीं खोया है और

मेरी ओर से आप आश्वस्त रहें। इतनी जल्दी और इतनी छोटी बातों पर मैं मित्रता नहीं तोड़ता। अपने मन से अब तत्सम्बन्धी समस्त आशंकाएँ निकाल दें।

लम्बा पत्र न लिखने के लिए इस समय क्षमा करें।

आशा है, आप निश्चिन्त और प्रसन्न कार्यरत होंगे।

आपका
नामवर सिंह

[15]

वाराणसी-1
26.5.58

प्रिय भाई श्रीनारायण जी,

आपका 24.5 का पत्र आज दोपहर मिला। कार्यक्रम परिवर्तन के लिए मैं स्वयं आपको लिखने वाला था। कलकत्ता के जो समाचार मिल रहे हैं, उनसे तो सारा उत्साह ठंडा हुआ जा रहा है। पानी की कमी, बीमारियों का जोर वगैरह तो है ही, वहाँ का हिन्दी जगत भी इस वातावरण से होड़ ले रहा है। ऐसी स्थिति में वहाँ जाना ठीक नहीं मालूम होता। इसलिए आप इत्मीनान से अपना कार्यक्रम बनाइए और जब सुविधा हो तभी आइए। 2-3 जून तक तो मैं यहाँ हूँ ही, उसके बाद एक-दो दिन के लिए इलाहाबाद जाने का इरादा है। किन्तु आपसे मिलकर ही इलाहाबाद जाऊँगा या फिर आप चाहेंगे तो इलाहाबाद से लौटकर मिलूँगा। अब आप अपना कार्यक्रम सूचित कीजिए।

आशा है, आप स्वस्थ और प्रसन्न होंगे।

सस्नेह
नामवर

[16]

वाराणसी
16.10.58

प्रिय भाई,

इतना समय शेष नहीं था कि आपके पत्र का उत्तर मुर्शिदाबाद के पते देता। क्षमा कीजिएगा। अखबारों से आपको विश्वविद्यालय के समाचार मिले होंगे।

लेकिन दरअसल उन समाचारों से वस्तुस्थिति की गम्भीरता का पता लगना कठिन है। लाठीचार्ज की भीषणता तथा विश्वविद्यालय पर सशस्त्र पुलिस के घेरे ने दिल को बेहद उदास कर दिया है। अपना प्यारा कहानीकार बुरी तरह घायल होकर जेल में पड़ा है। अब आप ही बताइए, ऐसे में काशी छोड़कर कहीं कैसे जाऊँ? उत्सव-समारोह या यात्रा के लिए उत्साह ही नहीं रहा। अब तो यही है कि आप इधर ही आ जाइए। फिर साथ-साथ चला चलूँगा। कृपया आने की सूचना दीजिए।

पत्रिकाएँ और लाइब्रेरी से open mind वाली किताब तो लेते आएँगे ही।

सबको यथायोग्य।

सस्नेह
नामवर

पुनश्च : शायद हमेशा-हमेशा के लिए ही यहाँ से चलना पड़ जाए!

[17]

23.12.58

प्रिय भाई श्रीनारायण जी,

मुर्शिदाबाद के पते पत्र लिखने का समय अब नहीं रहा, इसलिए कलकत्ते के पते ही लिख रहा हूँ। मेरे लिए कलकत्ता आना सम्भव नहीं है। इसलिए धन-संग्रह का कार्य आप ही को करना है। मेरी ओर से आप शरद देवड़ा, चन्द्रदेव सिंह, मनमोहन ठाकौर, हर्षनाथ, छेदीलाल जी और महेश मूदड़ा आदि से चन्दे के लिए कहें। ये लोग दस-पाँच जो भी दे सकें—तुरन्त लेकर भेज दीजिए। 13 नं. बहूबाजार में श्रीभगवती प्रसाद राय 'अनजान' जी रहते हैं, कृपया उनसे भी मेरा नाम लेकर इस कार्य के लिए कहें। वहाँ के जिन प्रोफेसरों का नाम आपने लिया है, उनसे तो कहना है ही। इसमें संकोच न कीजिए। देखिए तो, वे क्या कहते हैं! ठाकुर साहब और शास्त्री जी को मेरा पत्र दिखला के कहें और आशुतोष शुक्ल जी से भी। लोढ़ा जी को भी 'नहीं' नहीं कहना चाहिए। और भाई हूब नारायण जी तथा मामा? क्या वे कुछ भी नहीं करेंगे? जहाँ इतने मित्र और हितैषी हों, वहाँ से 500/- का प्रबन्ध न हो पाएगा तो क्या होगा? आप जोर लगाइए।

आशा है, प्रसन्न होंगे।

आपका
नामवर

[18]

लोलार्क कुंड
भदैनी, वाराणसी
12.1.59

प्रिय भाई,

क्षेत्र से लौटते ही आपका पत्र मिला और भाई से मालूम हुआ कि आपकी भेजी हुई निधि भी आ चुकी है। कृतज्ञता प्रकट करना कोरा उपचार होगा; मेरा अन्तर ही जानता है। छेदीलाल जी का पत्र आया था। उम्मीद है कि शीघ्र ही रकम भी आ जाएगी। मित्रों के स्नेह के सहारे ही मैं दिन-रात इस संघर्ष में जूझ रहा हूँ। सम्भावनाएँ बढ़ती जा रही हैं। सफलता में विश्वास दृढ़ हो रहा है।

शास्त्री जी का पत्र जरूर आया था। फिलहाल इतना समय नहीं है कि उनके साथ इस विषय पर पत्राचार किया जाए। यों मुझे उनसे कोई शिकायत नहीं है और न हो ही सकती है। उनके निषेध में भी कहीं-न-कहीं, किसी-न-किसी प्रकार की ममता तो है ही।

तारकनाथ जी का कोई पत्र नहीं आया, इसलिए स्वयं लिखने का इरादा फिलहाल स्थगित कर रखा है।

आशा है, आप स्वस्थ और प्रसन्न होंगे।

आपका
नामवर

[19]

लोलार्क कुंड
वाराणसी
21.3.59

प्रिय भाई श्रीनारायण जी,

आपने जो सुना है, ठीक है। 18 मई को मैंने चार्ज दे दिया और अब का.वि.वि. की 'सेवाओं' से मुक्त हूँ।

आपका निमंत्रण बड़े वक्त से मिला। अपना मुक्ति-दिवस मनाने के लिए आपसे अधिक निकटतम साथी कौन मिलेगा? लेकिन अभी कुछ दिनों के लिए क्षमा करें। 2 अप्रैल से काशी का इम्तहान है। फिर उसकी थीसिस! साथ-साथ

कुछ अपने लिखने का भी काम है जिसे अब तो फुर्सत से कर ही डालना है। इस तरह अप्रैल तक खाली हो सकना सम्भव नहीं है। इसके अलावा मई में कलकत्ता आने का एक विशेष बहाना भी रहेगा। छेदीलाल जी और चन्द्रदेव भाई 'नई कविता' पर कोई विराट विचार-गोष्ठी करनेवाले हैं, जिसमें मार्गव्यय का भार हलका हो जाएगा।

आशा है, मेरी मुक्ति से आप उतने ही प्रसन्न होंगे जितने किसी समय मेरी नियुक्ति से हुए थे! चलिए, विश्वविद्यालय के दायरे से निकलकर सीधे विश्व में प्रवेश करने का अवसर तो मिला! टीचरी ने सचमुच निकम्मा कर दिया था! आज इससे अधिक नहीं। भावुकता के लिए यह अवसर है ही नहीं! एक बार फिर संघर्षों के लिए शक्ति संचित करें!

ब्राह्मण का आशीर्वाद चाहिए।

सस्नेह
नामवर

[20]

लोलार्क कुंड
वाराणसी
12.5.59

प्रिय भाई,

इसी पशोपेश में आपको पत्र नहीं लिख सका कि कहीं आपकी छुट्टियाँ न हो गई हों! यों, इस वक्त आपके सहयोग की आवश्यकता सबसे अधिक थी। आपको जानकर यह खुशी होगी कि मैंने हिन्दी साहित्य के चिर-अभिलषित इतिहास का लेखन आरम्भ कर दिया है। कायदे से पांडुलिपि 10 जून तक तैयार हो जानी चाहिए। राजकमल से प्रकाशित होगा। पुस्तक 10 जुलाई से पहले छप जानी चाहिए। आपके आने तक प्राचीनकाल तो पूरा हो गया रहेगा। आधुनिक काल में आपके सहयोग का होना नितान्त आवश्यक है। विशेष रूप से भारतेन्दु-कालीन तिथियों, पत्र-पत्रिकाओं आदि सम्बन्धी तथ्यों के बारे में। आवश्यक सामग्रियों सहित मई के अन्त तक आ जाएँ तो बड़ा अच्छा हो। इसके बाद साथ ही कहीं चलने का प्रोग्राम बनाया जा सकता है। कृपया, अपने आने की सूचना दें।

आशा है, प्रसन्न होंगे।

आपका
नामवर

[21]

9, Civil Lines
Saugar
15.12.59

प्रिय भाई श्रीनारायण जी,

आप हर बार मुझे पराजित कर देते हैं। कलकत्ते से लौटते वक्त तय किया था कि मौखिक रूप से थीसिस पर जो नहीं बता सका था, उसे सागर पहुँचते ही लिखित रूप में भेजकर अपनी मानसिक शान्ति कर लूँगा। मैं सोचता ही रहा और आपने पहले ही पत्र भेज दिया। यही नहीं, आपने विज्ञापन की नकल भी भेज दी। सोच-सोचकर भीतर-ही-भीतर लज्जित होता रहा हूँ कि आपके लिए आज तक मैं कुछ भी तो नहीं कर सका। लेकिन आप हैं कि...।

गोपाल ने गाड़ी छूटते समय एक बात कही थी। आपको शायद न मालूम हो। खैर, वह ऐसी है भी नहीं कि आप जानें; दरअसल वह मेरे ही लिए थी। उतनी दूर से बुला तो लिया आपको लेकिन ठीक से एक घंटे के लिए हम लोग आपसी तौर पर बैठ भी न सके। पता नहीं, आप क्या सोचते होंगे! लेकिन यह ऐसा नाजुक विषय है जिसपर ज्यादा सोचने से माथा फटता है—बेहतर है, फिलहाल इसे इसी रूप में जहाँ-का-तहाँ छोड़ दूँ।

कलकत्ता में आवेदन-पत्र नहीं भेज रहा हूँ। संकेत मैंने आपको दे दिया था शायद। नदी के कूड़े की तरह घाट-घाट घूमना मुझे अब मंजूर नहीं है। बनारस के बाद सागर आया—यही बहुत है। दो इंटरव्यू सीमा है। अब इसके बाद किसी इंटरव्यू का सामना करने का माद्दा मुझमें नहीं है। दोस्त खामखा के लिए दुश्मन बनें सो अलग। हाँ, आप आवेदन-पत्र दें तो कुछ जोर लगाऊँ। साफ लिखिए।

अब जरा थीसिस पर दो बात। 'ईस्ट इंडिया कम्पनी की भाषा-सम्बन्धी नीति और उसका हिन्दी पर प्रभाव' पढ़ गया। प्रस्तुत तथ्यों की जो व्याख्या आपने दी है, वह मुझे Convincing नहीं लगी। मुझे तो उन तथ्यों से दूसरे ही निष्कर्ष निकलते दिखाई पड़ रहे हैं। धर्मानुसारी आँकड़ों की व्याख्या आप भी 'धर्मानुसार' ही करें, यह कोई जरूरी नहीं है। सवाल उस वक्त हिन्दी बनाम उर्दू का नहीं था क्योंकि आपके आँकड़ों से हिन्दी और उर्दू, दोनों ही समान रूप से उपेक्षित दिखाई पड़ती हैं। पृ. 86 पर उद्धृत Visitor General के विचार तथा पाद-टिप्पणी में उद्धृत D.P.I. की रिपोर्ट के अंश अत्यन्त महत्त्वपूर्ण हैं। मुझे वे दोनों ही वक्तव्य हिन्दी-विरोधी नहीं प्रतीत होते। इस सम्बन्ध में मेरे विचार कुछ इस प्रकार के हैं :

1. हिन्दी के विकास में बाधक तत्त्व उस समय मुख्यत: प्राच्यवादी थे जो संस्कृत, फारसी, अरबी के समर्थक थे। इन्हीं दकियानूसी सामन्ती शक्तियों के कारण भाषा के सवाल को धार्मिक रंग प्राप्त हुआ। फलस्वरूप आगे चलकर खड़ी बोली की नागर शैली को हिन्दी-मुस्लिम भेद-भावना के साथ जोड़कर उर्दू बनाम हिन्दी विवाद का रूप दे दिया गया। सम्भवत: तत्कालीन भारत सरकार की भाषा-नीति को इन सामन्ती शक्तियों ने प्रभावित किया, जैसाकि अन्य क्षेत्रों में भी किया।
2. दरअसल दो सवाल confuse हो गए हैं—माध्यम और साहित्य। हिन्दी साहित्य तथा उर्दू साहित्य इतना अपना और सुबोध था कि उसे अलग विषय के रूप में पढ़ने की आवश्यकता लोगों ने नहीं समझी और लोगों का ऐसा समझना ठीक भी था। पढ़ने की चीज थी संस्कृत, फारसी, अरबी आदि, जो उस समय इतिहास की वस्तु बन गई थी। लेकिन बुनियादी सवाल यह न था कि हिन्दी की पढ़ाई हो या नहीं। सवाल यह था कि शिक्षा, प्रशासन, न्याय आदि का माध्यम क्या हो? अंग्रेजी शासक स्वभावत: अपनी सुविधा के लिए अंग्रेजी को माध्यम बनाना चाहते थे। किन्तु सामान्य जनता की आवश्यकताओं के सामने वे झुकने के लिए विवश थे, जैसाकि D.P.I. की रिपोर्ट से जाहिर है : Hindi–a knowlegde of which is indispensable in public administration. यदि प्राच्यवादियों ने अड़ंगा न लगाया होता तो अंग्रेजी के समानान्तर खड़ी बोली हिन्दी उस समय माध्यम के रूप में स्वीकृत हो गई होती। अंग्रेज देशी भाषा को माध्यम बनाने के लिए लाचार थे, जैसेकि ईसाई धर्म-प्रचारक लाचार थे। (यद्यपि दोनों की लाचारियों में शक्ति-भेद से अन्तर था।)
3. वस्तुत: बुनियादी सवाल है भाषा-सम्बन्धी राजनीतिक चेतना के उदय का। अपनी भाषा के प्रति साहित्यिक चेतना तो लोगों में मध्ययुग में भी थी परन्तु भाषा राजनीतिक संगठनों का माध्यम है और इसे उपयुक्त माध्यम बनाया जाए—यह चेतना आधुनिक Communications के माध्यमों की जटिलता के साथ जुड़ी हुई है—अर्थात Language as communication और Comunanication in general के आपसी सम्बन्धों के उदय पर प्रकाश डालने वाले तथ्यों की खोज ज्यादा जरूरी है। इस पर विस्तार से फिर कभी।

स्नेह के साथ
आपका
नामवर

[22]

9, सिविल लाइन्स, सागर
(मध्य प्रदेश)
20.1.60

प्रिय भाई श्रीनारायण जी,

आज रजिस्टर्ड बुकपोस्ट से दोनों पुस्तकें भेज रहा हूँ। मैंने इन्हें काफी दिनों तक अपने पास रखा। इसके लिए आपके प्रति कृतज्ञता प्रकट करूँ या अपने तईं खेद—कुछ तय नहीं कर पा रहा हूँ।

आपकी थीसिस के मुतल्लिक मैंने एक लम्बा पत्र आपको लिखा था—सोचा था, आपकी प्रतिक्रिया प्राप्त होगी तो कुछ और लिखने की उत्तेजना मिलेगी। लेकिन आपने तो उस पर एकदम चुप्पी साध ली! क्या उस पत्र की बातें कोरी बकवास थीं? भाषा का अध्ययन 'कम्यूनिकेशन' के व्यापक परिवेश में ही हो सकता है। कम्पनी ने भारत में जिस क्रम से 'कम्यूनिकेशन' सम्बन्धी व्यवस्थाएँ कीं, उसी क्रम से भाषा के उपयोग में भी जटिलताएँ आईं। आशा है, आप इस लाइन पर सोचकर अपने कुछ विचार मुझे भेजेंगे।

कलकत्ते के समाचार? विश्वविद्यालय की नियुक्तियों का क्या हुआ? आपने आवेदन-पत्र दिया है या नहीं?

और कोई नई बात?

सस्नेह
नामवर

[23]

9, सिविल लाइन्स, सागर
(म.प्र.)
1.3.60

प्रिय भाई श्रीनारायण जी,

आपके अन्तिम पत्र के मिलने से पहले ही मैंने दोनों पुस्तकें नेशनल लाइब्रेरी को रजिस्ट्री बुकपोस्ट से रवाना कर दी थी। हर हालत में पुस्तकें 28 फरवरी से पहले पहुँच गई होंगी। आलस्यवश पुस्तकें बहुत दिनों तक मेरे ही पास रह गईं, इसके लिए क्षमाप्रार्थी हूँ। 'सेल्सम' वाली पुस्तक तो यूँ ही ली है किन्तु डे लेविस की पुस्तक काफी अच्छी है। वैसे उस विषय पर दर्शन तथा साहित्य के जर्नल्स में

काफी निबन्ध निकले हैं और कई निबन्धों में डे लेविस की मान्यताओं का खंडन भी किया गया है, फिर भी पुस्तक रखने योग्य है। यदि वह पुस्तक कलकत्ते में कहीं मिले तो उसकी एक प्रति मेरे लिए ले लीजिएगा। यहाँ दर्शन विभाग में 'कवि का सत्य' शीर्षक से मैंने एक भाषण दिया था जिस पर काफी चर्चा हुई। मैं स्वयं भी इस विषय पर एक विस्तृत निबन्ध तैयार कर रहा हूँ।

सुधीन्द्र दत्त की जो पुस्तक हम लोगों ने देखी थी, उसका नाम 'स्वगत' है। सम्भवत: उसके 2 जिल्द हैं। आप अपनी सुविधा के अनुसार उन्हें ले सकते हैं। 'नेशनल बुक एजेन्सी' में यदि Marxism Today के अंक दिसम्बर, '59 से हाल तक सुलभ हों तो कृपया वी.पी. से भेजवा दें। और Science and Society का भी Latest अंक।

अपने समाचार दें।

सस्नेह
नामवर

[24]

9, Civil Lines, Saugar
(Madhya Pradesh)
20.4.60

प्रिय भाई श्रीनारायण जी,

कोई बात नहीं, देर से ही सही, आपने पत्र की तरह पत्र तो लिखा। फर्ज अदायगी के लिए आपने कई कार्ड भी लिखे होते तो क्या होता? यह जानकर खुशी हुई कि आपने मेरी बातें ठीक समझीं और उन पर बहुत ही प्रासंगिक प्रश्न उठाए। आइए, उस बात को कुछ और आगे बढ़ाया जाए।

हिन्दी के विरोध में भारतीय प्राच्यवादियों के साथ अंग्रेज और यूरोपीय पंडितों को देखकर आपको आश्चर्य क्यों होता है? मलाँव पाँड़े, आप ही के काका या बाबा राहुल जी ने दिमागी गुलामी में लिखा है कि 'बेवकूफ हिन्दुस्तानी समझते हैं कि ऑक्सफोर्ड और कैम्ब्रिज से गदहे नहीं निकलते और सभी जैक और जॉन्सन साइंस छोड़कर दूसरी बात ही नहीं करते।...सर आलिवर लॉज जैसे नोबेल पुरस्कार विजेता वैज्ञानिक ने भी भूत-प्रेत, देवी-देवता वगैरह को बरसों पुराने वैज्ञानिक सिद्धान्तों से सिद्ध करना शुरू कर दिया।' कुछ आया समझ में? सामन्ती विचार केवल भारत या एशिया की घुट्टी में ही नहीं पड़े हैं, आधुनिक यूरोप के अजायबघर भी उनसे

भरे पड़े हैं। जिस यूरोप में आज भी 'चर्च' (खास तौर से कैथोलिक चर्च) इतना प्रभावशाली है बल्कि कम्यूनिज्म से लड़ने के लिए धार्मिक लबादा हटाकर राजनीतिक सत्ता के रूप में प्रबल हो रहा हो, उसे आप क्या कहेंगे? और हम लोग तो 19वीं सदी के पूर्वार्द्ध की बात कर रहे थे। लॉर्ड कार्नवालिस जिस इंग्लैंड से आकर भारत में नई जमींदारी प्रथा की नींव डाल सकता है, उस इंग्लैंड से क्या प्राचीनता-पूजक अंग्रेज पंडित भारत नहीं आ सकते? विक्टोरियन इंग्लैंड की तसवीर सामने रखिए और गुनिए। महारानी विक्टोरिया को मुगल सम्राटों की तरह दरबार का शौक क्या यों ही था? ब्रिटिश-क्राउन के प्रतिनिधि दिल्ली दरबार करते हैं, कलकत्ते में ताजमहल के जवाब में विक्टोरिया मेमोरियल बनवाया जाता है—क्या यह सब करने वाली राजसत्ता शुद्ध आधुनिक बुर्जुआजी की प्रतिनिधि है? इंग्लैंड में बुर्जुआ और सामन्ती तत्त्वों के मिश्रण को देखने के लिए ज्यादा महीन दिमाग की जरूरत नहीं है। वहाँ House of Commons ही नहीं, House of Lords भी है। वहाँ पार्लियामेंट ही नहीं, रानी भी हैं, उद्योगपति हैं तो ड्यूक और लॉर्ड भी हैं और है चर्च। अपने शासनकाल में अंग्रेजों ने भारत में भी यह दुहरा रूप सुरक्षित रखा—हिन्दुस्तान का कुछ भाग उन्होंने देशी राजाओं के हाथ में भी रहने दिया और जो भाग अपने पास रखा, उसमें भी ताल्लुकेदारों तथा जमींदारों की रक्षा की। धार्मिक स्वतंत्रता के नाम पर तमाम धार्मिक कोढ़ों को बनाये रखा।

इसके अलावा यह भी न भूलिए कि प्राच्यविद्या विशारद अंग्रेजों में अधिकांश मिशनरी थे और ये भारत में पूँजीवाद तथा नये उद्योगों की पताका फहराने नहीं आए थे।

आशा है, आपको अब यह बात स्पष्ट हो गई होगी कि जिस प्रकार अंग्रेजी साम्राज्यवाद का अपना स्वरूप बुर्जुआ-सामन्ती था, उसी प्रकार उपनिवेशों में उनके आर्थिक, राजनीतिक, सांस्कृतिक शोषण का रूप भी बुर्जुआ-सामन्ती था। चूँकि पूर्वी देशों के उपनिवेशों में सामन्ती संस्कारों की जड़ें काफी पुरानी थीं इसलिए उन्होंने इनके शोषण के लिए एक ओर तो हानिकारक सामन्ती तत्त्वों का उपयोग किया और दूसरी ओर उन्हें तोड़ा भी। उस समय के प्राच्यविद्या-वादी चाहे भारतीय हों, चाहे यूरोपीय, उनका मूल्यांकन करते समय उनके 'दुहरे रूप' को नहीं भूलना चाहिए। एक ओर वे अतीत की खोज से जातीय गौरव का बोध जगा रहे थे तो दूसरी ओर अनेक रूढ़ियों को भी पुनर्जीवित कर रहे थे। इनके इस दुहरे चरित्र के कारण उन्नीसवीं सदी के तथाकथित भारतीय 'रेनेसाँ' का भी दुहरा रूप था—एक ओर उसने विदेशी हुकूमत के विरोध में राष्ट्रीयता की भावना जगाई तो दूसरी ओर आधुनिक विचारों के विरुद्ध प्राचीन आदर्शों की दीवार भी खड़ी की।

यदि ऐसी बात नहीं थी तो फिर शिक्षा और शासन के लिए उन्होंने हिन्दी का विरोध क्यों किया? क्या यह महत्त्वपूर्ण तथ्य नहीं है कि संस्कृतवादी भारतीय

होते हुए भी हिन्दी के प्रश्न पर अंग्रेजी का समर्थन करते हैं? आज भी उन्होंने हिन्दी का विरोध करने के लिए दो मोर्चे खोल दिये—एक तो भारत में अंग्रेजी की रक्षा और दूसरा, संस्कृत पुनरुत्थान का। सुनीति कुमार दोनों मोर्चों पर लड़ते हैं। भारत सरकार ने जब हिन्दी की प्रगति के लिए कमीशन बनाया तो विरोधियों ने साजिश करके दो और कमीशन बनवा लिये—एक तो संस्कृत विद्या के विकास के लिए जिसके चेयरमैन सुनीति बाबू थे और दूसरा, अंग्रेजी के गिरते हुए स्तर पर विचार करने के लिए University Grants Commission की ओर से, जिसके चेयरमैन शायद कुंजरू थे। गौर कीजिए पंडित श्री कुंजरू की गोल टोपी पर और देखिए कि उस पर सन् क्या लिखा है और समर्थक देशमुख को भी पहचानिए जो बजट पेश करते समय लोक सभा में संस्कृत बोलता था—कितना अच्छा लगा था लोगों को! साहब सुनीति चटर्जी संस्कृत की वकालत कर रहे हैं और पंडित कुंजरू अंग्रेजी की और दोनों मिलकर हिन्दी का विरोध कर रहे हैं। कुछ समझ में आया?

आपका सस्नेह
नामवर

पुनश्च : अफसोस, अन्तर्देशीय समाप्त हो गया। आज ही बाकी बातें विस्तार से लिफाफे में भेजूँगा। अभी मैं यहाँ 7-8 मई तक हूँ। इसके बाद काशी। कलकत्ते आने का इरादा तो है, पर शायद जून में सम्भव हो। शेष फिर।

[25]

लोलार्क कुंड
वाराणसी
12.11.60

प्रिय भाई श्रीनारायण जी,

उम्रे-दराज माँग के लाए थे चार दिन,
दो आरजू में कट गए दो इन्तज़ार में।

इन्तजार आपके खत का और आरजू आपको खत लिखने की। कई बार सोचा था कि मैं ही लिखकर पूछ लूँ कि आखिर खामोशी क्यों? फिर सोचा कि किसी की खामोशी में दखल देना ठीक नहीं है।

जानकर खुशी हुई कि आपने थीसिस का कुछ अंश लिखकर डॉ. सत्येन्द्र जी को भेज दिया। जैसे भी हो, थीसिस आपको पूरी करनी है। लोढ़ा जी की चिन्ता न

कीजिए। कलकत्ता में जमा करनी है तो उन्हें पटा लिया जाएगा। पूजा में शास्त्री जी आए थे, जम्मू जाते हुए। आपके बारे में भी बातें हुईं। आपके लिए उनके हृदय में पहले ही जैसा स्नेह है।

यहाँ सब ठीक है। मैं अपने 'इतिहास' में लगा हूँ। राजकमल को दिसम्बर के अन्त तक दे देने का तय हुआ है। आपकी बड़ी जरूरत थी। यहाँ के हिन्दी विभाग का हाल यह है कि शर्मा जी अध्यक्ष हो गए बाकायदा। रुद्र जी की नियुक्ति हो गई। काशी अपनी थीसिस पर जुटे हैं। फेलोशिप मिल रही है। आपके यहाँ इधर आना सम्भव नहीं दिखता। दिसम्बर बाद शायद जनवरी में कलकत्ता जाने का कार्यक्रम बने तो आपके यहाँ चला चलूँगा। फुटकल लेखन के नाम पर 'ज्ञानोदय' और 'कृति' में कुछ लिखा है। राजकमल की 'नई कहानियाँ' में दिसम्बर अंक से नियमित 6 अंकों तक एक कॉलम लिखने का कॉन्ट्रैक्ट हुआ है, जिसकी पहली किस्त भेज दी।

आशा है, सानन्द होंगे।

सस्नेह
नामवर

[26]

लोलार्क कुंड, वाराणसी
22.2.61

प्रिय भाई श्रीनारायण जी,

मैं दिल्ली चला गया था। करीब दो सप्ताह रुक जाना पड़ा। आपका पत्र आने पर मिला। जवाब अब दे रहा हूँ।

1. 'कृति' का पता—85, नार्थ एवेन्यू, नई दिल्ली
2. नौटियाल का पता—टिहरी, उ.प्र.
3. आपकी अनूदित कहानी के लिए मैंने भैरव प्रसाद जी से कह दिया है। जल्द ही किसी अगले अंक में छपेगी।
4. 'सिद्ध साहित्य के उत्तराधिकार का प्रश्न' निबन्ध 'कृति' की अपेक्षा 'कल्पना' में प्रकाशित होने योग्य है। आप 'कल्पना' में ही भेजें।
5. 'नई कहानियाँ' में अभी तक 'हाशिए पर' की तीन किस्त निकल चुकी। चौथी किस्त कल ही भेज रहा हूँ जो 15 मार्च तक निकल जाएगी। क्या वहाँ यह पत्रिका नहीं पहुँचती?

आप आजकल और क्या लिख रहे हैं? 'थीसिस' आपने उपेक्षित कर रखी है—यह ठीक नहीं है।

मुझे कृष्णाचार्य के लिए 'रवीन्द्रनाथ और हिन्दी कविता' शीर्षक निबन्ध लिखना है। क्या आप इस पर कोई सामग्री भेज सकते हैं जो बंगला में छपी हो?

शेष कुशल है। आशा है, आप स्वस्थ एवं प्रसन्न होंगे।

आपका
नामवर

[27]

लोलार्क कुंड, वाराणसी
21.10.61

प्रिय भाई,

पूजा की छुट्टी हो गई लेकिन आप कहाँ हैं? किस दुनिया में हैं? न आपने मेरे पत्र का उत्तर दिया, न लाइब्रेरी की किताब का तकाजा किया और न काशी आने की सूचना ही दी—आखिर बात क्या है? मजे में तो हैं न?

बहरहाल, आप नहीं आ रहे हैं तो मैं ही आ रहा हूँ। शायद 31 अक्टूबर या 1 नवम्बर को पार्टी लेखकों की मीटिंग है और रवीन्द्र शताब्दी समारोह तो है ही। आप तो कलकत्ते में ही होंगे न? शेष आपका पत्र मिलने पर।

आशा है, स्वस्थ एवं प्रसन्न होंगे।

आपका
नामवर

[28]

लोलार्क कुंड, वाराणसी
5.1.62

प्रिय भाई श्रीनारायण जी,

यदि मुझे 2 तारीख को इलाहाबाद रेडियो पर टॉक रिकॉर्ड न करानी होती तो मैं आपके पीछे-पीछे बरहमपुर तक गया होता—केवल क्षमा माँगने के लिए। आप स्टेशन के लिए रवाना हुए, उसके 20 मिनट बाद ही मैं घर आया। खैर, गुनहगार मुझे साबित होना था और हो गया। सार्वजनिक कार्यक्रमों के प्रवाह में मैं बहता रहा

और आपका स्वाभिमान मुझे दूर किये रहा। कोई बात ही नहीं हुई। आप भी सोचते होंगे कि मैं कितना आत्मकेन्द्रित हूँ! मुझे यह दुराव बराबर सालता रहा। आप शायद जानते हैं कि व्यक्तिगत सम्बन्धों को मैं तमाम चीजों से ऊपर मानता हूँ और इन व्यक्तिगत सम्बन्धों में भी मित्रता को सर्वोपरि। मेरे लिए सबसे बड़ा दुख वह है जब मेरी तनिक-सी असावधानी से मेरा कोई मित्र मुझसे दूर चला जाए। आप भले ही यह सब न सोचें लेकिन अपनी आशंका से यह लिखे जा रहा हूँ। अब आप जो सोचें।

हूबनारायण भैया स्वयं स्टेशन तक आए थे। आपके बारे में बहुत-सी बातें बताते रहे। मालूम हुआ, आप बहुत दुखी हैं और सम्भवतः अध्यापन वगैरह छोड़कर व्यवसाय में आना चाहते हैं। इस दुख को मैं समझ सकता हूँ क्योंकि ऐसे धक्के का अनुभव मुझे भी है। मैं अभी इतना ही कहूँगा कि आप निर्णय लेने में जल्दी न करें। किसी भी कीमत पर रिसर्च आपको पूरी करनी है। मैंने तोमर जी से भी बातें कीं। वे आपका प्रबन्ध करने के लिए स्वयं प्रयत्नशील हैं। आप एक बार फिर उनसे मिल लें। मेरी भी अपनी सीमाएँ हैं। लेकिन मैं दूसरी जगह भी आपके लिए लिख रहा हूँ। नये सेशन के शुरू होने तक कोई-न-कोई सूरत जरूर निकल जाएगी। आप चित्त को दृढ़ रखें। शेष फिर।

सस्नेह
नामवर

[29]

लोलार्क कुंड, वाराणसी
20.7.62

प्रिय भाई श्रीनारायण जी,

'लेखन-उत्पत्ति और विकास' मिला। कल शाम सरसरी तौर से देख गया। अनुवाद साफ है। मैं शीघ्र ही इसको संशोधित करके आपके पास भेज दूँगा। उससे साफ हो जाएगा कि मैं कैसा अनुवाद पसन्द करता हूँ। आगे का काम उसके बाद ही शुरू करें। वैसे भी, जगह बदलने की तैयारियों में आप शायद ही इसके लिए समय निकाल पाएँ। आपने इस कार्य में सहयोग देकर मुझे सचमुच उबार लिया। यह सोचकर कितनी खुशी होती है कि Language के अनुवाद में आप मेरे सहयोगी हैं और हम दोनों का संयुक्त प्रयास एक अच्छे ग्रंथ के अनुवाद के रूप में सामने आएगा।

Adam की 'हिन्दी-इंग्लिश-डिक्शनरी' के बारे में जब भी आपको फुर्सत मिले, पता लगाएँ। यहाँ तो वह नहीं है। श्री वंशीधर पंडा को अब मैं पत्र लिखे देता हूँ।

Marxist Review के अंक यदि कलकत्ते में हों तो कृपया भेज दें।

नई जगह पहुँचने पर कार्ड लिखें। लोढ़ा जी से मेल-मिलाप करके आपने अच्छा ही किया। शायद पिछले पत्र में आपने इसका जिक्र किया था। शास्त्री जी इसके लिए बधाई के पात्र हैं।

आप जो जगह छोड़ रहे हैं, उसके साथ कुछ अपनी भी स्मृतियाँ हैं और यह सोचकर हलका-सा विषाद मैं भी अनुभव कर रहा हूँ। कृपया श्यामबाबू आदि मित्रों को मेरा भी स्नेह नमस्कार कहें। शेष कुशल है।

आपका
नामवर

[30]

लोलार्क कुंड, वाराणसी
28.8.62

प्रिय भाई,

पत्र मिला। तीन सप्ताह से मैं बाहर था : दिल्ली और प्रयाग। पहले आपको ज्यादा काम से परेशानी थी और अब कम काम से! मुझे वह शेर याद आ रहा है :

कभी पाबन्दियों से छुट के भी दम घुटने लगता है,
दरो-दीवार हो जिसमें वही जिन्दा नहीं होता।

'कफन' और 'पुरस्कार' पर जल्दी ही कुछ-न-कुछ लिख भेजूँगा। 'कफन' में सबसे महत्त्वपूर्ण है अन्त की आयरनी या विडम्बना। 'दर्द का हद से गुजरना है दवा हो जाना'। एक हद के बाद दर्द 'सिनिसिज्म' का रूप धारण कर लेता है। कहानी की 'थीम' यही है। इसने कहानी के 'ढाँचे' को भी बदल दिया है अर्थात इसका कथानक प्रेमचन्द की अन्य कहानियों से काफी भिन्न है, यहाँ तक कि इसमें कोई कथानक दिखाई ही नहीं पड़ता।

'पुरस्कार' कला की दृष्टि से नाटकीय कहानी है। सरलता के साथ इसे नाटक में बदला जा सकता है। मुख्य थीम—व्यक्तिगत प्रेम बनाम राष्ट्र-प्रेम। गांधी-युग का चिरपरिचित द्वन्द्व। देखना यह है कि इस द्वन्द्व को प्रसाद जी ने कितनी सफलता से चित्रित किया है! वातावरण को किस तरह उन्होंने सजीव रूप दिया है! बस, ये संकेत हैं।

प्रेमचन्द और प्रसाद की भाषा की तुलना करते हुए आप छात्रों को सारी बातें स्पष्ट कर सकते हैं।

'इतिहास और आलोचना' की कॉपियाँ इलाहाबाद से मँगवा रहा हूँ। आते ही आपकी प्रति रवाना कर दूँगा।

घर पर सभी लोगों के साथ मैं स्वस्थ एवं प्रसन्न हूँ। आशा है, आप भी सानन्द होंगे।

आपका
नामवर

[31]

लोलार्क कुंड, वाराणसी
19.9.62

प्रिय भाई,

आपका पत्र मिला। इधर अपने पत्रों में आप 'थीसिस' का जिक्र नहीं करते! क्या बात है? पढ़ाने में रस मिलने लगा है क्या? भयंकर नशा है यह। लिखने की सारी इच्छाएँ मार देता है।

विजयादशमी बिताकर दीवाली से कुछ पहले मैं कलकत्ता आना चाहता हूँ—दो-तीन सप्ताह के लिए। 'लैंग्वेज' के अनुवाद की बातें तभी तय होंगी। आप चाहेंगे तो आप, वरना लखेड़ा जी के लिए आप कहेंगे तो फिर वही। मैंने तो आप ही पर छोड़ दिया है। जब आपको अवकाश न होगा तभी मैं लखेड़ा जी से कहूँगा। गरज कि मैं आऊँगा तो साथ-साथ ही हम लोग कुछ अध्यायों के अनुवाद करेंगे ताकि आगे भी एकरूपता रहे। आप लिखिए कि छुट्टी में आप कहाँ रहेंगे? मेरा कार्यक्रम तदनुरूप ही बनेगा। डनहम और लीविस की पुस्तकों के नाम क्या हैं? मेरे लिए आप दोनों की एक-एक कॉपी सुरक्षित रखिए। अवश्य।

शेष कुशल है। आशा है, आप प्रसन्न होंगे।

आपका
नामवर

[32]

लोलार्क कुंड
वाराणसी
1.12.62

प्रिय भाई,

पत्र मिला। 'करुणा' के उस वाक्य का अर्थ पूर्ववर्ती वाक्य की सहायता से काफी स्पष्ट हो जाएगा। फिर भी मैं कुछ संकेत दिये देता हूँ।

1. करुणा की तीव्रता का सापेक्ष विधान = करुणा की तीव्रता सापेक्ष होती है। अपरिचित के दुख पर जो करुणा होती है, उससे कहीं अधिक करुणा परिचित के दुख पर होती है। इसी प्रकार सम्बन्ध, संसर्ग एवं दुखी व्यक्ति के गुण के अनुसार करुणा की तीव्रता बढ़ती जाती है।
2. जीवन-निर्वाह की सुगमता और कार्य विभाग की पूर्णता—यदि सब पर समान भाव से करुणा की जाए तो जीवन-निर्वाह में बाधा पड़ सकती है और अनेक कार्य अपूर्ण रह सकते हैं। जो लोग संसार से विरक्त साधु-संन्यासी हैं, वे तो जीवन मात्र पर समान भाव से करुणामय होने की घोषणा कर सकते हैं किन्तु संसार के विविध सामाजिक सम्बन्धों का निर्वाह करने वाले व्यक्ति की हालत हर हालत में सापेक्ष ही होगी—व्यक्ति सापेक्ष, परिस्थिति सापेक्ष एवं दुख कोटि सापेक्ष। यह सापेक्षता संसार चलाने के लिए आवश्यक है। जितना दुख उतनी करुणा, जैसा व्यक्ति वैसी करुणा—यदि ऐसा न हो तो संसार एक दिन न चले। भगवान बुद्ध के समान हर सांसारिक व्यक्ति निरपेक्ष भाव से करुणामय नहीं हो सकता। स्पष्टतः शुक्ल जी यहाँ बौद्धों की करुणा से भिन्न सिद्धान्त का समर्थन कर रहे हैं।

आशा है, आपका काम इतने से चल जाएगा। और कुछ हो तो लिखिएगा।

आपका
नामवर

[33]

लोलार्क कुंड, वाराणसी
19.3.63

प्रिय भाई,

आपके पत्र मिले। पिछला पत्र जब आया था तो मैं लखनऊ था। आजकल यहीं हूँ। जवाब उस समय इसलिए नहीं दिया कि जल्द ही कलकत्ता आने की बात थी। सोचा था, प्रोग्राम बन जाने पर आपको लिखूँगा। लेकिन बात टल गई। कलकत्ते आने की बात अब भी है। इसराइल वगैरह ने बुलाया है। शायद अप्रैल के पहले सप्ताह में। तय हो जाने पर आपको लिखूँगा। वैसे, अभी तक गर्मियों में कहीं जाने का विचार नहीं है।

आजकल घर अस्पताल बना हुआ है। काशी की छोटी साली को गठिया की शिकायत है। वह यहीं आई हुई है और इलाज चल रहा है। वहाँ से

दो-तीन जन और भी आए हुए हैं। इसलिए थोड़ी-सी परेशानी है। और कोई विशेष बात नहीं है।

आप कैसे हैं ? अपने समाचार विस्तार से दें।

आशा है, प्रसन्न होंगे।

आपका
नामवर

[34]

लोलार्क कुंड, वाराणसी
11.4.63

प्रिय भाई,

मैं 13 अप्रैल को बम्बई मेल से कलकत्ता पहुँच रहा हूँ। ट्रेन का निश्चय न था इसलिए आपको पहले सूचना न दे सका। यदि आपको समय मिले तो कलकत्ता आ जाइए। भाई हूबनारायण जी को मैंने पत्र लिख दिया है। सीधे आप ही के घर जाऊँगा। आठ-दस दिन रुकने का इरादा है। जाने का बहाना पश्चिम बंग हिन्दी सम्मेलन। शायद आप भी उसमें जाने वाले हों! इसराइल-अवधनारायण वगैरह ने जोर दिया कि इस अवसर से लाभ उठाकर चला आऊँ। कुछ अपना भी काम था ही। यदि आप न मिले तब भी मैं लौटते समय आपको खबर देकर रानीगंज में मिलता आऊँगा। शेष मिलने पर।

आपका
नामवर

पुनश्च : यदि पत्र पहले मिल जाए तो रानीगंज स्टेशन पर 13 की सुबह बम्बई मेल देख लीजिएगा।

[35]

401/7, अपर चित्तपुर
कलकत्ता-7
23.4.63

प्रिय भाई श्रीनारायण जी,

आखिर मैं आपके यहाँ न पहुँच सका। मुझे अफसोस है। इन्तजार के लिए माफी चाहता हूँ। आप तो जानते हैं, यह कलकत्ता है। लोग निकलने ही नहीं दे रहे

हैं। अब तो ऐसा लगता है कि 08 तारीख यानी रविवार तक यहीं रहूँगा और सोमवार को शाम 5 बजे वाली गाड़ी से आऊँगा।

आपकी चिट्ठी आई थी। प्रेस में फोन किया गया था। प्रूफ तैयार है लेकिन देखे कौन? कमला तिवारी जी को टाइफाइड हुआ है। पड़े हैं। इसलिए बेहतर है, आप ही आ जाइए अगर जल्दी चाहते हैं। मैं भी आपके साथ ही चला चलूँगा।

शेष कुशल है। मिलने पर।

आपका
नामवर

[36]

लोलार्क कुंड
वाराणसी
8.8.63

प्रिय भाई श्रीनारायण जी,

काशी ने जुलाई में ही अपनी थीसिस जमा कर दी। केदारनाथ जी भी तीन-चार दिन पहले थीसिस जमा करके पडरौना चले गए। अब आपकी ही ओर मैं देख रहा हूँ। इस साल आप भी जमा कर दें तो मन निश्चिन्त हो जाए।

विजय का नाम क्वीन्स कॉलेज में लिखाया गया है। जरा दूर है लेकिन पढ़ाई अच्छी होती है, इसलिए यह दूरी, दूरी नहीं।

Suggestiveness के लिए फ्रेंच प्रतीकवाद और संस्कृत के ध्वनि-सिद्धान्त को देख सकते हैं। लोगों का कुछ ऐसा खयाल है कि ध्वनि-काव्य उत्तम होता है। रवीन्द्र-काव्य में जहाँ भी प्रतीकों का प्रयोग है, **ध्वनि** अथवा व्यंजना समझिए। खेया, नैवेद्य, गीतांजलि आदि रहस्यवादी काल की कविताओं में यह बात उभरकर प्रकट हुई है। आप कोई निबन्ध तैयार कर रहे हैं क्या? स्पष्ट लिखिए तो कुछ और विस्तार से बतला सकूँगा।

'अशोक के फूल' में साहित्यिक दृष्टि से केन्द्रीय निबन्ध है : 'मनुष्य ही साहित्य का लक्ष्य है'। शीर्षक ठीक-ठीक याद नहीं आ रहा है। पुस्तक का सबसे बड़ा निबन्ध वही है। इसमें द्विवेदी जी की साहित्य-सम्बन्धी सभी मान्यताएँ प्रायः आ गई हैं। इसके बाद है 'अशोक के फूल' शीर्षक निबन्ध—कल्पनाशील सांस्कृतिक अन्तर्दृष्टि का सूचक। जोर देने की चीज है : प्राचीन संस्कृति और इतिहास की नवीन कल्पना प्रवण (Creative and imaginative) व्याख्या। क्या इतने संकेत से काम चल जाएगा?

अब आपकी बवासीर का क्या हाल है? डटकर इलाज क्यों नहीं करते? बड़ा खराब रोग है। कलकत्ता कब जा रहे हैं? एन.बी.ए. से A Philosophy of Man (L & W) पुस्तक लेनी है।

सस्नेह
नामवर

पुनश्च: नेशनल लाइब्रेरी वाली पुस्तक का समय भी तो बीत रहा होगा। सीधे आप ही के पास डाक से भेज दूँ न?

[37]

लोलार्क कुंड
वाराणसी
11.8.63

प्रिय भाई श्रीनारायण जी,

अपने पहले कार्ड के जवाब में आप मेरा एक कार्ड पा चुके होंगे। अब रहा आपका यह पत्र। आपने भावी इंटरव्यू के जिस सम्भावित प्रश्न का उत्तर मुझसे पूछा है, क्या आप उस प्रश्न के बारे में पूर्णत: आश्वस्त हैं? ठीक से पता कर लीजिए—अनुभवी लोगों से। मैं तो सिर्फ अनुमान ही लगा सकता हूँ। लेकिन मेरा खयाल है कि वह प्रश्न यदि पूछा भी जाएगा तो एकदम अन्त में—शायद चलते-चलते। और मेरे विचार से आपसे विद्वत्तापूर्ण विस्तृत उत्तर की अपेक्षा नहीं की जाएगी। ध्यान रखिए कि वह इंटरव्यू सरकारी नौकरी का है, किसी कॉलेज का नहीं। ऐसी जगह यदि मुझसे पूछा जाएगा कि पश्चिम बंगाल में हिन्दी-प्रचार के लिए आप क्या कर सकते हैं अथवा आपकी क्या योजना है तो मेरा संक्षिप्त उत्तर यही होगा कि इस विषय में 'योजना' बनाना मेरा काम नहीं है। न तो मुझे इसका अधिकार है और न मुझसे इसकी उम्मीद ही की जाती है। मेरा काम है—सिर्फ सरकार द्वारा बनाई हुई योजना को, ऊपर के आदेशों के अनुसार, भरसक सफल ढंग से कार्यान्वित करना, बस!

इसके बाद स्वभावत: यह प्रश्न उठेगा कि इस सम्बन्ध में पश्चिम बंग सरकार की क्या योजना है? उस योजना के बारे में आपकी जानकारी क्या है? इस प्रकार सवाल आपकी जानकारी का है; अपनी ओर से कोई नई मौलिक योजना पेश करने का नहीं। यदि आपने अतिरिक्त उत्साह के आवेश में कोई मौलिक योजना रखी तो बंटाधार ही समझिए। इसलिए मेरा सुझाव है कि सबसे पहले आप पश्चिम बंग सरकार की हिन्दी नीति का पूरा अध्ययन कर लीजिए। हिन्दी सम्बन्धी योजना की पर्याप्त जानकारी हासिल कर लीजिए। इसके अतिरिक्त कहीं से ये आँकड़े भी प्राप्त

कर लीजिए कि पिछले पन्द्रह-सोलह वर्षों में पश्चिम बंग सरकार ने हिन्दी प्रचार के लिए क्या किया है?

इन सूचनाओं के बाद आपको यह भी पता होना चाहिए कि केन्द्रीय सरकार के केन्द्रीय हिन्दी निदेशालय (Central Hindi Directorate) की ओर से जो तत्सम्बन्धी कार्य हुए हैं, वे इस विषय में कितने सहायक हो सकते हैं। जैसे—बंगला-हिन्दी, मराठी-हिन्दी, तमिल-हिन्दी आदि की उभयनिष्ठ शब्दावली (Common Vocabulary of basic words in Bengali and Hindi)। यद्यपि ये शब्दकोश बहुत संक्षिप्त हैं और जल्दी-जल्दी में तैयार किए जाने के कारण अपर्याप्त और अपूर्ण भी लेकिन 'अभावे शालिचूर्णं वा' तो हैं ही। इस दिशा में केन्द्रीय हिन्दी निदेशालय से प्रकाशित होने वाली त्रैमासिक 'भाषा' नामक पत्रिका अत्यन्त उपयोगी है। इसमें अन्य अनेक बातों के अलावा समय-समय पर अन्य भारतीय भाषाओं का द्वैभाषिक हिन्दी अनुवाद छपता रहता है, जैसे एक ओर बंगला लिपि में बंगला की कोई कविता या कहानी छापकर उसके साथ ही उसका हिन्दी अनुवाद; और कभी-कभी हिन्दी की किसी कविता या कहानी को छापकर उसके समानान्तर उसका बंगला अनुवाद।

मेरा खयाल है कि अहिन्दी प्रदेशों में बहुत कुछ तो यही नहीं पता है कि सरकार ने उन क्षेत्रों में हिन्दी के प्रचार-प्रसार के लिए कितना ठोस काम कर दिया है—हिन्दी अफसरों को भी सम्भवत: इसकी पूरी जानकारी नहीं है। इसलिए पहला काम तो इन कार्यों की यथेष्ट जानकारी कराना है।

मुझे नहीं पता कि Hindi Education Officer को हिन्दी शिक्षण का कार्य करना है या नहीं? एक भिन्न भाषा-भाषी समूह को हिन्दी पढ़ाने का कार्य अपने-आपमें बड़ा जटिल प्रश्न है और इसके लिए अनेक प्रकार की वैज्ञानिक पद्धतियाँ प्रस्तुत की गई हैं। सरकार की ओर से इस प्रकार का एक प्रशिक्षण केन्द्र भी स्थापित किया गया है। आपको यह सुविधा है कि आप बंगला भी अच्छी जानते हैं और इस प्रकार अच्छी तरह समझ सकते हैं कि बंगाली छात्रों को हिन्दी सीखने में कौन-सी विशेष कठिनाई होती है। आप इस प्रश्न का उत्तर स्वयं ही तैयार कर सकते हैं।

कुल मिलाकर मुझे यह कहना है कि इंटरव्यू में आप नि:संकोच और निर्द्वन्द्व भाव से जाइए। इंटरव्यू इंटरव्यू ही है, कोई viva-voice नहीं है। किसी परीक्षा जैसी तैयारी की जरूरत नहीं है। जो हिन्दी का विशेषज्ञ आएगा, उसके 'पांडित्यपूर्ण साहित्यिक' प्रश्नों के लिए तैयार रहिएगा क्योंकि वह अपना विद्वत्ता का रौब गालिब करने के लिए निश्चय ही नौकरी से नितान्त असम्बद्ध कुछ अप्रासंगिक 'साहित्यिक प्रश्न' अवश्य पूछेगा। खैर!

आपका
सस्नेह नामवर

[38]

लोलार्क कुंड
वाराणसी
10.9.63

प्रिय भाई,

इंटरव्यू वाले समाचार मिले। चलिए, एक चिन्ता तो दूर हुई। मन हलका हो गया। दूसरे के बारे में कोई नई सूचना मिली हो तो खबर दें।

नेशनल लाइब्रेरी वाली पुस्तक जमा हो गई। देर के लिए क्षमा चाहता हूँ। लेकिन वह तो जैसे हर बार की आदत हो गई है।

सुना है, बंगला में कोई 'नन्दन' पत्रिका निकलती है, जिसके नये अंक में सौन्दर्यशास्त्र सम्बन्धी कुछ अच्छे निबन्ध हैं। क्या कहीं से उसका अंक मिल सकता है ? आप पता लगाएँ और निबन्धों के शीर्षक मालूम हों तो किसी एक का अनुवाद करके चौहान जी की 'आलोचना' में प्रकाशनार्थ भेज दें।

डॉक्टर साहा के बारे में खबर है कि आजकल वे इलाहाबाद हैं। काशी आएँगे तो आपको लिखूँगा।

और सब कुशल है। आपकी उस बीमारी के क्या हाल हैं ? दवा कर रहे हैं या इत्मीनान से उसे बढ़ने दे रहे हैं ?

आशा है, प्रसन्न हैं।

आपका
नामवर

[39]

लोलार्क कुंड
वाराणसी-1
4.3.64

प्रिय भाई श्रीनारायण जी,

मैं तो न आ सका लेकिन काशी जा रहे हैं। आज शाम बनारस-हावड़ा एक्सप्रेस से। कल सुबह वे चित्तरंजन पहुँचेंगे और सम्भवत: दो-एक दिन वहाँ रुकेंगे। चित्तरंजन में काशी के एक मित्र रहते हैं—वकील साहब के सबसे छोटे भाई। चित्तरंजन से सम्भवत: अपने मित्र के साथ वे 7 तारीख को किसी ट्रेन से कलकत्ता चले जाएँगे और वहाँ रामअधार, प्रेमसेन के साथ 12-13 मार्च तक रहेंगे। मैंने काशी को आपका पता दे दिया है। यदि वे निश्चित ट्रेन की सूचना आपको दे दें तो आप कृपया समय निकालकर स्टेशन पर मिल लें। यदि यह सम्भव न हो सके तो

अपनी सुविधा के अनुसार आप भी कलकत्ता का प्रोग्राम एक-आध दिन के लिए बना लें। आप तो जानते हैं, काशी पहली बार कलकत्ता जा रहे हैं और वहाँ के वातावरण में उन्हें आपका संरक्षण आवश्यक है। वैसे तो रामअधार, प्रेमसेन हैं ही लेकिन मुझे इससे सन्तोष न होगा। और सब कुशल है। काशी के हाथ आप अपना कुशलक्षेम कहला दें। मार्च मध्य तक मेरा प्रोग्राम दिल्ली जाने का है। इधर पार्टी लेखकों के सम्मेलन में कुछ व्यस्त हूँ। इसलिए अभी कलकत्ता की तरफ आने का सवाल नहीं उठता। इधर से खाली होने के बाद ही कुछ दिन आपके साथ आराम से बिताने के लिए आ सकूँगा।

आपने इधर क्या लिखा है? जानने की इच्छा है।

आशा है, प्रसन्न हैं।

सस्नेह

नामवर

[40]

लोलार्क कुंड

वाराणसी-1

14.7.64

प्रिय भाई,

आपका 9.7 का कार्ड मिल गया। कुछ दिन पहले मैंने आपको एक कार्ड कलकत्ता के पते पर लिखा था। मालूम होता है, वह नहीं मिला। खैर, उसमें कोई खास बात नहीं थी। थी तो सिर्फ एक बात—ए. ग्राम्शी की पुस्तक 'मॉडर्न प्रिन्स एंड अदर राइटिंग्स'। प्रकाशक—लारेंस एंड विशार्ट, लन्दन। शायद एन.बी.ए. में मिल जाए। कभी उधर जाएँ तो देख लें।

दिल्ली में आप जब इंटरव्यू के लिए बुलाए जाएँ तो यहाँ से होते हुए जाएँ। वैसे, आप वहाँ के लिए अधिक आशा न करें। एक आदमी पहले से ही काम कर रहा है।

यदि आपको 'कफन' या 'शतरंज के खिलाड़ी' का नाट्यज्ञ-रूप मिल जाए तो उसी का अभिनय करवाइए। काफी सफल होगा। यहाँ आई.पी.टी.ए. की ओर से हम लोग कई बार खेल चुके हैं।

प्रसाद जी की 'कामायनी' की मूल पांडुलिपि तथा उसमें किये गए परवर्ती परिवर्तन-संशोधन भी सुलभ हैं, उनके पुत्र के पास। इसके आधार पर नागरी प्र. पत्रिका में कुछ वर्ष पहले डॉ. रमेश कुन्तल मेघ ने काफी लम्बा लेख लिखा था। यदि आप ऐसा कोई लेख लिखना चाहते हैं तो इस सामग्री को भी देख लें। वैसे, विचार बहुत अच्छा है।

शुक्ल जी के निबन्धों को बटोर लीजिए। काम आएँगे। न हो तो उनके अंग्रेजी निबन्ध भी ढूँढ़ लें। कहेंगे तो 'रिफरेंस' भेज दूँगा।

'मराल' के लिए लेख जरूर भेजिए। सोवियत-सूचना केन्द्र के पास नाम भेज दिया है।

शेष कुशल है। आशा है, प्रसन्न हैं।

आपका
नामवर

पुनश्च : अगस्त 3-4 तक खाली नहीं हूँ। उसके बाद ही सम्भव है। इस बारे में फिर लिखेंगे।

[41]

एरणाकुलम, केरल
27.8.64

प्रिय भाई,

अपनी केरल-यात्रा से 2 सितम्बर की दोपहर को कलकत्ता लौटूँगा और वहाँ कम-से-कम तीन दिन रुकने का इरादा है। क्या आप उस समय एक-आध दिन के लिए कलकत्ता आ सकेंगे? आपकी अनुपस्थिति में मैं शरद देवड़ा के साथ बालीगंज में ठहर रहा हूँ। आपके आने पर मैं आपके आवास पर भी भैया वगैरह से मिलने आऊँगा। आते समय जल्दी थी, इसलिए आपको पूर्व सूचना न दी। आशा है, इसके लिए क्षमा करेंगे। शेष मिलने पर।

सस्नेह
नामवर

[42]

लोलार्क कुंड
वाराणसी
11.12.64

प्रिय भाई श्रीनारायण जी,

कल रात इलाहाबाद से लौटा तो आपका पत्र पड़ा मिला। इलाहाबाद में दो सप्ताह रुक गया। पत्र में देर के लिए क्षमा कीजिएगा। अब शुक्ल जी के उस वाक्य का अर्थ :

करुणा की तीव्रता का सापेक्ष विधान क्यों? जीवन-निर्वाह की सुगमता और कार्य-विभाग की पूर्णता के लिए।

शुक्ल जी का कहना है कि करुणा के लिए किसी व्यक्ति का दुखी होना ही काफी है। इस दृष्टि से अन्य भावों की अपेक्षा करुणा बहुत कुछ निरपेक्ष है। किन्तु करुणा की तीव्रता सापेक्ष है। हर दुखी व्यक्ति के लिए समान करुणा नहीं प्रकट की जाती। वह व्यक्ति कौन है, कैसा है तथा उसका दुख किस कोटि का है—इस विचार से करुणा की मात्रा का निश्चय होता है। यदि ऐसा न हो और बिना विवेक के हम सब पर समान भाव से करुणा प्रकट करें तो जीवन-निर्वाह दूभर हो जाए। उदाहरण के लिए किसी को पिटते देखकर तत्काल उसके प्रति हमारे मन में करुणा का भाव उदित होता है किन्तु यदि इसी से सन्तुष्ट होकर हम उस व्यक्ति का पक्ष लेकर पीटने वाले से लड़ने के लिए तैयार हो जाएँ तो? मान लीजिए, जाँच करने पर मालूम हो कि पिटने वाला व्यक्ति चोर है तब आपकी करुणा में कोई परिवर्तन आएगा या नहीं? यदि इस पर भी आपकी करुणा में कोई परिवर्तन न आए तो समाज के विधान का क्या होगा? ऐसे ही अनेक ठोस उदाहरणों से करुणा की तीव्रता की सापेक्षता स्पष्ट की जा सकती है और फिर उसके आधार पर यह देखा जा सकता है कि उससे समाज-व्यवस्था के संचालन में कितनी सुविधा होती है।

शुक्ल जी के इस कथन से स्पष्ट है कि भावों पर विचार करते समय भी उनकी दृष्टि सामाजिक विधान पर बराबर लगी हुई थी। अन्य विचारक जहाँ समाज निरपेक्ष ढंग से भावों का मनोवैज्ञानिक विवेचन करते हैं, वहाँ शुक्ल जी समाज के सन्दर्भ में ही भावों का विवेचन करते हैं। यह शुक्ल जी की लोक-दृष्टि अथवा सामाजिक चेतना का प्रमाण है।

आशा है, इस संकेत से आप अपना काम निकाल ले जाएँगे। कुछ कार्यों में व्यस्त हो जाने के कारण मुझे रानीगंज आने और आकर रहने का कार्यक्रम रद्द कर देना पड़ा। आशा है, आप बुरा न मानेंगे। अब फिर देखा जाएगा। इधर तो यह सम्भव नहीं दिखता।

केदारनाथ जी की पी-एच.डी. परीक्षा की 'मौखिक परीक्षा' की कार्यवाही पूरी हो गई और 25 दिसम्बर के दीक्षान्त समारोह में वे पूर्णतः पी-एच.डी. हो जाएँगे। अब आप भी पी-एच.डी. हो जाएँ तो चित्त का भार हलका हो। काशी और केदार जी के बाद अब आप ही बचे हैं, जिनके लिए मन में उत्सुकता है। कृपया जोर लगाइए। आपके लिए यह कार्य कुछ भी नहीं है।

मैं स्वस्थ एवं प्रसन्न हूँ। आशा है, आप भी मजे में हैं। मित्रों को नमस्कार कहें।

शेष आपका पत्र आने पर।

सस्नेह
नामवर

[43]

लोलार्क कुंड
वाराणसी
18.3.65

प्रिय भाई श्रीनारायण जी,

होली की मंगलकामनाएँ।

आपका पत्र सामने है। पत्र क्या है कि चुनौती! सोच रहा हूँ कि आप बहस के लिए तैयार बैठे हैं—बेशक मुस्कराते हुए, आलोचना सबकी करते हुए लेकिन स्वयं निर्बंध! इधर 'मैं भी मुँह में जुबान रखता हूँ'। लेकिन छोड़िए 'राजनीति' की बातें; कभी मिलेंगे तो निबट लेंगे। अपनी ओर से फिलहाल इतना ही कि अपनों की तरह न तो मैं केरल-असफलता पर पस्त हूँ और न 'उनकी' तरह केरल-सफलता पर मदमस्त। ईश्वर न करे कि कांग्रेस कभी सारे भारत को केरल बना दे! उस समय राष्ट्रपति शासन की जगह फासिस्ट तानाशाही होगी और चुनाव में जीतने के बावजूद सारे कम्यूनिस्ट जेल में होंगे, तब नम्बूदरीपाद वक्तव्य देने के लिए और दिल्ली तक दौड़ लगाने के लिए स्वतंत्र न होंगे। कहाँ हैं आप?

रहा भाषा का सवाल, सो उस समय मैं साक्षात् राजधानी में ही मौजूद था। दक्षिण के दंगों की भी खबर सुनी और राजनीतिज्ञों के दाँव-पेंच की भी सूचनाएँ मिलीं। ज्यादा नहीं, सिर्फ इतना ही कह सकता हूँ कि कम्यूनिस्टों को—चाहे वे दाएँ के हों या बाएँ के—इस विषय पर किसी को दोष देने का हक नहीं है। मेरे सामने तो कम्यूनिस्ट पार्टी के भाषा-सम्बन्धी तमाम दस्तावेजों का पूरा इतिहास है। आज भी इस पार्टी के लीडर केन्द्रीय भाषा के रूप में हिन्दी को लाने के लिए हिचकते दिखाई पड़ रहे हैं। नतीजा सामने है—पहल करने का अवसर इस पार्टी ने खो दिया है और जनसंघी तथा कांग्रेस आगे बढ़कर इस स्थिति से फायदा उठा रहे हैं।

मैंने इस विषय पर आज तक कुछ नहीं लिखा। लेकिन लगता है कि लिखना ही पड़ेगा। उस बीच मैंने इस विषय पर काफी सामग्री एकत्र कर ली है। पटना की 'जनशक्ति' अप्रैल के प्रथम सप्ताह में 'राहुल विशेषांक' निकालने जा रही है और सोचता हूँ कि राहुल जी के बहाने भाषा के सवाल पर कम्यूनिस्ट पार्टी की नीति की एक आलोचना पेश की जाए। अभी तक मैं इसलिए निश्चिन्त था कि डॉ. रामविलास शर्मा इस दिशा में हम सभी लोगों की ओर से अनवरत संघर्ष कर रहे हैं; किन्तु लगता है कि स्वयं भी कुछ करना जरूरी है। भाषा का सवाल केवल 'भाषा' का सवाल नहीं रह गया है—इसके माध्यम से आज भारत में वर्ग-संघर्ष और जन-संघर्ष हो रहा है। क्या आप भी इस विषय पर कुछ लिख रहे हैं? बंगला में इस बीच यदि इस पर कुछ महत्त्वपूर्ण लिखा गया हो तो उसको ध्यान में रखते हुए आप कुछ-न-कुछ अवश्य लिखें।

छपरा में 9, 10, 11 अप्रैल को राहुल-संस्थान की ओर से राहुल-जयन्ती का आयोजन हो रहा है। यदि आप उस अवसर पर आ सकने की स्थिति में हों तो मुझे एक कार्ड डाल दीजिए, निमंत्रण आपके पास पहुँच जाएगा। मुझे भी उसमें सम्मिलित होना है। इसी बहाने आपसे भेंट हो जाएगी।

कृपया लिखिए कि मई-जून में आपका क्या कार्यक्रम है? मैं उधर आने की सोच रहा था। यदि आप रानीगंज ही रहें तो तीन-चार सप्ताह आपके यहाँ रहकर शान्तिपूर्वक लिखने का कार्य कर डालूँ।

Marxism Today आप लेते हैं न? जनवरी का अंक अच्छा निकला है। उसमें Marxism & Morality पर एक महत्त्वपूर्ण लेख है। कृपया मेरे लिए उसकी एक कॉपी ले लीजिएगा। यों, लेख मैंने यहाँ एक लाइब्रेरी में पढ़ लिया है।

दूसरी सूचना यह कि Gramsci वाली पुस्तक Modern Prince and other Writings का पेपरबैक संस्करण 7 शिलिंग 6 पेंस में लारेंस एंड विशार्ट ने प्रकाशित कर दिया है। यदि आप कलकत्ता जाएँ तो M.B.A. या 'मनीषा' में दरयाफ्त कर लें। मिले तो एक कॉपी ले लें।

देवड़ा की पत्रिका 'अणिमा' आपने देखी? उसमें सकलदीप सिंह ने खुलकर तथा विकल वर्मा ने पोशीद ढंग से मेरा विरोध किया है। विरोध बुरा नहीं, लेकिन उसका कारण बेहद घटिया है। इस बीच यादव ने रामअवध की एक कहानी 'नई कहानियाँ' में छपवा दी है जबकि आज तक मैंने अपने किसी लेख में उन्हें उल्लेख-योग्य नहीं समझा। बस, मोर्चा तैयार। चूँकि मैंने यादव-कमलेश्वर-राकेश आदि की आलोचना की है, इसलिए नमकहलाली के लिए मेरा विरोध करना उनके लिए आवश्यक हो गया। और आप यह जानकर चौंक उठेंगे कि इस अवसरवाद का सैद्धान्तिक कवच है वामपंथ। ये हैं आपके कलकतिया क्रान्तिकारी लेखक! और सुनिएगा?

छोड़िए। दोस्तों को मेरा सलाम कहें और खुश रहें।

सस्नेह
नामवर

[44]

राजकमल प्रकाशन
8, फैज बाजार, दिल्ली-6
30.8.1965

प्रिय भाई श्रीनारायण जी,

आप बहुत नाराज हैं? मुझे क्या सजा देना चाहते हैं? आप जो भी सजा देंगे, मुझे स्वीकार होगी। सफाई में मुझे कुछ नहीं कहना है।

कल काशी अचानक आए। अभी सुबह बहुत-सी बातों के बीच मैंने उससे आपके बारे में भी पूछा और तुरन्त जी में आया कि आपको पत्र लिखूँ और अब वह पत्र लिख रहा हूँ। काशी के आने पर सचमुच मैं अपने-आपमें लौटा। दिल्ली किसी को भी उससे छीन लेती है। जिसे आप alienation कहते हैं या dehumanization, उसका अनुभव दिल्ली आने पर ही होता है। आज जब हम दोनों भाई एक साथ बैठे और सुबह की चाय साथ पी रहे थे तो सहसा वह alienation जैसे समाप्त हो गया। मुझे आपकी याद आई, उन तमाम लोगों की, तमाम चीजों की जिनसे यहाँ की परिस्थितियों ने मुझे काटकर अलग कर दिया था। किसी आत्मीय या स्वजन को मैंने इस बीच पत्र ही नहीं लिखा—यानी इस तरह बात नहीं की जिसे मैं सचमुच पत्र कह सकूँ, जिसे लिखते समय अनुभव हो कि मैं उन क्षणों में उसके साथ हूँ।

इस समय जी यही करता है कि रानीगंज चला जाऊँ और आपके हाथ का बनाया हुआ भोजन करूँ और लगे कि मैं जीवित हूँ। खैर, ज्यादा नहीं बहकूँगा।

आपको शायद पता लग गया होगा कि अब मैं राजकमल में हूँ। यह सब क्यों और कैसे हुआ, इसका ब्यौरा कभी मिलने पर ही आपको बताऊँगा। आपने जिन बंगला पुस्तकों के अनुवाद के बारे में लिखा था, उनकी पांडुलिपि नि:संकोच मेरे पास भेज दीजिए। वे दोनों पुस्तकें शशिबाबू की हैं न? तोल्सतोय, गांधी वाली तथा सिद्ध साहित्य के बारे में निबन्धों का संग्रह। इसके अलावा भी कोई किताब है? आप बेझिझक मुझे सुझाव दें। वे छपेंगी और यहीं से।

सोचा था, सितम्बर में कलकत्ता आना होगा तो आपसे भी मुलाकात करूँगा। अब वह कहानी-सम्मेलन नवम्बर के लिए टल गया इसलिए 'पूजा' में या तो वाराणसी में मुलाकात होगी या फिर नवम्बर में, जब मैं कलकत्ता आऊँगा।

आप और कैसे हैं? अपना समाचार विस्तार से लिखें। मेरे लायक कोई काम हो तो वह भी। अब मैं उत्तर दूँगा। अब कुछ स्थिरता आ रही है। आशा है, प्रसन्न हैं।

सस्नेह

नामवर

[45]

राजकमल प्रकाशन
8, फैज बाजार, दिल्ली-6
24.12.65

विप्रवर,

'क्रोधं प्रभो संहर संहर...'। इतनी जल्दी नाराज होंगे तो इस गरीब का क्या होगा? पत्र लिखने के बारे में मेरे आलसी स्वभाव से आप पूरी तरह परिचित हैं।

यह भी बता चुका हूँ कि इस व्यस्त नगरी के बीच अभी मैं रहना न सीख सका। ऊपर से इस नये काम की दौड़-धूप। पढ़ाना और बात है—ऑफिस में छह-सात घंटे कुर्सी पर बैठने की लाचारी दिल-दिमाग खाली कर देती है। कभी-कभी सोचता हूँ कि इससे तो अपनी वह बेकारी ही भली थी। खैर!

सोचा था, 'संसद' वालों के कथा-समारोह में आऊँगा तो आपसे भी भेंट हो जाएगी लेकिन वहाँ जिस तरह सेठों के इशारे पर दंगल की तैयारी हो रही है, उसमें जाने की तबीयत नहीं हुई। सो इरादा छोड़ दिया। अब गर्मियों में शायद उधर आऊँ।

रही आपकी पुस्तकें।

1. बुद्धदेव बोस के निबन्धों का संग्रह (अनुवाद) भेज दीजिए। राजकमल इसे छाप सकता है।
2. शशिबाबू की पुस्तक के लिए भी मैं राजकमल को प्रेरित करने की कोशिश करूँगा लेकिन इसके बारे में मैं पूरी तरह आश्वस्त नहीं हूँ। फिर भी आप पांडुलिपि भेज दीजिए। राजकमल में न होगा तो किसी और प्रकाशक से बात पक्की हो जाएगी।

कथा-समारोह में आप जाएँ तो उसकी रिपोर्ट मुझे भी भेजें। रामअधार से मुलाकात हो तो उनसे भी इसका जिक्र करें। वे मेरे साथ लगभग एक महीने रहकर गए हैं। जयपुर अभी गया था तो सत्येन्द्र जी से आपकी चर्चा की। वे आपकी थीसिस के लिए चिन्तित थे।

और लिखें।

सस्नेह
नामवर

[46]

राजकमल प्रकाशन
8, फैज बाजार, दिल्ली-6
11 अप्रैल, '66

प्रिय भाई,

आपका 5 अप्रैल, '66 का पत्र मिला। जवाब में मैं स्वयं कलकत्ता आ रहा हूँ और वहीं आपसे मिलना चाहता हूँ। मैं 16 तारीख की शाम को 7 बजे तक कलकत्ता पहुँच जाऊँगा। 17 तारीख को 'अवन्तिका' का एक साहित्यिक समारोह है। 19 तारीख की शाम को बम्बई मेल से वाराणसी के लिए प्रस्थान करना चाहता हूँ! यदि

आप उस समय कलकत्ता आ सकें तो कृपा होगी। आपके पत्र में पूछी हुई बातों का उत्तर मैं तभी दूँगा। वैसे, कलकत्ता पहुँचने पर मैं स्वयं आपके यहाँ फोन कर लूँगा। लेकिन यदि आप पहले पहुँचे तो कृपया शरद देवड़ा से फोन कर मेरे बारे में पता कर लें।

आशा है, आप प्रसन्न हैं।

श्रीनारायण जी, किसी भी तरह कलकत्ते आने के लिए समय जरूर निकालिए। मिलना बहुत जरूरी है।

आपका
नामवर

[47]

राजकमल प्रकाशन
8, फैज बाजार, दिल्ली-6
14.11.1966

प्रिय भाई श्रीनारायण जी,

आपकी बीमारी की खबर ने चिन्तित कर दिया। पीलिया तो बहुत खराब चीज है। आप ठीक से इलाज करवाइए। इसमें आलस्य करना ठीक न होगा।

मैं भी इस बीच स्वास्थ्य की दृष्टि से परेशान ही रहा। जाँच से पता चला कि मुझे 'एपेंडेसाइटिस' है। ऑपरेशन करवाना पड़ेगा। जाड़ों के लिए टाल रखा था। दिसम्बर अन्त या जनवरी में किसी समय अस्पताल में भर्ती हो जाऊँगा।

इसके अलावा भी दिल्ली मुझे रास न आई। इस व्यस्त नगर की व्यस्त नौकरी में लिखने-पढ़ने के लिए वक्त ही नहीं मिलता। रह-रहकर मन होता है कि बनारस लौट जाऊँ—वह बेकारी इस नौकरी से लाख दर्जे अच्छी। वहाँ रहने पर मैं अपने आत्म-रूप में तो था। यहाँ आकर लगता है, मैं अपना सब कुछ खो बैठा। अब यही देखिए कि आपको पत्र तक नहीं लिख पाता—आपसे मिल तक नहीं पाता। खैर, यह भी जिन्दगी का एक दौर है, कभी तो खत्म होगा ही।

इतनी लम्बी चुप्पी के बाद भी आपने मुझे याद किया, यह आपकी आत्मीयता का प्रमाण है। कृपया, आगे भी मेरी चुप्पी को कभी गलत न समझें। अपभ्रंश का वह दोहा याद है न?

अगलिअ-नेह निवट्टाहं जोअण लक्खुवि जाउ।
वरिस-सएणवि जा मिलइ सहि सोक्खहं सो ठाउ॥

काम की बातें क्रमश: इस प्रकार :

1. बुद्धदेव बोस के निबन्धों का संकलन (अनुवाद) मेरे पास तुरन्त भेज दीजिए। मैं प्रकाशन के बारे में देखकर और यहाँ से परामर्श लेकर लिखूँगा। उम्मीद पूरी है।
2. 'आलोचना' के सम्पादन का दायित्व अब मेरे ऊपर ही आ पड़ा है। परिपत्र अगले सप्ताह आपके पास पहुँचेगा। पहला अंक जनवरी में निकलेगा। बुद्धदेव बोस के निबन्धों में से कोई एक उसके लिए भी देखकर चुन लूँगा।
3. शशिबाबू वाली पुस्तक (गांधी-तोल्सतोय-टैगोर) भी भेज दीजिए। देखूँगा। अपने पास रखकर क्या कीजिएगा?
4. 'थीसिस' के बारे में निराश होने की जरूरत नहीं। सत्येन्द्र जी से मैंने दो महीने पहले बात की थी। सम्भवत: इसी महीने उनसे फिर मुलाकात हो। कहूँगा। देखें, वे क्या रास्ता निकालते हैं। नहीं तो मैं ही कोई उपाय सोचकर बताऊँगा। बातें बहुत-सी करनी हैं श्रीनारायण जी, लेकिन देखना तो यह है कि यह पत्र आपको मिलता है या नहीं। मिलने की खबर दीजिए तो फिर लिखूँगा।

दीवाली की शुभकामनाओं के साथ—

आपका
नामवर

[48]

आलोचना
त्रैमासिक
सम्पादक : नामवर सिंह
3.7.67

प्रिय भाई श्रीनारायण जी,

आपका कार्ड मिला था। अपभ्रंश का वह दोहा याद आया :

अगलिअ-नेह निवट्टाहं जोअण लक्खुवि जाउ।
वरिस-सएणवि जा मिलइ सहि सोक्खहं सो ठाउ॥

लाख योजन दूर जाने और सौ साल बाद मिलने पर भी अगलित स्नेह से पगे हुए लोगों में सौख्य के लिए वही स्थान होता है।

दिल्ली आकर मैं सचमुच दूर चला आया—अपनों से और अपने से। दो साल से कुछ अधिक ही हो रहा है लेकिन याद नहीं कि कोई दिन सुख का बीता। शायद

आपको पता हो, इस बीच मैंने 'एपेंडेसाइटिस' का ऑपरेशन करवाया। दो महीने हुए। इसके साथ ही राजकमल के साहित्य सलाहकार वाले काम से भी छुट्टी ले ली। 'आलोचना' के लिए मेरे नाम की घोषणा हो चुकी थी, इसलिए उसे तो निकालना ही था, सो उसकी माया ने रोक रखा है। खुदा-खुदा करके पहला अंक परसों निकल गया। आपके पास भी भिजवाया है। मिले तो देखकर अपनी राय दीजिएगा। जरूर। अब दूसरे अंक की तैयारी है। 15 जुलाई तक सामग्री प्रेस में देनी है। बंगला साहित्य में इस समय आलोचना की क्या स्थिति है अर्थात पिछले तीन-चार महीनों के महत्त्वपूर्ण आलोचनात्मक प्रकाशन तथा पत्र-पत्रिकाओं की हलचलें—क्या आप इस पर 5-6 पृष्ठों का एक लेख दे सकते हैं? दें तो अच्छा है। नहीं तो अपनी समझ से बुद्धदेव बोस या विष्णु दे या ऐसे ही किसी अन्य लेखक के किसी गम्भीर निबन्ध का अनुवाद ही भेज दें; या मार्क्सवादी आलोचना पर किसी बंगीय आलोचक के सद्य:प्रकाशित निबन्ध का ही अनुवाद। आप जो भी उचित समझें।

आपके लिए मैं कुछ कर न सका, इसका अनुताप है। लेकिन मैं स्वयं स्थिर चित्त नहीं हूँ। शायद स्थायित्व मेरी किस्मत में है नहीं। किसी भी दिन दिल्ली से घबराकर काशी वापस जा सकता हूँ, वही अपनी बेकारी का सुख लूटने। लेकिन आप उसे छोड़ें और अपना समाचार विस्तार से दें। 'स्वाधीनता' (हिन्दी) में आपके मित्रों ने आखिर मुझ पर इतनी कृपा क्यों की? कुछ आप प्रकाश डाल सकते हैं?

शेष आपका। फिर मिलने पर।

आपका
नामवर

घर का पता :
डी, 1/6, मॉडल टाउन, दिल्ली-9

[49]

आलोचना
त्रैमासिक
सम्पादक : नामवर सिंह
14.2.67

प्रिय भाई,

'आलोचना' का एक अंक भिजवाया था और पत्र भी लिखा था। आपने फिर कुछ नहीं लिखा, इसलिए पता नहीं लगा कि आपको ये दोनों मिले या नहीं। खैर! दूसरा अंक भी भिजवा रहा हूँ।

तीसरे अंक के लिए आपसे कुछ चीजें चाहिए। यह अंक मार्क्स की 'पूँजी' की शताब्दी और रूस की समाजवादी क्रान्ति की अर्द्धशताब्दी के उपलक्ष्य में निकालना चाहता हूँ। हिन्दी पत्रिकाओं की पुरानी फाइलों में (1917 के बाद लगभग दो-तीन वर्षों के अन्दर) अक्टूबर क्रान्ति पर जो कुछ लिखा गया है, उसका संकलन आप तैयार कर दें तो कृपा होगी। यह काम आप ही कर सकते हैं। इसके लिए मैं आप ही पर निर्भर हूँ। कृपया तुरन्त लिखिए कि आप यह काम कर सकेंगे या नहीं और कर सकेंगे तो कितने दिन में? मुझे 15 अक्टूबर तक सामग्री चाहिए।

और क्या हाल है? पूजा में घर आ रहे हैं? आएँ तो लिखें।

आपका

नामवर

[50]

आलोचना

त्रैमासिक

सम्पादक : नामवर सिंह

8.11.67

प्रिय भाई,

आपका 'अक्टूबर क्रान्ति और प्रेमचन्द' शीर्षक निबन्ध मिल गया। वादा पूरा करने में आपने जो त्वरा और तत्परता दिखाई, उसके लिए मैं हृदय से कृतज्ञ हूँ। जल्दी में लिखे जाने पर भी निबन्ध उपयोगी बन पड़ा है। कुछ और बातें हैं जो छूट गई हैं—'अमृत राय की पुस्तक कलम का सिपाही' से आप कुछ और तथ्य जोड़ सकते थे। मैं सिर्फ याददाश्त के सहारे ही कह रहा हूँ। यदि आप अनुमति दें तो मैं यथास्थान उन तथ्यों को जोड़ दूँ? टिप्पणी कोई नहीं जोड़ूँगा, इत्मीनान रखें। हाँ, भाषा को कहीं-कहीं छू दूँगा—चुस्ती के लिए। इतनी छूट तो आप देंगे ही।

बाकी सामग्री की प्रतीक्षा कर रहा हूँ। कृपया, हिन्दी स्वाधीनता के 15 नवम्बर के विशेषांक की एक प्रति कहीं से लेकर मेरे लिए भिजवा दीजिएगा—यहाँ शायद न मिले।

पश्चिम बंगाल सरकार का तो बड़ा गड़बड़ हो गया। यह सब क्या हो रहा है?

आशा है, प्रसन्न हैं।

आपका

नामवर

[51]

आलोचना
त्रैमासिक
सम्पादक : नामवर सिंह

राजकमल प्रकाशन प्रा.लि.
8, फैज बाजार, दिल्ली-6
2.4.68

प्रिय भाई,

सम्बोधन बदलने से, सम्बन्ध नहीं बदल जाते। आप बराबर मेरे छोटे भाई रहेंगे—जैसे काशी, वैसे आप।

बुद्धदेव बसु के दोनों लेख मिल गए। अभी पढ़ नहीं पाया। लेकिन विषय ऐसा है जिसमें हिन्दी पाठकों को दिलचस्पी अधिक न होगी। Topicality भी नहीं है। फिर भी देखूँगा और अगले सत्र में आपको प्रकाशन के बारे में लिखूँगा।

'आलोचना' का दूसरा अंक भेजवा रहा हूँ।

ताराबाबू के 'गणदेवता' पर अपनी राय आप जरूर लिखिए। बंगला के लोग भी उस उपन्यास को अधिक महत्त्व नहीं देते। मुझसे कई लोगों ने ऐसा कहा है।

मेरे पिछले सम्पादकीय पर आप अवश्य लिखिए। मैं उसे 'आलोचना' में प्रकाशित करूँगा और आवश्यक लगा तो उसका उत्तर भी लिख दूँगा।

बंगला में इधर मार्क्सवादी आलोचकों ने कोई सैद्धान्तिक चर्चा की हो तो 'आलोचना' के लिए भेजिए। इसकी जरूरत है।

'थीसिस' का विषय सोचकर दो-एक दिन में लिखूँगा। आप मार्क्सवाद सम्बन्धी ही कोई विषय क्यों नहीं लेते? अच्छा काम होगा।

आशा है, सानन्द हैं।

आपका
नामवर

[52]

आलोचना
त्रैमासिक
सम्पादक : नामवर सिंह
30.4.69

प्रिय भाई श्रीनारायण जी,

यह पत्र जो मेरे सामने है, उसे आप ही ने लिखा है? इसके लेखक क्या वही श्रीनारायण पांडेय हैं जिन्हें मैं एक अरसे से जानता हूँ? विश्वास नहीं होता।

आपकी शक्ति देखकर हैरान हूँ। पत्र न लिखना क्या इतनी बड़ी बात है कि उसे लेकर आप इतनी दूर तक दिमाग दौड़ाएँ? पांडे जी, कभी बनारस जाएँ तो मेरे मित्र वकील साहब (नगेन्द्र प्रताप सिंह) से इस बारे में बात करें। उन्हें तो मैंने दो साल से कोई पत्र नहीं लिखा। लेकिन इसका मतलब यह तो नहीं कि दिल्ली आकर मैंने उनसे नाता तोड़ लिया! वकील साहब का जिक्र इसलिए किया कि आप ही की तरह वह भी मेरे उन मित्रों में हैं जिनकी मित्रता 'अहेतुकी' है। मेरे राजनीतिक-साहित्यिक विचारों के बारे में आप जो राय रखते हों, रखिए, लेकिन इनके कारणों का निश्चय करते समय इतनी उतावली न बरतिए। दिल्ली का असर और बातों में जितना खराब पड़ा हो, व्यक्तिगत सम्बन्धों के मामले में मैं अब भी अपनी पुरानी जमीन पर कायम हूँ। सबूत न माँगिए, आपकी आँखें भर जाएँगी, बस!

इससे ज्यादा आज न लिखूँगा। इतना भी इसलिए लिख दिया कि आप मेरे संकट के दिनों के साथी हैं और आज भी मैं वैसी ही घड़ियों से गुजर रहा हूँ। कटे पर नमक न छिड़किए पांडे जी।

सस्नेह
नामवर

[53]

आलोचना
त्रैमासिक
सम्पादक : नामवर सिंह
12.3.70

प्रिय भाई श्रीनारायण जी,

आपका पत्र मिला और लगा कि मैं अब भी जिन्दा हूँ। बस, इसी तरह कभी-कभी पत्र दे दिया कीजिए, यही प्रार्थना है।

अब यदि कहें तो एक काम की बात भी कर लूँ। 'आलोचना' का अप्रैल-जून, '70 का अंक 'लेनिन-शती' से सम्बन्धित होगा। क्या आप इस अंक के लिए कुछ दे सकेंगे? लेनिन पर हिन्दी में काफी पहले जो पुस्तिकाएँ या लेख आदि निकले थे, यदि उनके उद्धरणों से युक्त एक विवेचनात्मक लेख लिख सकें तो अच्छा हो। यदि इस काम के लिए समय न मिले तो कोई और चीज ही सही। हर हालत में 'आलोचना' के लिए कुछ-न-कुछ आपसे चाहिए। इसी बहाने पत्राचार का सम्बन्ध तो बना रहेगा।

अपना समाचार देने के लिए मेरे पास कुछ विशेष नहीं। आप फिर लिखें तो शायद मैं कुछ और कह पाऊँ।

आशा है, मजे में होंगे।

आपका
नामवर

[54]

आलोचना
त्रैमासिक
सम्पादक : नामवर सिंह
16.4.70

प्रिय भाई श्रीनारायण जी,

यह जानकर खुशी हुई कि डॉ. तोमर ने आपके शोध-कार्य की व्यवस्था कर दी। लेकिन विषय के बारे में उनका सुझाव मुझे ठीक नहीं लगता। जरूरी है कि आप बंगला और हिन्दी उपन्यासों का तुलनात्मक अध्ययन ही करें? क्या यह विश्वभारती की शर्तें हैं या आपकी अपनी कोई जरूरत? तुलनात्मक अध्ययनों वाले शोध प्रबन्ध प्राय: सतही होते हैं और तुलना के अनुरोध से बहुत-सी निरर्थक बातें कहनी पड़ती हैं जिनसे तथ्यों के साथ बलात्कार होता है। आप केवल हिन्दी साहित्य के ही किसी काल खंड का अध्ययन क्यों नहीं करते? यदि तोमर जी राजी हों तो मेरी राय है कि आप प्रगतिशील आन्दोलन के उत्थान-काल का ऐतिहासिक अध्ययन करें। यह काल अनेक दृष्टियों से बहुत रोचक है। इधर मैं उस काल के बारे में काफी सोचता रहा हूँ और मेरी इच्छा है कि आप जैसा कोई जागरूक शोधकर्ता उस पर काम करे। यदि इसमें आपकी दिलचस्पी हो तो मैं अगले पत्र में इसकी कुछ रूपरेखा लिख सकता हूँ, वरना आप द्वारा प्रस्तावित विषय 'हिन्दी और बंगला उपन्यासों में प्रगतिवाद' ठीक है। 'प्रभाव' शब्द न रखें।

'लेनिन और बुद्धिजीवी वर्ग' शीर्षक लेख आप इस महीने के आखीर तक अथवा घर जाने से पहले मुझे रवाना कर दें। जरूर।

'गणशक्ति' का 'लेनिन-विशेषांक' यहाँ सुलभ नहीं है। कृपया मुझे उसकी एक प्रति भिजवा दीजिए।

बाकी बातें फिर कभी।

आशा है, सानन्द हैं।

आपका
नामवर

[55]

हिन्दी विभाग
जोधपुर विश्वविद्यालय
7.1.71

प्रिय भाई श्रीनारायण जी,

जो मुश्किल है, वह इस बार हो गया यानी पत्र द्वारा मुझ तक पहुँचना। देखना है कि जो असम्भव है, वह इस बार होता है या नहीं अर्थात पत्र का आप तक पहुँचना। हुजूर, पत्र आपने ही नहीं लिखे, मैंने तो लिखे हैं। अब वे आप तक न पहुँचें तो मैं क्या करूँ? खुद नामावर तो हो नहीं सकता!

शान्तिनिकेतन से आपके शोध-कार्य का प्रबन्ध हो गया, यह अच्छा हुआ। मेरी दृष्टि में विषय रामविलास जी का सुझाया ही ठीक है : 'प्रेमचन्द साहित्य में किसान-संघर्ष'। तोमर जी की 'समाज-चेतना' व्यापक हो सकती है किन्तु specific नहीं है। रिसर्च के लिए विषय specific चाहिए। तोमर जी को शायद 'संघर्ष' शब्द कष्ट दे रहा होगा। आप उन्हें मना लीजिए।

'प्रेमचन्द साहित्य में किसान-संघर्ष' विषय की रूपरेखा आप रामविलास जी की पुस्तक तथा उनके फुटकल निबन्धों को देखकर बना लीजिए। सहायता के लिए लेनिन के तोल्सतोय सम्बन्धी लेख भी जोड़ लीजिए। फिलहाल दिशा-निर्देश के तौर पर मैं इतना ही लिख सकता हूँ कि सम्पूर्ण विवेचन भारत में किसान-संघर्ष के विकास की ऐतिहासिक पृष्ठभूमि के सन्दर्भ में होना चाहिए। अध्यायों का विभाजन भी ऐतिहासिक विकास के सोपानों के अनुसार होना चाहिए। उपन्यास और कहानियों को काल-क्रमानुसार एक साथ ही लीजिए। इन्हें विधा के अनुसार अलगाने की जरूरत नहीं है। राजनीतिक पृष्ठभूमि का विवरण एक स्वतंत्र अध्याय के रूप में न देकर प्रत्येक काल की विवेच्य कृतियों के साथ अलग-अलग अध्यायों में रखिए। अन्त में किसान-संघर्ष की चेतना के कारण प्रेमचन्द की कला में जो विशिष्टता आई है, उसका निरूपण एक स्वतंत्र अध्याय के रूप में कीजिए। आप चाहें तो रूपरेखा तैयार होने पर एक प्रति मेरे पास विचारार्थ भेज सकते हैं। उस समय कुछ सूझा तो हेर-फेर कर दूँगा।

यहाँ जीवन अत्यधिक व्यस्त है और कुछ महीनों तक इसी तरह व्यस्त रहेगा क्योंकि शुरू-शुरू में सारे काम को एक नये ढर्रे पर ले आना है। गर्मी की छुट्टियों में शायद कुछ दिन बनारस रहने की फुर्सत मिले। आप यदि वहाँ आएँ तो मुलाकात होगी और वे 'ढेर सारी बातें' भी कर ली जाएँगी।

आशा है, आप सुखी एवं सानन्द हैं।

आपका
नामवर

[56]

जोधपुर
3.4.72

प्रिय भाई श्रीनारायण जी,

बर्दमान विश्वविद्यालय से गोपनीय पत्र प्राप्त हुआ। आज ही उसकी अस्वीकृति भेज रहा हूँ। कारण, मैंने संकल्प किया है कि किसी विश्वविद्यालय में परीक्षक न बनूँगा—अपने विश्वविद्यालय में भी नहीं। आशा है, आप मेरे इस संकल्प की रक्षा करने में सहायता करेंगे। आपकी कृपा और स्नेह के लिए कृतज्ञ हूँ।

जहाँ तक आपके प्रति मेरे स्नेह का सवाल है, उसके बारे में बार-बार लिखने की जरूरत नहीं। मैं स्थायी सम्बन्धों का विश्वासी हूँ। आपको इस विषय में संदेह क्यों होता है? भौगोलिक दूरी के सामने हम सभी लाचार हैं। मिलने का मौका मिलता नहीं। क्या करें? यह खेद अवश्य है कि मैं आपके किसी काम न आ सका। ऐसी स्थिति में यही क्या कम है कि हम एक-दूसरे के समाचारों से परिचित होते हैं? कभी-कभी पत्र दे दिया करें। मैं उत्तर न दूँ तो दोष मेरा।

आशा है, आप प्रसन्न हैं।

आपका
नामवर

[57]

जोधपुर
28.8.72

प्रिय भाई,

यह जानकर खुशी हुई कि आपके शोध का मसला अन्तत: तय हो गया और अब विश्वभारती में आप उस कार्य के लिए प्रवास कर रहे हैं।

विषय आपकी रुचि का है और अच्छा भी। पर इसे सीमित करना बहुत जरूरी है। प्रेमचन्द तक सीमित रखने का क्या अर्थ है, मेरी समझ में नहीं आया। एक अर्थ तो यह हुआ कि केवल प्रेमचन्द के ही उपन्यासों में किसान-समस्याओं का चित्रण। दूसरा अर्थ यह निकलता है कि प्रेमचन्द के पूर्ववर्ती उपन्यासों को भी शामिल किया जाएगा (फिर यह चाहे जितना कम और जैसा हो)।

मेरे विचार से विषय के शीर्षक को देखते हुए शोध प्रबन्ध को इस प्रकार सीमित करना संगत न होगा। शीर्षक को देखकर परीक्षक प्रेमचन्दोत्तर ग्रामीण और आंचलिक उपन्यासों की भी अपेक्षा रखेगा।

फिर, आपका विषय किसान-समस्याओं से सम्बद्ध है, किसान-जीवन से नहीं। इसलिए प्रेमचन्दोत्तर उपन्यासों को लेने में विस्तार-भय नहीं है। आप यदि चालीस वर्षों की अवधि को मानक मान लें तो लगभग 'प्रेमाश्रम' से 'परती : परिकथा' को समेटा जा सकता है और इसके द्वारा आजादी से पहले तथा बाद के उपन्यासों की तुलना भी हो जाएगी, जो काफी दिलचस्प हो सकती है।

एक ओर प्रेमचन्द के उपन्यास और दूसरी ओर रेणु, नागार्जुन, भैरव प्रसाद गुप्त तथा कुछ अन्य लेखकों के उपन्यास।

ऐतिहासिक परिदृश्य आपने ठीक पकड़ा है—जातीय चेतना की पृष्ठभूमि में किसानों की भूमिका को ध्यान में रखकर लिखने का इरादा एकदम सही है।

चालीस वर्षों की अवधि में इस भूमिका में कब-कब कैसा परिवर्तन आया, इस दृष्टि से उपन्यासों का अध्ययन काफी रोचक होगा।

फिलहाल इतनी ही बातें सूझ रही हैं। आगे आपने यदि कोई बात पूछी तो सोचकर लिखूँगा।

यदि तोमर जी की स्मृति में कहीं मेरा नाम बचा रह गया हो तो कृपया उन तक मेरा नमस्कार पहुँचा दें। और तिवारी जी तक भी।

आशा है, आप स्वस्थ एवं प्रसन्न हैं।

आपका
नामवर

[58]

जोधपुर
26.3.73

प्रिय भाई श्रीनारायण जी,

दुखद समाचार मिला। कैसे ढाढ़स बँधाऊँ। सिर पर से पिता की छाया के हट जाने से जो असहायता महसूस होती है, उसका अनुमान लगा सकता हूँ। पिछली गर्मियों में, आप तो जानते हैं, इसी तरह अचानक मेरी माँ चल बसी। आशा है, आप इस आघात को धीरज से सहेंगे।

अप्रैल के प्रथम या द्वितीय सप्ताह में शायद कलकत्ता आने का प्रोग्राम बने। आपको खबर दूँगा। हो सके तो आ जाएँ, मिलने का मन है।

आपका
नामवर

[59]

जोधपुर
18.4.73

प्रिय भाई श्रीनारायण जी,

आपका पत्र मिला था। शान्तिनिकेतन आने का आमंत्रण निश्चय ही आकर्षक था। पर उन दिनों मुझे एक सरकारी काम से वाराणसी जाना था। इसलिए बहुत चाहते हुए भी मैं वैसा कार्यक्रम न बना सका।

फिर भी कलकत्ता तो मुझे आना ही है। मैं 26 अप्रैल की सुबह 9 बजे हवाई जहाज से कलकत्ता पहुँचूँगा और 28 अप्रैल की शाम तक वहाँ ठहरने का कार्यक्रम है। यदि आपका शान्तिनिकेतन वाला प्रस्ताव अब भी बना हुआ है तो मैं 28 की रात (यदि कोई गाड़ी हो तो) शान्तिनिकेतन चल सकता हूँ। शर्त यह है कि आप मेरे साथ चलें। लेकिन एक बात अभी से पक्की कर लें कि तोमर जी उन दिनों वहाँ होंगे कि नहीं? आपको ज्यादा असुविधा न हो तो मुझसे कलकत्ता में मिल जाइए। समय मेरे पास बहुत ही कम है, इसलिए मैं अगले दिन ही कलकत्ता वापस लौटना चाहूँगा ताकि शाम को दिल्ली के लिए प्लेन पकड़ सकूँ।

आशा है, प्रसन्न हैं। शेष मिलने पर।

आपका
नामवर

[60]

109, New Campus
Jawaharlal Nehru Trusty
New Delhi-110057
28.11.77

प्रिय पांडेय जी,

आपका पत्र आज मिला। आपका उलाहना सही है। मुझे आपको पत्र लिखना चाहिए था। यही मेरी गलती है। चिट्ठी-पत्री के मामले में मैं पहले भी काफी आलसी था लेकिन इधर आलस्य कुछ और बढ़ गया है। यह अच्छा नहीं है। आलस्य वैसे भी मृत्यु का लक्षण है।

लेकिन इसका मतलब यह बिलकुल नहीं है कि आप जैसे पुराने मित्रों और स्वजनों को मैं भूल गया हूँ। बातचीत के दौरान आपकी याद अक्सर आती है, जिक्र

भी आता है। बस, कष्ट है तो न मिलने का। दिल्ली दूर है और यहाँ से रानीगंज भी कुछ कम दूर नहीं है। काशी जाने का कार्यक्रम तो बनता है लेकिन ऐसा कार्यक्रम मुश्किल से ही बन पाया जिसमें आपसे भी वहीं मुलाकात हो जाए। क्या आप किसी छुट्टी में यहाँ नहीं आ सकते? कुछ दिन मेरे साथ रहकर मुझे सुख देने के लिए ही आइए।

हाँ, एक बात। जरूरी। यू.जी.सी. की Faculty Improvement योजना के अन्तर्गत आगामी वर्ष फरवरी में जब हमारे विश्वविद्यालय का विज्ञापन निकले तो आप फार्म भरकर अवश्य भेज दें। उसमें पूरे वेतन के साथ ढाई सौ रुपये प्रतिमास भत्ते के मिलेंगे और तीन वर्ष के लिए आपको शोध की छुट्टी मिल जाएगी। यह वर्ष तो गया। अगले वर्ष इसके लिए प्रयत्न किया जाएगा। इस तरह सम्भव है, आप हमारे साथ कुछ समय रह सकेंगे। मैं यथासमय आपके पास फार्म भेज दूँगा। वैसे प्रवेश आदि जुलाई, '78 से होगा।

इसी तरह अपने समाचार देते रहें। मैं अच्छी तरह हूँ। आशा है, आप भी सपरिवार सकुशल हैं।

आपका
नामवर

[61]

School of Languages
Jawaharlal Nehru University
New Delhi-110067
27.01.79

प्रिय भाई श्रीनारायण जी,

मुद्दत बाद आपका पत्र मिला। मन देर तक बीते दिनों के गलियारों में घूमता रहा। ते हि नो दिवसा गताः। दिसम्बर के दूसरे सप्ताह में मैं कलकत्ता गया था। अवसर 'अन्तरराष्ट्रीय सूर संगोष्ठी'। जाने का निर्णय देर से किया और अचानक। इसलिए आपको सूचना देने का समय न था। फिर भी जाने क्यों, आँखें आपको समारोह में ढूँढ़ती रहीं। दो दिन रहकर चला आया। अब वे फुर्सत के दिन कहाँ?

आप न भी लिखते तो भी मैं क्या नहीं जानता कि लिखने-पढ़ने की इच्छा आप में कभी मर नहीं सकती? पी-एच.डी. की उपाधि तो एक बहाना है। इस बहाने एक अच्छा-खासा शोध-कार्य हो जाता है। माना कि रोजी-रोटी के लिए

अब आपको उसकी आवश्यकता नहीं है लेकिन आपकी उम्र अभी इतनी नहीं हुई है कि आप उपाधि का विचार एकदम छोड़ दें। 'विश्वभारती' में क्या कठिनाई आई कि आपने इरादा बदल दिया? मेरा सुझाव है कि उस विषय पर आप एक बार और सोचें।

यू.जी.सी. की एक योजना थी जिसके अनुसार आप सवेतन ढाई सौ रुपये अतिरिक्त भत्ते के साथ तीन साल की छुट्टी लेकर किसी विश्वविद्यालय में शोध कर सकते थे। लेकिन दो साल के बाद अब वह योजना भी समाप्त हो गई।

जहाँ तक स्वाध्याय के लिए किसी विषय पर काम करने का प्रश्न है, आप स्वयं ही कोई विषय सुझाइए। मैं भी सोचूँगा और सोचकर लिखूँगा। दिल्ली दूर जरूर है लेकिन इतनी दूर नहीं कि आप हमारे यहाँ आ न सकें। एल.टी.सी. की सुविधा का उपयोग इस कार्य के लिए आप क्यों नहीं करते? सुना है, उसकी अवधि जून तक बढ़ा दी गई है? मेरा निमंत्रण है। आप गर्मी की छुट्टियों में यहाँ आने का कार्यक्रम बनाइए। फिर मिलकर हम लोग लिखने-पढ़ने की योजना बनाएँगे। दूर-दूर से पत्रों द्वारा यों बातें नहीं होतीं।

अपने बारे में बताने लायक कोई खास बात नहीं है। स्वास्थ्य ठीक ही है। आशा है, आप सपरिवार सानन्द हैं।

नये साल की शुभकामनाओं के साथ—

आपका
नामवर

[62]

जवाहरलाल नेहरू विश्वविद्यालय
नई दिल्ली-110067
25.8.80

प्रिय भाई श्रीनारायण जी,

इतने दिनों बाद आपका पत्र पाकर अत्यन्त प्रसन्नता हुई। 'प्रेमचन्द जन्मशती' के प्रसंग में अक्सर आपकी याद आती रही। यह जानने की इच्छा होती रही कि आप प्रेमचन्द पर क्या लिख रहे हैं। किसी समय आपने प्रेमचन्द के उन लेखों का जिक्र किया था जिन्हें उन्होंने अपने विरोधियों का उत्तर देते हुए लिखा था। क्या आप इस विषय पर एक लेख तैयार कर सकते हैं? आप एक महीने का समय ले लीजिए। मैं उसे 'आलोचना' में छापकर प्रसन्नता का अनुभव करूँगा।

आपके समारोह में मैं आऊँगा। फिलहाल उन दिनों किसी और कार्यक्रम के लिए प्रतिश्रुत नहीं हूँ।

मैं प्रेमचन्द पर एक छोटी-सी पुस्तक लिखना चाहता हूँ। थोड़ी तैयारी भी कर ली है; पर लिखने के लिए जिस एकाग्रता और अवकाश की आवश्यकता है, वह सुलभ नहीं है। इसलिए यह योजना अगले ग्रीष्मावकाश के लिए स्थगित है।

कृपया अपने समाचार देते रहें।

आशा है, सपरिवार स्वस्थ एवं प्रसन्न हैं।

आपका
नामवर

[63]

109, न्यू कैम्पस, जे.एन.यू.
नई दिल्ली-110067
18.7.1983

प्रिय भाई श्रीनारायण जी,

आचार्य शुक्ल का लेख 'निबन्ध लेखन-कला' की प्रति के लिए धन्यवाद। 'चिन्तामणि' का तीसरा भाग तो छप गया, इसलिए अब इसका उपयोग 'ग्रन्थावली' में ही हो पाएगा। निश्चय ही यथास्थान इसके लिए आपके प्रति आभार व्यक्त किया जाएगा। आप आश्वस्त रहें।

मौका मिले तो Modern Review के 19.6.8 तक के अंक ध्यान से देख लें। उसमें हिन्दी पुस्तकों की समीक्षाएँ प्रकाशित हुई हैं। कहते हैं कि उनके लेखक आचार्य रामचन्द्र शुक्ल थे। मैंने 1908 का एक अंक देखा है। तीन हिन्दी पुस्तकों की समीक्षाएँ हैं। लेकिन नीचे लेखक के नाम की जगह (x) लिखा है। शायद अन्यत्र भी यही स्थिति हो। फिर भी आपको यदि ये अंक मिल जाएँ तो या तो उन्हें Xerox (फोटो कॉपी) करवा लें या हू-ब-हू नकल कर लें। मुझ पर उपकार होगा।

शुक्ल जी सम्बन्धी विवादों वाला लेख आप जरूर लिखें और पूरा होने पर मेरे पास प्रकाशनार्थ भेजें।

हिन्दी पुनर्जागरण पर डॉ. रामविलास शर्मा ने महावीर प्रसाद द्विवेदी वाली पुस्तक में काफी कुछ लिख दिया है, फिर भी कुछ पहलू रह गए हैं जिन पर मैं कभी जरूर लिखना चाहूँगा। कुछ सामग्री तो जुट गई है परन्तु कुछ अभी बाकी है। फुर्सत मिलते ही यह काम हाथ में लूँगा।

लगता है, बर्दमान विश्वविद्यालय में हिन्दी विभाग खुल जाएगा। इस विषय में यदि कोई प्रगति हुई तो आपको बताऊँगा।

आशा है, सपरिवार सानन्द हैं।

आपका
नामवर

[64]

109, न्यू कैम्पस, जे.एन.यू.
नई दिल्ली–110067
15.8.1983

प्रिय भाई श्रीनारायण जी,

आपका रजिस्ट्री पत्र मिल गया। मैं 7–8 सितम्बर को कलकत्ता रहूँगा। विश्वविद्यालय में मार्क्स की निधन शती के उपलक्ष्य में 'भारतीय साहित्य पर मार्क्सवाद का प्रभाव' विषय पर एक विचार–गोष्ठी हो रही है। उसी में भाग लेने के लिए मुझे निमंत्रित किया गया है। मैं 7 सितम्बर की सुबह की उड़ान से कलकत्ता पहुँच रहा हूँ। शास्त्री जी को मेरे कार्यक्रम की सूचना है। क्या आपके लिए उस समय कलकत्ता आना सम्भव हो सकेगा? मिलने का और बात करने का एक अवसर मिल जाएगा।

शुक्ल जी की जीवनी शायद अब सुलभ नहीं है। इसलिए उसके लिए प्रयत्न करना बेकार है। किसी पुस्तकालय की ही शरण लेनी होगी।

सियाराम तिवारी के बारे में क्या करना है? स्पष्ट न हो सका। अवसर आएगा तो ध्यान रखूँगा।

आशा है, सपरिवार प्रसन्न हैं।

आपका
नामवर

[65]

109, न्यू कैम्पस, जे.एन.यू.
नई दिल्ली–110067
1.11.1983

प्रिय भाई श्रीनारायण जी,

मुझे 10 नवम्बर को शान्तिनिकेतन बुलाया गया है। मैं 9 नवम्बर को सुबह की उड़ान संख्या 401 से कलकत्ता पहुँचने का कार्यक्रम बना रहा हूँ। यह उड़ान दमदम

हवाई अड्डे पर लगभग 11.30 बजे दिन पहुँचेगी। हावड़ा से शान्तिनिकेतन पहुँचने के लिए उस दिन जो सुविधाजनक गाड़ी होगी, उससे चलकर मैं दिन ढलने से पहले पहुँचना चाहूँगा। यदि उस दिन ऐसी गाड़ी न हुई तो फिर अगले दिन यानी 10 नवम्बर की सुबह की पहली गाड़ी पकड़ूँगा। शान्तिनिकेतन से 11 नवम्बर को कलकत्ते आ जाऊँगा और फिर अगले दिन यानी 12 तारीख की सुबह विमान से दिल्ली वापस आने का निश्चय है।

यहाँ डॉ. प्रभाकर माचवे से मुलाकात हो गई थी। मैंने उनसे दमदम से शहर आने के लिए गाड़ी और रहने के लिए आवास की व्यवस्था करने का अनुरोध किया। उन्होंने आश्वस्त किया है। पक्का कार्यकम वे कलकत्ता पहुँचने के बाद बता सकेंगे।

आप रानीगंज कब पहुँचेंगे—इसका कुछ आभास आपने अपने पत्र में नहीं दिया। इस यात्रा में आपसे कब और कहाँ मुलाकात हो सकती है, यह अनिश्चित है। यह पत्र आपको समय से मिल जाए तो कृपया 9 नवम्बर को किसी प्रकार मुझसे कलकत्ते में मिलने का प्रयत्न कीजिए। मुझे सुविधा होगी।

मेरा कार्यक्रम डॉ. प्रभाकर माचवे से फोन पर मालूम कर सकते हैं।

दीवाली की शुभकामनाओं के साथ—

आपका

नामवर

[66]

जे.एन.यू.

नई दिल्ली-110067

11.1.1984

प्रिय भाई श्रीनारायण जी,

आपका पत्र देर से मिला। इसलिए जवाब 12 जनवरी से पहले आपके पहले वाले पते पर पहुँचने की सम्भावना न रही।

मैं 20 जनवरी को तीसरे पहर बनारस पहुँच जाऊँगा। 22 जनवरी की दोपहर की उड़ान से वापस आना है। 21 जनवरी को 10 बजे से लेकर 2-3 बजे शाम तक व्यस्त रहूँगा। अपनी सुविधा देखकर आप चाहें तो 21 की शाम या 22 की सुबह मुझसे का.वि.वि. में काशीनाथ के क्वार्टर पर मिल सकते हैं।

शेष बातें मिलने पर।

सस्नेह

आपका

नामवर

[67]

जे.एन.यू.
नई दिल्ली
15.1.84

प्रिय श्रीनारायण जी,

पिछले कार्ड में थोड़ी भूल हो गई थी। मैं 22 जनवरी रविवार को तीसरे पहर काशी पहुँच रहा हूँ। आप उसी दिन 3 बजे के बाद शाम को किसी समय मुझसे का.वि.वि. में काशी के क्वार्टर्स पर मिल सकते हैं। इसके बाद मिलना सम्भव न हो सकेगा क्योंकि मैं 23 तारीख को वापस आने का कार्यक्रम बना रहा हूँ।

आशा है, आप स्वस्थ एवं प्रसन्न हैं

आपका
नामवर सिंह

[68]

109, न्यू कैम्पस, जे.एन.यू.
नई दिल्ली-110067
19.4.1984

प्रिय भाई श्रीनारायण जी,

आपके 12 अप्रैल के पत्र के लिए आभार। 'आचार्य शुक्ल ग्रन्थावली' के लिए इस बीच विभिन्न स्रोतों से काफी नई सामग्री मिल गई है। जून तक सम्पादन का कार्य सम्पन्न करके सम्पूर्ण सामग्री प्रेस में दे देनी होगी। हर हालत में ग्रन्थावली को सितम्बर में प्रकाशित कर देना है। आजकल इसी कार्य में लगा हूँ।

आपको फिलहाल दो लेखों के उद्धार का काम सौंप रहा हूँ। आशा की किरण अब नेशनल लाइब्रेरी ही रह गई है।

1. What has India to do?
(Hindustan Review, Allahabad, 1904-05)
2. Non-cooperation and Non-merchantile classes (Express Bankipur, Patna, 3 issues February–March, 1921)

ये दोनों लेख बहुत महत्त्वपूर्ण हैं और काफी खोजबीन करने पर भी अभी तक नहीं मिल पाए। यदि ये मिल जाएँ तो इन्हें Xerox (फोटो कॉपी) करवा लें।

X अंग्रेजी का एक और लेख Hindi and Mussalmans है जो Leader, 19 April, 1917 में छपा है। मुझे इसकी जो प्रतिलिपि मिली है, उसमें कॉलम 1 की शुरू की 18 पंक्तियाँ नहीं हैं और कॉलम 2 की शुरू की 18 पंक्तियों के प्रारम्भिक शब्द फट गए हैं। इसलिए यदि इस लेख की प्रतिलिपि भी मिल जाए तो अच्छा।. पूरा न सही तो पहले दोनों कॉलमों की शुरू की 18-18 पंक्तियाँ भी मिल जाएँ तो गनीमत।

'मॉडर्न रिव्यू' की चिन्ता न कीजिए। वह सामग्री मिल गई है।

गाढ़े समय आप ही काम आते हैं और अब इन लेखों के लिए मुझे आप ही का भरोसा रह गया है। आशा है, आप यह कार्य सम्पन्न करके मुझे तत्काल सूचना देंगे। छुट्टियों में मैं यहीं हूँ।

आपका
नामवर

[69]

109, न्यू कैम्पस, जे.एन.यू.
नई दिल्ली-110067
15.5.1984

प्रिय भाई श्रीनारायण जी,

आपका पत्र यथासमय मिल गया था। नेशनल लाइब्रेरी ने सचमुच ही निराश किया। अब इलाहाबाद को भी देख लीजिए। 'हिन्दुस्तान रिव्यू' के अंकों को देखते हुए न हो तो 1902-03 के अंक भी देख लीजिएगा। सन्दर्भ देनेवाले गलत भी हो सकते हैं।

अपना लेख तैयार होते ही भेज दीजिए। मैं प्रतीक्षा करूँगा। हाँ, जरा साफ लिखिएगा। आपकी लिखावट गांधी जी की लिखावट से होड़ लेती है और मुझे अब पुरानी पांडुलिपियों को पढ़ने की आदत भी नहीं रही।

मुझे अचानक 20 मई, रविवार को इलाहाबाद आना पड़ रहा है। एक साहित्यिक आयोजन है। यदि आप उस दिन इलाहाबाद में हों और सुबह अखबार में उस आयोजन की सूचना हो तो कृपया सभा में पधारकर दर्शन दे दीजिएगा। मुझे तो शायद आपका आवास ढूँढ़े न मिलेगा।

गर्मी की छुट्टियों का मेरा कार्यक्रम यह है कि मैं पहली जून से 30 जून तक भोपाल रहूँगा। वहाँ का पता :

भारत भवन, श्यामला हिल्स, भोपाल।

मुझे जून के अन्तिम सप्ताह में सम्भवत: कलकत्ता आना पड़े। भारतीय भाषा परिषद की ओर से आचार्य शुक्ल पर एक त्रिदिवसीय संगोष्ठी हो रही है। मुझे उसका उद्घाटन करना है। प्रस्तावित तिथियाँ हैं : 22, 23, 24 जून। मैंने 30 जून तथा 1-2 जुलाई रखने का सुझाव दिया है। यदि यह स्वीकृत हो गया तो मैं वहाँ 30 जून को पहुँच जाऊँगा। क्या आप उन दिनों कलकत्ता होंगे?

शेष कुशल है। आशा है, सानन्द हैं।

आपका
नामवर

[70]

109, न्यू कैम्पस, जे.एन.यू.
नई दिल्ली-110067
23.5.84

प्रिय भाई श्रीनारायण जी,

आपका इलाहाबाद का लिखा पत्र आज मिला। तारीख उस पर है नहीं, इसलिए कहना कठिन है कि कब का लिखा है। मालूम होता है, आपको मेरा इलाहाबाद के पते पर लिखा पत्र नहीं मिला। मैं 20 मई, रविवार को इलाहाबाद में था। उस पत्र में मैंने यह सूचना दी थी। कायदे से वह पत्र आपको 18 मई, शनिवार तक मिल जाना चाहिए था। अनुमान है, आपने शुक्रवार या शनिवार को इलाहाबाद छोड़ दिया।

बहरहाल, शुक्ल जी के लेख Hindi and Mussalmans के अंश के लिए बहुत आभार।

मैं शुक्ल जी सम्बन्धी सामग्री के संकलन से उदासीन नहीं हूँ और न उदासीन हूँ आप ही की ओर से। देवता, आप नाराज न हों। वैसे आपका सात्त्विक क्रोध अच्छा लगा।

Hindustan Review वाले लेख के लिए मैंने पटना के मित्रों को लिखा है लेकिन अभी तक किसी का जवाब नहीं आया। सभी श्रीनारायण पांडेय नहीं हैं। शुक्ल जी के पास भी पं. केदारनाथ पाठक एक ही थे। लगता है, इस लेख की

प्राप्ति का श्रेय भी आप ही को मिलना है। आपके श्रम का मूल्य तो मैं क्या दे पाऊँगा! हाँ, जो अर्थ व्यय हो रहा है, उसे नि:संकोच लिखें—आपके पास मनीऑर्डर पहुँच जाएगा।

एक सम्भावना है कि मैं जून के अन्तिम सप्ताह में कलकत्ता आऊँ। भारतीय भाषा परिषद वाले 22, 23, 24 जून को आचार्य शुक्ल पर एक संगोष्ठी कर रहे हैं। मुझे 22 जून को उसका उद्घाटन करना है। मैंने तारीखें एक सप्ताह आगे सरकाकर 30 जून और 1-2 जुलाई करने के लिए लिखा है, साथ ही विमान-यात्रा की भी सुविधा माँगी है। यदि यह सब स्वीकार हो गया तो आऊँगा वरना नहीं।

क्या आप उन दिनों कलकत्ते होंगे? हों तो मुलाकात हो सकती है।

मैं पहली जून से 30 जून तक भोपाल रहूँगा और वहीं रहकर 'शुक्ल ग्रन्थावली' पर काम करूँगा। वहाँ पत्र-व्यवहार का पता होगा :

भारत भवन, श्यामला हिल्स, भोपाल-462002

आप गाँव पर कब तक हैं, लिखें, ताकि पत्र-व्यवहार में सुविधा हो।

आशा है, प्रसन्न हैं।

आपका
नामवर

[71]

भोपाल
7.6.1984

प्रिय भाई श्रीनारायण जी,

आपका 30 मई का पत्र यहाँ 4 जून को मिल गया। इलाहाबाद से आपने 'लीडर' से जो प्रतिलिपि भेजी थी, वह भी यथासमय मिल गई थी। उसके लिए हार्दिक आभार।

मैं 23 जून की दोपहर तक कलकत्ता पहुँच जाऊँगा। भारतीय भाषा परिषद में ठहरूँगा। उसी दिन शाम को मेरा व्याख्यान है। कलकत्ते से मैं 25 जून की दोपहर की उड़ान से वाराणसी के लिए प्रस्थान करूँगा और यदि विमान समय से पहुँचा तो वाराणसी में अपने आवास पर (काशी के क्वार्टर पर) 5 बजे शाम तक अवश्य पहुँच जाऊँगा। वहाँ से 30 जून को तीसरे पहर दिल्ली के लिए प्रस्थान करने का कार्यक्रम है।

अब आपको जैसी सुविधा हो—कलकत्ता या वाराणसी, कहीं भी मुझसे मिलने की कृपा कीजिए।

अभी तक मुझे शुक्ल जी की लिखी हुई बाबू राधाकृष्णदास की जीवनी भी नहीं मिली है। ग्रन्थावली में उसे भी देना है। क्या आपकी नजर से वह पुस्तक कहीं गुजरी है ? मैं भी उसकी तलाश में हूँ।

शेष सामग्री की स्थिति वही है जो आपको बता चुका हूँ।

अब भोपाल के पते पर पत्र देने की जरूरत नहीं है। यहाँ मैं सिर्फ 19 जून तक ही हूँ। यदि हो सके तो दिल्ली के ही पते पत्र दें। मैं वहाँ 22 जून को पहुँच जाऊँगा।

इलाहाबाद में मकान के लिए जमीन लेकर बहुत अच्छा किया।

आशा है, स्वस्थ एवं प्रसन्न हैं।

आपका
नामवर

[72]

109, जे.एन.यू.
न्यू दिल्ली
6.7.84

प्रिय भाई,

काशी के पते आपने जो पत्र लिखा था, मुझे नहीं मिला अभी तक। मालूम होता है, मेरे भी दो पत्र आपको नहीं मिले। एक इलाहाबाद के पते लिखा, दूसरा गाँव के पते। गाँव वाले पत्र में मैंने अपनी कलकत्ता-यात्रा की तिथियों का जिक्र किया था। बहरहाल, अब उन पत्रों के लिए रोना क्या!

'दूसरी परम्परा' और 'चिन्तामणि-3' की एक-एक प्रति आपके पास भेजने के लिए प्रकाशक को लिख रहा हूँ। मिलने की खबर दीजिए।

'स्वदेश' के उस अंक के लिए आप चिन्ता न करें। उससे उपयोगी सामग्री प्राप्त हो गई।

शुक्ल जी का 'आनन्द कादम्बिनी' वाला वह कौन-सा नोट है ? कृपया साफ लिखें।

इस समय मुझे 'राधाकृष्णदास की जीवनी' और 'मेगास्थनीज-कालीन भारत' नामक दो पुस्तकों की तलाश है। क्या आप उन्हें कहीं से प्राप्त कर सकते हैं ?

अंग्रेजी वाले वे दोनों लेख अभी तक नहीं मिले।

शुक्ल जी के बारे में कोई और सूचना हो तो कृपया जरूर दें।

अच्छा हुआ जो आपको 'चाट' लग गई। नतीजा बुरा न होगा।

आशा है, प्रसन्न हैं।

आपका
नामवर

[73]

109, न्यू कैम्पस, जे.एन.यू.
नई दिल्ली-110067
18.7.84

प्रिय भाई श्रीनारायण जी,

आपका 14 जुलाई का पत्र अभी सुबह की डाक से मिला। यह जानकर बेहद खुशी हुई कि आपके हाथ शुक्ल जी की तीन दुर्लभ पुस्तकें आ गईं। शुक्ल जी को केदारनाथ पाठक मिले थे तो मुझे आप मिले। इससे बड़ा सौभाग्य और क्या होगा? निवेदन है कि आप तीनों पुस्तकें तुरन्त रजिस्ट्री से मेरे पास भेज दीजिए। मैं उनकी फोटो कॉपियाँ करवाकर एक सप्ताह के अन्दर ही आपके पास वापस रजिस्ट्री से भेज दूँगा। कहने की आवश्यकता नहीं कि यह काम अत्यन्त गुप्त ढंग से ही होगा। हमारे यहाँ विश्वविद्यालय में ही फोटो कॉपी करवाने की उत्तम सुविधा है। इसमें पैसे की भी बचत है। आपके लिए मैं एक-एक प्रति अतिरिक्त फोटो कॉपी भी करवा लूँगा।

तीनों पुस्तकों के नाम ये हैं :

1. मेगास्थनीज-कालीन भारत
2. राधाकृष्णदास की जीवनी
3. भारतेन्दु साहित्य

इससे पहले आपको रानीगंज के पते पर भेजा मेरा पत्र मिल चुका होगा।

राजकमल प्रकाशन को मैंने आपके पास 'चिन्तामणि, भाग 3' और 'दूसरी परम्परा की खोज' भेजने के लिए कह दिया है। आपके पास ये पहुँचने वाली ही होंगी।

अंग्रेजी वाले दोनों लेखों का पता अभी तक न चला। विश्वास है, इनको भी सुलभ कराने का यश आप ही को मिलेगा।

'आलोचना' के लिए अपना लेख तो आप लिख रहे हैं?

आशा है, प्रसन्न हैं।

आपका
नामवर

[74]

109, जे.एन.यू.
न्यू दिल्ली-110067
27.7.84

प्रिय भाई,

आज रजिस्ट्री पैकेट सुरक्षित मिल गया। चिट्ठी इससे दो दिन पहले मिल गई। आभार। आपके कहे मुताबिक सावधानी से काम सम्पन्न करके सम्पूर्ण सामग्री आपके पास वापस भेज दी जाएगी।

इस कार्ड के द्वारा सिर्फ जरूरी सूचना भेज रहा हूँ। अन्य बातें दूसरे पत्र में। आशा है, प्रसन्न हैं।

आपका
नामवर

[75]

109, जे.एन.यू.
नई दिल्ली-110067
20.8.85

प्रिय भाई श्रीनारायण पांडेय जी,

पिताजी के निधन पर आपका जो संवेदना पत्र मिला, उससे मुझे बड़ी शक्ति मिली। डॉ. साहा का भी एक ऐसा ही सहानुभूतिपूर्ण पत्र अभी मिला है। उन्हें भी किसी से देर से सूचना मिली।

इस बीच मैं दो सप्ताह के लिए लन्दन चला गया था। वहाँ पी.डब्ल्यू.ए. की 50वीं सालगिरह पर एक कॉन्फ्रेंस का आयोजन किया गया था। आपका पत्र वहाँ से लौटने पर अभी मिला।

और कोई नया समाचार नहीं है। आप क्या लिख-पढ़ रहे हैं?

'शुक्ल ग्रन्थावली' सुधाकर पांडेय (ना.प्र. सभा) के अड़ंगा लगा देने के कारण कुछ देर के लिए खटाई में पड़ गई है। वैसे, सम्पादन का सारा काम किया रखा है।

आशा है, आप स्वस्थ एवं प्रसन्न हैं।

आपका
नामवर

[76]

109, न्यू कैम्पस, जे.एन.यू.
नई दिल्ली-110067
6.10.86

प्रिय भाई श्रीनारायण जी,

आपका रजिस्ट्री पत्र कल शाम को मिला क्योंकि मैं पूरे सप्ताह दिल्ली से बाहर था। इस बीच बनारस आने का कोई कार्यक्रम न बन पाएगा। इसलिए मिलने की सूरत यह है कि आप दिल्ली आएँ। अक्टूबर की 18 से 20 तारीख को छोड़कर मैं दिल्ली ही रहूँगा। इसलिए आप अक्टूबर में किसी भी दिन आ सकते हैं।

आपके कहने के मुताबिक नवम्बर के शुरू के 10-11 दिन खाली रखूँगा। इसके बाद 13 नवम्बर को उज्जैन जाना है और वहाँ से 15 तारीख की शाम को ही वापस आ सकूँगा। बर्दमान वाला कार्यक्रम नवम्बर के प्रथम सप्ताह में ही सम्पन्न हो जाए तो अच्छा।

आने से पहले एक कार्ड डाल दें तो ठीक रहेगा। स्टेशन से सीधे मेरे घर आ जाइए। पता ऊपर लिखा है। नई दिल्ली रेलवे स्टेशन (अजमेरी गेट वाली साइड) से 615 नम्बर की बस सीधे हमारे आवास के पास (गंगा होस्टल) पहुँचा देती है। पुरानी दिल्ली रेलवे स्टेशन के बाहर आपको RL-3 नम्बर की बस मिलेगी जो आपको लगभग एक घंटा में हमारी यूनिवर्सिटी के पुराने कैम्पस पर उतार देगी। वहाँ से दूसरी बस 666 नम्बर भी नये कैम्पस पर ले आएगी।

आचार्य शुक्ल वाला लेख हो गया हो तो साथ लेते आइए।

बाकी बातें मिलने पर होंगी।

आशा है, स्वस्थ एवं प्रसन्न हैं।

आपका
नामवर

[77]

109, जे.एन.यू.
नई दिल्ली-110067
20.1.87

प्रिय भाई श्रीनारायण जी,

1. 'आलोचना' के नये अंक में आपका 'भारत-जननी' वाला लेख प्रकाशित हो रहा है।

2. एजुकेशन रिपोर्ट और मिल की 'स्वाधीनता' पर आचार्य द्विवेदी की भूमिका की प्रतिलिपियाँ मिल गईं। आभार।
3. 'सम्पत्तिशास्त्र' के लिए फिलहाल परेशान न हों।
4. कहीं किसी पुराने पुस्तकालय में हर्बर्ट स्पेंसर की Psychology पर लिखी पुस्तक मिल जाए तो उसकी खबर दें। कहते हैं, आचार्य शुक्ल ने उसे पढ़ा था। एक बार उसे देखने की इच्छा है। यहाँ दिल्ली में वह पुस्तक बहुत खोजने पर भी न मिली।
5. यह जानकर खुशी हुई कि आपने प्रेमचन्द वाली पुस्तक की पांडुलिपि प्रेस में दे दी। मुझे उसके लिए दो शब्द लिखना स्वीकार है। किन्तु सिर्फ इसी को लेने आप दिल्ली तक दौड़ लगाएँ, यह आवश्यक नहीं। आप मुझे लौटती डाक से लेखों की सूची भेज दें और साथ ही संक्षेप में यह भी लिख दें कि आपने उनमें कौन-सी नई बातें कही हैं—मैं अपनी संक्षिप्त भूमिका उन्हीं के आधार पर लिख दूँगा। आप कहेंगे तो अपनी भूमिका डाक से भेज दूँगा, वरना मुझे काशी की बिटिया की शादी में 19 फरवरी को बनारस आना है और 22-23 फरवरी तक वहाँ रहना है—उसी समय आपको बनारस में दे दूँगा। इस काम की वजह से आपकी पुस्तक का प्रकाशन रुकेगा नहीं, यह आश्वासन मेरा है।
6. सूचना के लिए मैं 8 से 18 फरवरी तक और फिर 24 से 28 फरवरी तक तो दिल्ली में रहूँगा ही—फिलहाल यही सम्भावना है। अचानक कोई काम आ पड़े और एक दिन के लिए बाहर जाना पड़े तो नहीं जानता।

आशा है, प्रसन्न हैं।

सस्नेह
आपका
नामवर

[78]

109, जे.एन.यू.
नई दिल्ली-110067
18.11.87

प्रिय श्रीनारायण जी,

आपके सभी पत्र मिले। जवाब न दे पाने के लिए क्षमा चाहता हूँ। कारण कोई विशेष नहीं। हर पत्र के उत्तर देने का एक ही तर्क होता है। तुरन्त जवाब लिख दिया तो लिख गया, वरना पड़ा रह जाता है। दूसरे दस काम आ जाते हैं।

तो अब मेरी हार्दिक बधाई स्वीकार कीजिए। आपको एक विश्वविद्यालय के हिन्दी विभाग के अध्यक्ष पद पर आसीन देखकर मुझे वही खुशी हो रही है जो मेरे गुरुदेव आचार्य हजारी प्रसाद द्विवेदी को 1970 में मुझे जोधपुर विश्वविद्यालय में हिन्दी प्रोफेसर एवं अध्यक्ष पद पर बैठे देखकर हुई थी। ईश्वर चाहेगा तो आप शीघ्र ही प्रोफेसर भी होंगे।

परमानन्द जी के पास अभी तक कोई 'ऑफर' आपके विश्वविद्यालय से नहीं पहुँचा है।

सर्टिफिकेट कोर्स शुरू करने का सुझाव शायद हमीं लोगों की ओर से आया था। कार्यकारिणी ने स्वीकृति देकर अच्छा किया। कोर्स तो 'पार्ट टाइम' ही होगा। नौकरीपेशा लोग ही सम्भवतः इसमें आएँगे। टूटी-फूटी हिन्दी तो वे जानते ही होंगे। इसलिए उन्हें व्यावहारिक हिन्दी का ज्ञान कराना होगा। केन्द्रीय हिन्दी निदेशालय, नई दिल्ली और केन्द्रीय हिन्दी संस्थान, आगरा ने ऐसे पाठ्यक्रम के लिए उपयोगी सामग्री तैयार की है। आप उन्हें लिखकर जानकारी और सामग्री, दोनों प्राप्त कर सकते हैं अथवा अपने यहाँ से किसी को भेजकर यह सब मँगवा लीजिए। पत्र में इससे ज्यादा क्या लिखा जा सकना है ?

प्रो. रमाकान्त चक्रवर्ती को उनकी पुस्तक के लिए मेरा हार्दिक धन्यवाद दीजिए और पुस्तक को डाक से हमारे पास भेज दीजिए। पुस्तक पढ़ने के बाद रमाकान्त बाबू को अलग से पत्र लिखूँगा।

आप युवा चन्द्रापीड़ नहीं हैं जिसे 'शुकनासोपदेश' की जरूरत पड़े। विभाग का कार्य निश्चय ही आप दक्षता से चलाएँगे।

आशा है, स्वस्थ एवं प्रसन्न हैं।

सस्नेह
नामवर

[79]

109, जे.एन.यू.
नई दिल्ली-110067
18.4.88

प्रिय भाई श्रीनारायण जी,

परमानन्द जी अब तक बिस्तर वगैरह फैला चुके होंगे। उनका ध्यान रखिएगा। पहली बार प्रवास के लिए गोरखपुर से बाहर निकले हैं। हृदय के सरल हैं, इसलिए आपसे उनकी पटेगी।

जब पाठ्यक्रम आदि की समस्या आएगी और मुझे याद किया जाएगा तो आने की कोशिश करूँगा। न भी आया तो परमानन्द जी कमी पूरी कर देंगे।

इस बीच मार्च के अन्त में मैं जादवपुर विश्वविद्यालय गया था, पर न शास्त्री जी से मिलने का मौका मिला, न लोढ़ा जी से। शायद दोनों नाराज होंगे।

छुट्टियों में आप यदि काशी आएँ तो भेंट होगी। और हाल-चाल ठीक ही है।

आशा है, प्रसन्न हैं।

सस्नेह

नामवर

[80]

109, जे.एन.यू.

नई दिल्ली-110067

25.7.88

प्रिय श्रीनारायण जी,

परमानन्द जी के पत्रों से आपके भी समाचार मिलते रहते हैं।

यह पत्र एक विशेष कार्य से लिख रहा हूँ। मुझे सखाराम गणेश देउस्कर की पुस्तक 'देशेर कथा' के हिन्दी अनुवाद 'देश की बात' की सख्त जरूरत है। कलकत्ता के 'समाज विज्ञान संस्थान' से 'देउस्कर व्याख्यानमाला' में तीन व्याख्यान देने के लिए निमंत्रण आया है। आजकल उसी की तैयारी में लगा हूँ।

जहाँ तक मुझे याद है, महादेव भाई ने बंगला संस्करण को सम्पादित करके प्रकाशित करवाया था। मेरे पास किसी समय उसकी कॉपी थी। अब जाने वह कहाँ है? शायद बनारस में कहीं पड़ी हो!

हिन्दी अनुवाद बहुत पहले पं. माधव प्रसाद मिश्र के छोटे भाई राधाकृष्ण जी ने किया था। आपको उसकी खबर तो होगी ही। आप कोशिश करेंगे तो उस पुस्तक की मूल प्रति न सही तो फोटो कॉपी अवश्य सुलभ करा देंगे। हो सके तो डॉ. साहा की भूमिका का हिन्दी अनुवाद भी मुझे सुलभ कराने की कृपा करें। यह अनुवाद 'आलोचना' में प्रकाशित हो सकता है।

परमानन्द जी के पत्र से मालूम हुआ कि वे अगस्त के प्रथम सप्ताह में म.प्र. होते हुए दिल्ली आने का कार्यक्रम बना रहे हैं। क्या उनके साथ यह सामग्री आप भिजवा सकेंगे?

आशा है, स्वस्थ एवं प्रसन्न हैं।

आपका

नामवर

[81]

109, जे.एन.यू.
नई दिल्ली-110067
20.9.88

प्रिय श्रीनारायण जी,

सखाराम गणेश देउस्कर के बारे में आपने जो सूचना दी है, वह मूल्यवान है। वह पुस्तक यहाँ सुलभ नहीं है। प्रो. आर.सी. हाल्दार के लेख का वह अंश जिसमें देउस्कर के जीवन और साहित्य पर लिखा गया है, उसकी फोटो कॉपी आप ही सुलभ करा सकते हैं।

अभी तक मुझे 'देशेर कथा' का हिन्दी अनुवाद 'देश की बात' कहीं नहीं मिला। ऐसा लगता है कि हिन्दी में उसके एक से अधिक अनुवाद हुए हैं। पं. श्रीनारायण चतुर्वेदी की पुस्तक 'आधुनिक हिन्दी साहित्य का आदिकाल' (1987) के अनुसार माधव प्रसाद मिश्र के छोटे भाई राधाकृष्ण जी मिश्र ने उसका अनुवाद किया था। शायद यह वही पुस्तक है जो खेमराज श्री कृष्णदास, बम्बई से 1908 में प्रकाशित हुई थी।

डॉ. माता प्रसाद गुप्त की 'हिन्दी पुस्तक साहित्य' में देउस्कर की पुस्तक 'देश की बात' (अनुवाद—देवनारायण द्विवेदी), आदर्श हिन्दी पुस्तकालय, 2/3 चित्तरंजन एवेन्यू, कलकत्ता (1923) दर्ज है।

आपको ये सूचनाएँ इसलिए दे दीं कि आप शायद इनके आधार पर तलाश करें तो कलकत्ता में कहीं ये प्राप्त हो जाएँ।

इस विषय पर मेरा काम अभी मन्द गति से चल रहा है। इस लायक अभी नहीं है कि आपको कोई बात बतला सकूँ।

बाकी बातें जो काम की हैं, उनके बारे में परमानन्द जी जब यहाँ आएँगे तो चर्चा हो जाएगी और निष्कर्ष आप तक पहुँच जाएगा।

तो आज इतना ही।

पूजा की शुभकामनाओं के साथ—

आपका
नामवर

[82]

1989

प्रिय भाई श्रीनारायण जी,

आयुष्मान कैलाशनाथ के हाथ आपका पत्र मिला। बड़ी प्रसन्नता हुई।

इस समय घर पर मेरे पास सिर्फ 'आलोचना' के 'द्विवेदी विशेषांक' की एक प्रति है, वह भी संयोग से। वही आपके लिए भेज रहा हूँ।

'दूसरी परम्परा की खोज' का नया संस्करण होने जा रहा है। उसके लिए आपको कुछ दिन प्रतीक्षा करनी पड़ेगी। इस बीच प्रकाशक से पता करूँगा। यदि कोई प्रति सुलभ हुई तो आपके लिए वाराणसी लेता आऊँगा।

मैं 21 जून की सुबह वाराणसी पहुँचूँगा। 25-26 तारीख तक रुकने का विचार है। 22 तारीख को मेरे मझले भाई रामजी की तीसरी कन्या की शादी है। मैं काशी विश्वविद्यालय के परिसर में अपने छोटे भाई काशीनाथ के साथ ठहरूँगा। वे ब्रोचा छात्रावास के पीछे वार्डन क्वार्टर्स नं. एल-1 (डाकघर के पास) रहते हैं। यदि आपको समय मिले तो 23 या 24 तारीख को आ जाइए। भेंट हो जाएगी। मेरी भी इच्छा है।

डॉ. रामविलास शर्मा भी आजकल वहीं हैं अपने लड़के के पास। उनसे भी मुलाकात हो जाएगी।

आशा है, आप सपरिवार स्वस्थ एवं प्रसन्न हैं। घर पर सबको यथायोग्य मेरा प्रणामाशी: कहें।

आपका
नामवर

[83]

109, जे.एन.यू.
नई दिल्ली-110067
1.5.89

प्रिय श्रीनारायण जी,

पिछले पत्र का जवाब न दे सका, क्षमा चाहता हूँ। आपने पुराने पत्रों को छापने की धमकी दे दी, मेरी बोलती बन्द हो गई। प्रेस से पत्र भी डरते हैं।

सभी मित्रों की राय है कि मेरे वे पत्र छपने लायक हैं तो आप छाप डालिए। मैं क्या कहूँ ? जीवनकाल में किसी के पत्रों का छपना—वह भी पुस्तकाकार, कुछ उचित नहीं लगता। वैसे जीवन का भरोसा भी क्या है—क्या और कितना ? एक बार फिर सोच लीजिए।

'पहल' में प्रकाशित आलोचनाओं पर मेरा कुछ भी कहना ठीक नहीं। सम्पादक के विवेक पर आपने टिप्पणी कर दी, मैंने पढ़ लिया। अब जी चाहे तो सम्पादक को लिख दीजिए। कुछ कहें तो सुन लीजिए।

कोई आलोचना बचकानी लगे तो जवाब में प्रौढ़ आलोचना स्वयं लिखिए। रचनात्मक उत्तर यही है।

मेरी पुस्तक 'वाद विवाद संवाद' प्रकाशित हो गई है। राजकमल ने लेखक की जितनी प्रतियाँ दीं, वे दिल्ली के लोगों में बँट गईं। आपको कहाँ से भेजूँ? अपने पुस्तकालय के लिए मँगवा लीजिए। पढ़ने का तरीका फिलहाल यही है। और प्रतियाँ आएँगी तो आपके लिए एक प्रति सुरक्षित रखूँगा।

बोर्ड की मीटिंग में इस बार आना न हो सकेगा। अगस्त में किसी समय आने का कार्यक्रम बना सकता हूँ।

इस समय बिटिया की परीक्षाएँ चल रही हैं। कहीं जाना सम्भव नहीं। गर्मी की छुट्टियों में सामान्यतः यहीं हूँ। अपनी खबर देते रहें।

आशा है, स्वस्थ-प्रसन्न हैं।

सस्नेह
नामवर

[84]

109, जे.एन.यू.
नई दिल्ली-110067
26.8.89

प्रिय श्रीनारायण जी,

अभी आपको तार दिया है। मेरे आने का कार्यक्रम बदल गया है। शिमला जाने का कार्यक्रम स्थगित हो गया। इसलिए अब मैं पहली सितम्बर को खाली हूँ। तदनुसार आपके यहाँ आने का कार्यक्रम इस प्रकार है :

1 सितम्बर, 1989, शुक्रवार को मैं उड़ान संख्या 401 से कलकत्ता हवाई अड्डे पर 12 बजे दिन पहुँचूँगा। वापसी की बुकिंग 5 सितम्बर, 89, मंगलवार को शाम की उड़ान सं. 402 से करवा रहा हूँ।

कृपया किसी आदमी को पहली सितम्बर को उड़ान के समय तक दमदम हवाई अड्डे पर भेज दें ताकि मुझे वह बर्दमान पहुँचा दे। ऐसा न हुआ तो मुझे कठिनाई होगी।

5 सितम्बर को आप मेरा कोई कार्यक्रम न रखें। मैं सुबह-सुबह ही बर्दमान से निकलना चाहूँगा। दिन का समय कलकत्ते में बिताना चाहता हूँ। कुछ काम है। आने पर बता दूँगा। वैसे कोई गोपनीय कार्य नहीं है।

समय से इस पत्र के पहुँचने की आशा कम ही है। फिर भी अपने सन्तोष के लिए एक चांस ले रहा हूँ।

आशा है, प्रसन्न हैं।

आपका
नामवर

[85]

109, जे.एन.यू.
नई दिल्ली–110067
31.3.91

प्रिय श्रीनारायण जी,

मुझे 'पश्चिम बंग हिन्दी अकादमी' के स्थापना–दिवस समारोह में भाग लेने के लिए आमंत्रित किया गया है। इस बार आग्रह इतना प्रबल है कि आना ही पड़ेगा। समारोह 7 अप्रैल, '91 को है। लेकिन मैं 5 अप्रैल की रात 11 बजे तक कलकत्ता पहुँच जाऊँगा। आवास की व्यवस्था सरकारी है। सम्भवतः गवर्नर के राजभवन के पास वाले 'ग्रेट ईस्टर्न होटल' में होगी। वापसी 8 अप्रैल को 5 बजे शाम की उड़ान से है। अनुमान है कि समारोह के दिन को छोड़कर शेष दोनों दिन काफी फुर्सत रहेगी।

यह सब लिखने का प्रयोजन सिर्फ इतना है कि यदि आपके लिए सम्भव हो तो उन तिथियों में किसी दिन कलकत्ता आने के लिए समय निकाल लीजिए। इस बहाने मुलाकात हो जाएगी और कुछ सुखम्–दुखम् भी। शायद डॉ. साहा भी मौजूद रहें। उनसे भी चलने के लिए कहा गया है।

आपका पत्र काफी पहले मिला था। जवाब देने का विचार पक्का था, पर सोच–विचार करते ही दिन निकल गए। आपको बुरा जरूर लगा होगा लेकिन बुरा न मानेंगे, ऐसी उम्मीद है। जवाब के रूप में तो सशरीर स्वयं आ रहा हूँ अब।

पत्र समय से मिल जाए तो आने की कोशिश कीजिएगा।

घर पर सबको शुभकामनाएँ।

सस्नेह
आपका
नामवर

[86]

109, J.N.U.
New Delhi-110067
16.7.91

प्रिय भाई श्रीनारायण जी,

आपका 10.7 का पत्र मिला। इधर निकट भविष्य में कलकत्ता आने का कोई कार्यक्रम नहीं है। हिन्दी अकादमी सुप्त प्रतीत होती है। 'राहुल जन्मशती' के

आयोजन इधर तो होंगे। प्रलेस, जलेस और जनसंस्कृति मंच के अलावा अनेक अर्द्ध-सरकारी और सरकारी अकादमियाँ भी करेंगी। लेकिन आपकी दिलचस्पी पश्चिम बंगीय हिन्दी अकादमी के 'राहुल जन्मशती' आयोजन में विशेष है और यह उचित ही है। आप तो अकादमी के सदस्य हैं। आपका अधिकार है। आप स्वयं सचिव महोदय को क्यों नहीं लिखते? और जोर डालना चाहते हैं तो डॉ. साहा से लिखवाइए। उस अकादमी से मेरा सम्बन्ध ऐसा कुछ नहीं है कि मैं इस विषय में सचिव को लिखूँ। मुझे वही प्रयास करने दीजिए जहाँ मेरी थोड़ी-बहुत पहुँच है। वैसे, आपने इस ओर ध्यान आकृष्ट करके बहुत अच्छा किया। आज की स्थिति में राहुल जी के कृतित्व की चर्चा का सांस्कृतिक ही नहीं, राजनीतिक महत्त्व भी है—विशेषत: हिन्दी प्रदेश में।

मई-जून के चुनावों के परिणाम से हिन्दी प्रदेश को लेकर आपका चिन्तित होना स्वाभाविक है। उत्तर प्रदेश में भाजपा की सरकार का बनना निश्चय ही खतरे की घंटी है। इस प्रदेश के पिछड़ेपन की शिकायत करनेवाले वामपंथी बुद्धिजीवी अपनी मान्यता की पुष्टि देखकर निश्चय ही आत्मतुष्ट होंगे। लेकिन बात उत्तर प्रदेश तक ही सीमित नहीं है। राजनीतिक और सांस्कृतिक दृष्टि से प्रबुद्ध और प्रगतिशील पश्चिम बंगाल में भा.ज.पा. का जो असर इस बीच बढ़ा है—उसकी क्या व्याख्या है? जरूरत हिन्दू राष्ट्रवाद के अखिल भारतीय उभार और प्रसार पर गम्भीरता से विचार करने की है। कुछ लोग इसे 'क्षणिक' या 'तात्कालिक' घटना मानकर अपने-आपको और शायद दूसरों को भी धोखे में रखना चाहते हैं। यह उभार न तो केवल अयोध्या तक सीमित है और न नितान्त तात्कालिक है। मैं इस खतरे को कम करके आँकने के पक्ष में नहीं हूँ। फिलहाल इस विषय पर इतना ही। जल्द ही इस पर विस्तार से लिखने का विचार है। देखिए, कब सम्भव होता है!

सच तो यह है कि आपने जब से मेरे पत्रों को पुस्तकाकार प्रकाशित करने की योजना बनाई है, आपको पत्र लिखते हाथ बँध जाता है। लगता है, आपको नहीं, अदृश्य पाठक समुदाय के लिए लिख रहा हूँ। यह खयाल आते ही सहजता जाती रहती है। ऐसे नकली पत्र लिखने की आदत मुझे नहीं है। Posterity के लिए ऐसे सार्वजनिक पत्र लिखने का अधिकार रवीन्द्रनाथ ठाकुर जैसे महापुरुषों को ही था—यह उन्हीं को शोभा देता है। मैं तो इस मामले में नितान्त निजी ही बना रहना चाहता हूँ।

आशा है, सानन्द हैं, सपरिवार।

आपका
नामवर

[87]

109, J.N.U.

New Delhi-110067

24.7.92

प्रिय भाई श्रीनारायण जी,

आपकी एक बिटिया नहीं रही, यह जानकर दुख हुआ। मेरी हार्दिक संवेदना स्वीकार कीजिए।

अपने स्वास्थ्य पर ध्यान दीजिए। रक्तचाप चिन्ता का विषय तो है, पर उसे लेकर अतिरिक्त चिन्ता भी ठीक नहीं। इसका असर रक्तचाप पर पड़ सकता है। वजन कम कर रहे हैं, यह अच्छा है। लेकिन धीरे-धीरे। सन्तुलित आहार और सुबह-शाम घूमने से वजन सम पर आ जाएगा। किसी समय मेरा वजन भी 85 के.जी. था। लेकिन एहतियात बरतते ही एक वर्ष के अन्दर 74 के.जी. हो गया और फिर 70-71 पर आकर टिक गया। इस प्रक्रिया में रक्तचाप भी सामान्य हो गया।

यह जानकर प्रसन्नता हुई कि विश्वविद्यालय ने आपको फिलहाल दो वर्ष और काम करने का अवसर दिया और इस तरह पाँच वर्ष और मिलेंगे। यह विश्वविद्यालय के भी हित में है और आपके भी।

यदि जोधपुर वाले सिन्हा, विमल प्रसाद सिन्हा हैं तो उन्हें मैं जानता हूँ। रहने वाले बिहार के हैं। विचारों से वामपंथी। जोधपुर में जनवादी लेखक संघ चलाते हैं। आपके अनुकूल रहेंगे। स्वभाव के मृदु और मिलनसार हैं। यदि आपका विश्वविद्यालय उन्हें प्रोफेसर के रूप में बुला ले तो अच्छा होगा।

मेरे बारे में आपको केदारनाथ जी से जो सूचना मिली, वह ठीक है। पहली मई, '92 को मैंने विश्वविद्यालय से अवकाश ग्रहण किया। अभी कुछ महीने और कैम्पस पर ही रहूँगा। अक्टूबर-नवम्बर के आसपास अपने फ्लैट में रहने चला जाऊँगा।

राजा राममोहन राय लाइब्रेरी फाउंडेशन के सिलसिले में इस बीच दो बार कलकत्ता जाना पड़ा। पहलो बार अप्रैल में और दूसरी बार इसी जुलाई के दूसरे सप्ताह में। भविष्य में भी कभी-कभी जाना पड़ेगा। अबकी आपको भी खबर करूँगा।

'गणशक्ति' में 'बंगाल नवजागरण' पर जो कुछ छपा है, उसका सारांश भेजने के साथ ही मूल लेख भी भेज सकें तो कृपा होगी। फाउंडेशन की ओर से

दिसम्बर में 'नवजागरण' पर एक राष्ट्रीय संगोष्ठी करने की योजना है। इसमें आपका सहयोग भी अपेक्षित है।

आज इतना ही। आशा है, सानन्द हैं।

आपका
नामवर

[88]

32, Shivalik Aptts.
Alaknanda
New Delhi-110019
3.7.1993

प्रिय भाई श्रीनारायण जी,

आपका 26 जून, '93 का कार्ड आज मिला। पिछले पत्रों का जवाब न दे पाने के लिए क्षमा चाहता हूँ।

मैं 13 जुलाई, '93 को पूर्वाह्न में कलकत्ता पहुँचूँगा और 16 जुलाई को शाम की उड़ान से दिल्ली के लिए प्रस्थान करूँगा।

आवास रामकृष्ण मिशन (गोल पार्क) में रहेगा। 14-15 जुलाई को कार्यालय में व्यस्तता होगी। बाकी दिनों में खाली हूँ। आप अपना कार्यक्रम तदनुसार बना सकते हैं।

आशा है, स्वस्थ एवं प्रसन्न हैं।

आपका
नामवर

[89]

Phone - 6443762
32, Shivalik Aptts.
Alaknanda, Kalkaji
New Delhi-110019
12.1.94

प्रिय भाई श्रीनारायण जी,

आपका 3 जनवरी, '94 का पत्र मिला। पिछले महीने कलकत्ता आप न आ सके तो कोई बात नहीं। फिर देखेंगे।

विमल जी के आ जाने की सूचना मुझे कलकत्ता में ही मिली, लेकिन स्वयं विमल जी से नहीं।

यह भी मालूम हुआ कि आप लोग भी विष्णु प्रभाकर को डी.लिट्. की मानद उपाधि दिलवा रहे हैं—शायद इसलिए कि उन्होंने शरत बाबू का जीवन-चरित लिखा है। मेरी जानकारी में यह पहले हिन्दी लेखक हैं जिन्हें आपका विश्वविद्यालय मानद उपाधि दे रहा है। अच्छा ही है। इनसे कहीं अधिक उपयुक्त तो अपने डॉ. महादेव साहा होते। चिराग तले अँधेरा इसी को कहते हैं। खैर, यह अब सोचने की जिम्मेवारी आप लोगों की है।

यह जानकर खुशी हुई कि आपने राहुल जी पर पाँच लेख लिख डाले। लगता है, आप पूरी पुस्तक लिखने के मूड में हैं। लिख ही डालिए। सार्थक कार्य है। मेरी उत्सुकता सिर्फ इसमें है कि आपने किन पक्षों को लिया है। पांडुलिपि की प्रतिलिपि करवा के भेजने में तो कठिनाइयाँ होंगी। छप जाए तो एक प्रति भेज दीजिएगा। पढ़कर सन्तोष होगा।

पत्रों का काम भी हो ही जाएगा। अगली बार कलकत्ता-यात्रा में इस पर बात कर लेंगे।

आशा है, सपरिवार सानन्द हैं।

सस्नेह
आपका नामवर

[90]

32, शिवालिक अपार्टमेंट्स
अलकनन्दा,
नई दिल्ली-110019
2.1.96

प्रिय श्रीनारायण जी,

नये साल का यह पहला पत्र है, जो आपको ही लिख रहा हूँ। मेरी ओर से इस साल का मुबारकबाद लीजिए और आशीर्वाद दीजिए कि आपके लिए एक साल और जिन्दा रहूँ और कुछ लिखूँ भी जिससे लगे कि अभी जिन्दा हूँ।

सच मानिए, आपका कोई पत्र मुझे नहीं मिला। इसके लिए आप चाहे जिसे दोष दें—मुझे तो न दें। हाँ, मेरा दोष यह जरूर है कि आपका पत्र न मिलने पर भी मुझे पहल करके पत्र लिखना चाहिए था। ऐसा न करने के लिए क्षमा चाहता हूँ।

कुछ तो आपके दस्ती पत्र से और कुछ पत्रवाहक से आपके कुशलक्षेम का समाचार मिला। संक्षिप्त-सा संकेत विमल प्रकरण का भी। लगता है, कहीं कोई चूक हो गई। आदमियों की पहचान में अक्सर गलतियाँ हो जाती हैं। मुझसे भी हो गई। वैसे भी, इस विद्या में मैं पारंगत नहीं हूँ।

विश्वास यह जरूर है कि कोई 'मल' आपका बाल बाँका नहीं कर सकता।

मालूम हुआ कि आपका हिन्दी विभाग दस वर्ष पूरे होने के उपलक्ष्य में कोई आयोजन करना चाहता है। मुझे भी बुलाना चाहते हों तो होली के बाद मार्च में किसी समय आयोजन रखें और इसकी सूचना कम-से-कम एक महीने पहले दें। मुलाकात का यह बहाना होगा।

आज इतना ही। शेष फिर।

सस्नेह
आपका
नामवर

[91]

फोन : 6443762
32, शिवालिक अपार्टमेंट्स
अलकनन्दा,
नई दिल्ली-110019
11.1.97

प्रिय श्रीनारायण जी,

खुशी की बात है कि नया साल शुरू होते ही आपका पत्र मिला। लगता है, साल अच्छा बीतेगा। गालिब याद आते हैं : 'एक बरहमन ने कहा है, य' साल अच्छा है।' पहल आपने की, यह और अच्छा है।

सोचा था, कलकत्ता में आपसे मुलाकात हो जाएगी। नहीं हुई तो मायूसी हुई। कई लोगों से पूछा भी। वहाँ 3 से 5 जनवरी तक 'भारतीय भाषा परिषद' में निराला की जन्मशती पर एक आयोजन था। लेकिन कलकत्ता दुर्गापुर नहीं है, यह पता चल गया।

आपकी शिकायत जायज है। इधर अरसे से पत्र लिखना छूट गया है। आपको क्या, काशी को भी नहीं लिखता। पत्र न लिखूँ तो समझिए कि कुछ भी नहीं लिख रहा हूँ। जिन्दगी कुछ ऐसी ही हो चली है।

यह जानकर जी उदास हो गया कि आप भी अब सेवानिवृत्त होनेवाले हैं। अच्छी बात यह है कि इलाहाबाद आ रहे हैं। दिल्ली से कुछ नजदीक। मिलने-जुलने के अवसर ज्यादा आएँगे।

आज इतना ही। बाकी फिर कभी।

आशा है, स्वस्थ एवं प्रसन्न हैं।

सस्नेह
आपका
नामवर